大 学 问

始 于 问 而 终 于 明

国家与社会的
二元合一

中国历史
回顾与前瞻

黄宗智 著

国家与社会的二元合一：中国历史回顾与前瞻
GUOJIA YU SHEHUI DE ERYUAN HEYI: ZHONGGUO LISHI HUIGU YU QIANZHAN

图书在版编目（CIP）数据

国家与社会的二元合一：中国历史回顾与前瞻 / 黄宗智著. --桂林：广西师范大学出版社，2022.4
（实践社会科学系列 / 黄宗智主编）
ISBN 978-7-5598-4746-1

Ⅰ．①国… Ⅱ．①黄… Ⅲ．①中国历史－研究 Ⅳ．①K207

中国版本图书馆 CIP 数据核字（2022）第 022772 号

广西师范大学出版社出版发行

（广西桂林市五里店路 9 号　邮政编码：541004）
（网址：http://www.bbtpress.com）
出版人：黄轩庄
全国新华书店经销
广西广大印务有限责任公司印刷
（桂林市临桂区秧塘工业园西城大道北侧广西师范大学出版社集团有限公司创意产业园内　邮政编码：541199）
开本：880 mm ×1 240 mm　　1/32
印张：13.5　　字数：289 千
2022 年 4 月第 1 版　　2022 年 4 月第 1 次印刷
印数：0 001~5 000 册　定价：89.00 元
如发现印装质量问题，影响阅读，请与出版社发行部门联系调换。

"实践社会科学系列"总序

中国和美国的社会科学近年来多偏重脱离现实的抽象理论建构,而本系列丛书所强调的则是实践中的经济、法律、社会与历史,以及由此呈现的理论逻辑。本丛书所收入的理论作品不是由理论出发去裁剪实践,而是从实践出发去建构理论;所收入的经验研究则是那些具有重要理论含义的著作。

我们拟在如下三个子系列中收入精选后的重要作品,将同时推出中文版和英文版;如果相关作品已有英文版或中文版,则将其翻译出版。三个子系列分别是"实践法史与法理""实践经济史与经济学""中国乡村:实践历史、现实与理论"。

现今的社会科学研究通常由某一特定的理论立场出发,提出一项由该理论视角所生发出的研究问题,目标则是证明(有时候是否证)所设定的"假说"。这种研究方法可以是被明确说明的,也可以是未经明言的,但总是带有一系列不言而喻的预设,甚或是无意识的预设。

因为当下的社会科学理论基本上发端于西方,这种认识论的进路经常伴随着西方的经验(诸如资本主义、自由市场、形式主义法律等),以及其理论抽象乃是普适真理的信仰。而在适用于发展中的非西方世界时,社会科学的研究基本上变成一种探索研究对象国家或地区的不足的工作,经常隐含或者公开倡导在西方"模式"道路上的发展。在经济学和法学领域内,它表现得最为明显,这是因为它们是当前最形式主义化和意识形态化的学科。而中国乡村的历史与现实则是最明显与主流西方理论不相符的经验实际。

我们的"实践社会科学系列"倡导把上述的认知过程颠倒过来,不是从源自西方的理论及由此得出的理论假说出发,而是从研究对象国家的实践历史与现实出发,而后进入理论建构。近代以来,面对西方在经济、军事及文化学理上的扩张,非西方国家无可避免地被卷入充满冲突性斗争的历史情境中——传统与西方"现代性"、本土与引进、东方与西方的矛盾。若从西方理论的视野去观察,在发展中国家的历史社会实践中所发生的现象几乎是悖论式的。

我们从实践出发,是因为不同于理论,实践是生成于研究对象国家自身的历史、社会、经济与政治的情境、视域和话语内的。而且由实践(而非理论)出发所发现的问题,更有可能是所研究国家自身的内生要求,而不是源自西方理论/认知所关切的问题。

实践所展示的首先是悖论现象的共存——那些看起来自相矛盾且相互排斥的二元现实,却既真实又真切地共存着。例如,没有(社会)发展的(全球化的)商业化、没有民主的资本主义,或者没有相应司法实践的西化形式主义法律。其挑战着那些在它们之间预设因果关系的主流西方理论的有效性,因此呼吁新理论的构建。此外,理论往往由源自西方的形式演绎逻辑所主导,坚持逻辑上的前后一贯,而实践则不同于理论,惯常地容纳着看起来是自相矛盾的现象。从实践出发的认知要求的是,根据实践自身逻辑的概念化来建构理论——比如中国的"摸着石头过河"。

从实践出发的视野要求将历史过程作为出发点,要求由此出发的理论建构。但是,这样的实践和理论关怀并不意味着简单地拒斥或盲目地无视西方的社会科学理论,而是要与现有理论进行自觉的对话,同时自觉地借鉴和推进西方内部多样的非主流理论传统。此类研究还可以表现在实际层面上,在西方主流的形式主义理论以外,有必要结合西方主流以外的理论传统去理解西方自身的经验——例如,结合法律实用主义(以及马克思主义和后现代主义)和主流的"古典正统"法学传统,去理解美国法律实践的过去和现在,或者结合马克思主义、实体主义和主流的亚当·斯密古典自由主义经济学传统,去理解西方的实践经济史。更重要的还在于,要去揭示这些存在于实践中的结合的运转理论逻辑,在这些看起来相互排斥的二元对立之间,去寻找超越"非此即彼"之逻辑的道路。

我们的丛书拟收入在实践法史与法理、实践经济史与经济学,以及中国乡村的实践历史、现实与理论研究领域内的此类著作,也包括讨论中国创新的著作,这些创新已经发生在实践内,却尚未得到充分的理论关注和表述。我们的目标是要形成一系列具有比主流形式主义研究更适合中国历史、现实的问题意识和理论观念的著作。

黄宗智

目　录

导　论　*1*

第一章　我们的问题意识：对美国的中国研究的反思　*15*
　　一、"共产主义中国" vs."中国"　*18*
　　二、革命 vs.现代化　*22*
　　三、西方中心主义 vs.中国中心主义　*30*
　　四、迈向不同的问题意识　*49*
　　五、对中国研究的含义　*60*

第二章　集权的简约治理：中国以准官员和纠纷解决为主的半正
　　　　式基层行政　*77*
　　一、历史证据　*79*
　　二、集权的简约治理　*92*
　　三、儒法合一的治理　*98*
　　四、当代中国的科层制化和简约治理　*101*

第三章　国家与村社的二元合一治理：华北与江南地区的百年回顾与展望　*113*
　　一、百年回顾　*117*
　　二、村庄社区的衰落　*125*
　　三、国家与村庄关系的三大模式　*128*
　　四、新型的民众参与模式　*136*

第四章　国有企业与中国发展经验："国家资本主义"还是"社会主义市场经济"？　*145*
　　一、一些基本事实　*146*
　　二、霸权话语　*149*
　　三、不同的理论　*154*
　　四、中国的政治和社会环境　*156*
　　五、中国的新自由主义论析　*161*
　　六、中国银行的案例　*164*
　　七、社会不公　*169*
　　八、重庆的实验　*172*
　　九、"国家资本主义"还是"社会主义市场经济"？　*179*
　　十、结论　*181*

第五章　重新思考"第三领域"：中国古今国家与社会的二元合一　*192*
　　一、中国历史中的"第三领域"　*195*
　　二、20世纪的演变　*201*
　　三、当代中国计划经济时期的演变　*205*
　　四、改革时期的演变　*206*
　　五、"第三领域"司法和治理　*220*

六、结语 227

第六章　国家·社会·市场：关于中西国力现代化路径不同的
　　　　思考 238
　　一、现代西方的双重历史实际 239
　　二、现代国家能力 245
　　三、中国国力的不同的现代化路径 247
　　四、中华帝国的治理传统 249
　　五、当代的中国国家体系 253
　　六、"社会主义市场经济"的内涵与可能的未来 259
　　七、传统"第三领域"的现代化 261
　　八、想象一个未来的图景 267

第七章　新综合性视野与远瞻性愿景：中国的"一带一路"倡议与
　　　　亚投行 276
　　一、探讨的问题与其历史背景 276
　　二、中国的新综合性设想 281
　　三、陆地与海洋分别的"一带一路"的具体含义 284
　　四、综合性的亚洲基础设施投资银行 288
　　五、超越性远见与实用性考量 294
　　六、"一带一路"与过去农村发展政策的异同 299

第八章　探寻没有金融股市霸权的市场经济发展道路：兼及振兴
　　　　中国乡村问题 309
　　一、资本主义的四大历史阶段 311
　　二、市场经济在中国的过去和现在 327
　　三、新的远瞻性愿想 335

第九章　中国乡村振兴：历史回顾与前瞻愿想　342
　　一、历史回顾　343
　　二、革命时期边区的互助与合作　345
　　三、美国农业合作社在矛盾法规下的演变　348
　　四、中国2006年农民专业合作社法律实施以来的虚拟合作　350
　　五、可资借鉴的东亚模式　353
　　六、法律和法理角度的思考　357
　　七、全球化市场经济视野中的中国乡村振兴　358
　　八、超越性的愿想　363

第十章　民主主义与群众主义之间：中国的人民与国家关系的历史回顾与前瞻愿想　370
　　一、既非民主主义也非群众主义　372
　　二、作为抑制中国政治体系长期以来的"官僚主义"弊端的方法　375
　　三、借助"第三领域"传统来建立新型的民众化政治体系　376
　　四、中国古今的发包与承包治理体系　382
　　五、迈向"人民主义"化的政治经济体系　388
　　六、中国乡村振兴　391

代后记　再论内卷化与去内卷化　396
　　一、人多地少的农业内卷化　397
　　二、官僚主义体系的内卷化　399
　　三、去内卷化的小农农业　402
　　四、新型的国家与社会互动关系　405
　　五、农业与工业发展型式的共通性　411
　　六、展望未来　413

人名索引　421

导　论

　　这是一本为中国青年学者们写的书。既然如此，为什么要从反思美国的中国研究谈起呢？

　　回顾1960年代至今三代美国的中国研究的学术演变，影响最大的理论和问题意识一般都和深层的意识形态密不可分，每一代的共识如此，每一代的主要分歧也如此。美国的中国研究所提出的问题，多来自关乎切身利益的问题，或美国的政治意识形态的变动。那样的学术大多从一个主导概念出发，堆积一些"经验证据"，甚至滥用或干脆杜撰虚伪的经验证据，来支撑其前提概念。对一名立志求真的青年学术研究者来说，最大的挑战是要清楚地认识到其背后的意识形态，不仅是其所设定为出发点的前提概念，也是其所包含的深层的思维习惯。对其真正的认识和理解，需要掌握各大理论流派的异同及其与意识形态的关联，那样才可能对其进行判断和反思，才有可能认识到其与历史实际之间的契合与背离，才有可能作出求真的思考和学术探索。

在笔者自身的经历中,大致走过了以下的几个主要认识阶段。首先是认识到,不可盲目接纳影响最大或最时髦的理论或问题意识。做研究需要扎根于真实的经验证据和实际的运作,才能绕开意识形态的屏障而逐步认识到实际。研究中国尤其如此,因为相对西方理论而言,中国的实际是充满与理论建构不相符的悖论的。

我们要对西方理论有充分的认识和反思,不仅要认识到其背后的意识形态,还要认识到其背后的强烈依赖演绎逻辑而趋向二元对立、非此即彼的,将真实单一面化和理想化的思维习惯。这样,才能更清晰地认识到现代西方自身的两面实际。它既包含崇高的理念也包含丑恶的帝国主义实际,既有洞见也有虚伪的建构。看不到这种两面性,便很容易陷入理想化的自我建构和辩护之中,忽视其真实的另一面。在这方面,马克思主义理论是对西方资本主义丑恶面最具洞察力的一个理论传统。新近(最近几十年流行的)的后现代主义也有一定的洞见,尤其在关于现代西方的科学主义认识论及其唯我独尊的理论和话语体系方面。

面对这样的实际,笔者所逐步形成和采用的研究进路是从翔实可靠的经验证据出发,将所有理论问题化,区别其洞见与偏差,为的是要符合实际地概括、洞察历史真实。因此,笔者提出了"实践社会科学"的设想,强调依据实际运作,而后借助与各大流派的不同理论的对话,来建构新颖的"中层"(即可以论证的)理论概括。

再后来,笔者还认识到,如此对中国的悖论性和西方的两面化的真实认识,虽然更贴近历史实际,但还不足以超越仅是对过去的回顾的局限。学术研究还需要带有一定的前瞻思想,不是借其来歪曲真实,而是借其来对善与恶的实践作出辨别,并避免将一些理论所选定的前提价值错误地认作"科学"或绝对真理而将之强加于他人。明确表达道德理念的目的在于真实地告诉读者自己的选择,并借其来替代假科学的意识形态化的前提设定,据此来真正超越西方理论,达到能够探寻综合与超越二元对立的认识。那样,才能再迈出一步,做出既真实又带有前瞻性的学术,既能更精准地认识过去,也能够提出超越性的前瞻愿想的学术。

在相当长的一段时期中,笔者以为这一切仅是笔者一己的挣扎和探索,不一定对其他人有帮助,而且,由于上述研究进路的相当部分是在美国学术环境中形成的,对中国读者来说会有一定的隔阂。但是,经过最近15年来全力投入中国的学术环境,并为(来自全国的)中国青年研究生们开办一年一届关于上述问题的课程之后,笔者方才真正认识到,自己至为关心的问题——西方的理论和中国的实际间的关联——其实也是中国改革期间的新一代的学者们所面对的至为关键的问题。多年来,笔者接触到众多优秀的研究生和青年学者,通过他们认识到,他们面对的核心问题其实正是西方的"主流"理论与中国实际之间的差距和背离。在当前高校的各院系中,占据主流地位和影响力的乃是西方(英美)的古典和新古典自由主义理论与意识形态,而研究生们所受到的教育其实常常要比笔者在美国所接触到的更主流化和单一化,几乎完全将西方的新自由主义学术理论当作典范和科学、当作学科的权威、当作真实。但是,在最具备真实感和求真理念的优秀的研究生们之中,不少人会感到其所学的理论并不符合,或不足以认识自己所知道或感觉到的中国实际。但这些学生,在目前的西式学科化的强大潮流之下,绝大多数只能无奈地跟着潮流走。其中,有的"识时务"的学生更是学会了怎样凭借最时髦和漂亮的"理论"或方法在这股潮流中获得认可,满足在"核心刊物"发表文章的要求,顺利毕业和就职。但其中,最好的、最具真实感的学生们,内心中仍然会充满怀疑,甚至痛苦。越有自知之明的学生、越具有真正的学术理念和真实感的学生们越如此。

这是笔者这些年来撰写一系列理论和方法方面的反思性文章的主要原因,并先后出版了两本这方面的书,也是这本新书以对美国的中国研究的回顾与总结性反思文章作为切入点的原因。我相信,大部分青年学者会看到此文和本书所提的问题与他们至为关心的问题的相关性。笔者之所以要将自身经历的波折和探索在这本书中比较详细、具体、清晰地表达出来,正是希望能够对新一代的中国青年学者有一定的帮助。读者可以从本书看到,面对上述的问题,笔者在自己60年的学术生涯中是怎样走过来的,经历的认识步骤是怎样从怀疑到探索求真,到对不同理论传统的认识和反思,到区别真伪见解,再到追求综合与超越,以及有意识地采纳崇高的、明确的道德理念来指导自己的学术探索的。

笔者深信,自己60年来所面对的各种困惑和追求,不仅与中国新一代的学者们一致,其实还是近代以来中国所面对的根本问题的一种个人化缩影。在中国近现代史中,西方毋庸说既是可恶的帝国主义敌人,也是被仰慕的发展典范。正因为如此,面对西方,中国长期以来不可避免地经历了比较强烈的从过度极端的全面拒绝到全面接纳的摆动,先是一层层地尽可能将西方的影响限定于中国的核心传统之外,"五四"以来则是完全接纳西方("全盘西化"),而后在革命和建国时期拒绝西方,改革以来则又再返回到大规模引进、模仿西方的道路,直到最近的一二十年,方才逐步形成创造性、综合性和超越性的视野及趋向。在这个层面上,我们个别学者的演变动向其实也是国家和人民所经历的历史过程。这是笔者会构思这样一本书的基本原因和目的。当然,也等于是对笔者学术生涯的演变历程和动力的一个总结。

本书和笔者过去的两本理论与方法著作有一定的不同。过去出版的第一本聚焦于"经验与理论"的关联问题,突出中国经验相对一般理论的"悖论性",强调理论需要扎根于经验实际,借助与多种不同的理论传统对话来构建一些新颖的"中层"(即可以论证的,区别于不可论证的宏大的)概括(理论),但它们主要是回顾性的历史概括。(黄宗智,2007)第二本则将"经验"进一步更为精准地落实到相对理论而言的"实践"上,同样强调凭借实践和实际运作来建构适用于中国的、不同于一般西方理论的概括,更明确地提出了"实践社会科学"的学术大方向和设想。作为研究的主要关注维度,"实践"的概括之所以优于"经验",是因为它非常明确和有意识地超越"主观"与"客观"、"意志"与"结构"、"唯心"与"唯物"、"特殊"与"普适"等大部分西方理论所惯常使用的非此即彼、二元对立思维方式。一如布迪厄,也包括启蒙大师康德,更包括毛泽东的论析,实践几乎必然是由上述诸多二元间的互动所决定和产生的,不可简化为单一元来认识和思考。(黄宗智,2015)此书还初步作了一些关于超越性的前瞻道德理念的探讨。

前两本理论与方法书的经验依据重点在笔者长期以来的几个主要研究领域,基本多属于社会经济史和法律史范畴,特别关心的是涉及广大人民的乡村研究、正义体系和非正规经济三大领域。

当然,一定程度上也跨出了这几个主要领域,不可避免地考虑到"政治"和"治理体系"的问题。虽然如此,关于后者的一些思考基本是从"政治经济学"的大范畴来考虑的,重点仍然在其与乡村发展、正义体系、非正规经济等几大社会经济课题间的关联,尚未有意识地形成比较完整和独立的关于中国治理体系的论析。

与前两本理论与方法著作不同,本书集中论析的主题是中国的治理体系,从历史回顾和前瞻愿想双维来进入对其的探索。

本书第二章是笔者15年前所写的"集权的简约治理"一文,凭借笔者和其他学者及学生们在相当大量的地方政府档案和一手农村调查资料基础上的积累,初步提出了一些关于中国基层治理方式和宗旨的想法,指出其过去和现在与西方的过去和现在都不相同的一系列特点。它是一个高度中央集权但低度基层渗透的体系,与西方相对低度中央集权但高度基层渗透社会的传统和现在十分不同;而且,它的运作机制大多不是韦伯型现代科层制的专业化、分工化和相对高度条条化的体系,而是一个高度依赖地方非正式及半正式的运作机制的块块化体系。那些不同不仅可见于中国的过去,一定程度上也可见于现当代中国——虽然,在十几年前,其趋向还没有如今这么明确。

第三章是最近重访此课题的一篇,特别突出国家机构同时依赖其正规行政体系和基层社区的非正式体系,以及由两者互动所组成的一个庞大和特殊的"第三领域"治理体系。它可以具体地见于中国独特的正义体系,也可以见于最基层的乡村治理模式。在正式的县衙门/法院正义体系之外,广泛依赖非正式的村庄和社区调解,以及源自正式和非正式两者间的互动而产生的半正式正义体系。在治理方面,村级官吏和半正式的村级以上的乡保体系尤其关键,由基层官府和社区的互动所组成。本章更将这种"第三领域"治理追踪到当代的治理体系,历经集体化和去集体化的改革、2006年废除农业税费之后的乡村治理"空壳化"、公共服务体系面临崩溃、社区公益价值观之被"利"字当头的价值观所取代等波折,提出今后特别需要的是国家与社区二元的良性互动,而不是简单的高度正式化的法庭和科层制体系运作的现代西方模式,也非完全依赖资金投入和谋求私利的激励机制。文章提议,进一步改革的出路在更多地关注村庄社区、更多地借助社区人民的积极参与来纠正脱离实际的官僚主义弊端和利字当头的新价值观所导致的社区腐化。

第四章处理的是另一关键问题,即中国当今的国有企业和西方这方面的基本不同。中国的国有企业在市场化改革四十多年之后,如今仍然占到国内生产总值的将近一半,与西方主要是私营企业的经济体系很不一样。本文论证了中国国有企业转型过程和其所展示的关于中国治理体系的一些关键"特色",初步指向了其在正在形成中的"社会主义市场经济"新模式中所扮演的角色。一定程度上,国有企业的重要性乃是一种历史必然;在当前西方巨型跨国公司占据霸权的全球化经济体系下,一个发展中国家的企业,唯有在国家强大的积极参与和支持下,才有可能在与西方全球化的跨国公司竞争中获得一席之地。国家的参与乃是中国面对的客观环境中几乎必然的选择,绝对不可简单像新自由主义意识形态那样将其视作违反经济学和政治学基本原理的现象。

中国的国有企业已经显示出一些私营企业所不可能做到的功

能,特别可见于在中央批准下的重庆实验:其国有企业具有可以用于社会公平的巨大"第三财政"的潜力,在重庆被具体化为将国有企业盈利的30%和政府总支出的50%用于"民生"。特别是在为数百万"农民工"建设有尊严地融入城市的道路方面,它起到了至为关键的作用。那是一般西式私营企业所不可能做到的成绩。正是那样的可能,证明并给予了如今中国的"社会主义市场经济"一定的超越西方私营资本主义企业体系的潜能。

第五章特别突出当代,尤其是在改革期间被非常广泛使用的"发包"与"承包"的治理手段和机制,不仅可见于中央与地方政府的关系之中,也可见于政府和社会、私营企业以及私人之间的关系之中。它已经成为一个渗透全治理体系的关键性运作方式和机制。笔者借助与周黎安教授的对话来拓展笔者过去提出的"第三领域"的适用范围和洞察深度,也指出其特殊性:它虽然类似于西方"委托—代理"理论所概括的二元互动的合同机制,但两者间的不同是,在西方,它主要被用于对等的私营企业、个人与个人之间的合同关系,而不用于国家治理体系上下层关系和政府与人民之间的关系之中。在高度正式化的西方治理体系之中,委托代理机制主要仅见于临时性、辅助性的运作,绝不可与高度专业化和条条化的韦伯型科层制体系中的运作方式和机制相提并论。但在今天的中国则不然,它实际上已经成为渗透全治理体系的至为关键的运作方式和机制。正是这样的机制给予地方政府创业的空间和激励——一方面是官场中的晋升竞争激励,另一方面是市场经济竞争的激励和约束,其在一定程度上遏制了不具竞争能力的"形象工程"或中饱私囊的腐败工程。在市场经济中最具竞争力的企业才能成为地方政府的真正"政绩"。

第六章进而论述,从中国的悖论角度来看待问题,我们才有可能进一步认识到,中国革命在建国的过程中,与西方是多么的不同。它依赖的绝对不是简单的韦伯型科层制或西方现代国家权力建构模式,反之,依赖于一个另类的、扎根于民众的超级政党动员民众所产生的巨大能量,借此来建设坐落于最落后的省际间的"边区"根据地,而不是在主要城市和现代交通枢纽。它借助的是国家和民众动员的有机结合所产生的能量,而不是现代科技和科层制所产生的能量,来克服与日本侵略者、国民党政权以及西方在技术、经济、兵器上的差距。最后不仅赢得了抗战和革命的胜利,还在朝鲜战争中与当时全球最强大、最现代化的美国军队打成拉锯的局面。正是这些革命和建国传统,赋予今天的中国与西方国家截然不同的国力和经济发展道路的可能。

依靠中国共产党这样深深扎根于民众的、庞大的(其九千多万党员已经达到一个中等国家的人口规模)、包含不同社会阶层的组织,加上仍然占到国民经济(非农)产值40%以上的国有企业(包括政府对土地的最终处置权),中国的新型国家和国力建设过程及未来无疑和西方具有鲜明的不同。绝对不能仅凭西方的自由民主理论,或其所建构的、与其自身所完全对立的(魔鬼似的)"极权主义"(totalitarianism)虚构来认识、理解或设想中国。

第七章论证,我们可以在近一二十年的新动向之中,看到中国已经形成了一条与现代西方不同的治理体系现代化道路,而且通过国家新的综合性视野和"远瞻性的愿景",展示了与西方世界深层不同的认识和设想。首先是中国的"一带一路"倡议和其设立的亚投行。它已经明确地将"市场经济"化约为其至为关键的核心：在甲乙双方不同资源禀赋的比较优势下，双方的平等互利交易会对双方都有利，并且能够推进双方经济的分工化，由此做到生产率的显著提高。这是亚当·斯密至为关键的两大洞见。但是，这样的机制并不仅像斯密建构的自由主义意识形态那样，将市场经济与私有产权和（虚构的）"无为"（laissez faire）国家认作不可划分的资本主义统一体，甚至是可以相互替代的同一概括和用词；而是可以被更实在地单独突出，可以与公有制和强大的政府相配合。更有进者，根据中国自身的实践经历，更可以非常实在地依赖国家的基础设施建设来为其提供基本条件和推动力。如此的基础设施建设+平等互利贸易进路才是真正推动经济发展的至为有效、至为实在的进路。如今，这个超越性的综合与前瞻愿想已经获得众多西方国家的认可和参与，更毋庸说许多发展中国家的赏识和借助。

第八章指出，从上述的认识出发，我们能够更深入、清晰地认识到现代西方所包含的两面性：一方面，它具有崇高的西式自由民主理念；但另一方面，它也连带着绝对不可忽视的帝国主义、殖民主义、霸权主义的历史背景和当前实际。正是这样的两面性质，才是西方资本主义真实的全部面目，才是真实的历史实际。从这样的认识出发，我们才能看到，自由主义（或新自由主义）不可能完全代表真实的西方，它们仅是其单一面化、理想化和自我正当化的一套意识形态。对受过其侵略、瓜分、支配、摆布的中国来说，西方理论中绝对没有一条真正可行的建国之道。将其两面性拆开，我们才能真正认识到"市场经济"的最基本和真实的含义。

据此，我们还能更清晰地看到西方资本主义的核心性质和机制在其不同历史阶段中的演变,从重商主义的由国家推动贸易的时期,到斯密所总结和理想化的无为国家的古典工业资本主义,以及随后伴之而来的殖民主义和帝国主义,再到1929—1933年的大萧条之后兴起的、借助福利国家来推动资本主义经济的复兴,再到1970年代滞涨危机之后的新自由主义之卷土重来,再到全球化和金融霸权化的资本主义的新转型。在最后一段转型期间,形成了如今由金融股市的游戏规则占据绝对霸权的、完全去人性化的无穷逐利体系。它是一个越来越高度杠杆化、虚拟化的金融资本(股票)市场,是一个对扩增股值无限追求的超巨型体系。中国需要对其实质有清醒的认识,绝对不可简单将其等同于"发达"和"先进",将其认作中国也必须模仿、遵循、跟上的典范。

根据以上的认识,我们还能够看到,中国长期以来所面对的"城乡差别"问题其实也可以通过同样的视野和愿想来解决。首先,我们需要认识到中国过去的市场的真实面貌:在人多地少基本国情的压力下,中国过去其实一直都没有形成斯密所提出的至为关键的洞见,即平等互利的双向(国际、地区和城乡之间的)贸易会对双方都有利(进而导致社会分工和劳动生产率的大规模提升——"发展"的最基本含义)。中国明清时期的城乡贸易其实主要是单向的,由乡村输出食品和优质奢侈品来供应城市,但是由于乡村的土地不足和贫穷,一直都仅仅从城市输入极少量的生活小产品。其所显示的不是平等互利的贸易,而更多是城乡差别。这一切和斯密在18世纪处于农业革命+初步产业革命的英国所看到的蓬勃发展的城乡双向贸易情况截然不同,不可相提并论。比拟"一带一路"的倡议而用之于中国的城乡关系,才是发展中国乡村的有效道路。

第九章进而论证,如今中国终于可以做到城乡的真正双向贸易,借此来推进乡村和国民经济的发展。中国已经具备充分的条件来大规模推进村村户户通路、通电,纳入互联网和电子交易等基础设施建设,来推动更多、更高比例的高附加值农产品生产,并为其建设更高效和现代化的物流体系,进一步提高农民的收入,借此来推进城乡互动的双向贸易和螺旋式的国民经济发展。2018年中共中央、国务院已经提出崭新的《国家乡村振兴战略规划》的愿想和方案,应该可以说是个包含巨大能量的战略,可以借此真正解决长期以来的"城乡差别"问题,并且大规模扩大国内市场,走上更可持续的发展道路。同时,也可以协助解决新冠疫情所带来的、跨越空间过大的国际间产业链和供应链的"脱钩""断链"问题,以及未来各国对其不可避免的一定程度重组的问题。如果说"规划"有缺点的话,那就是它在前瞻方面一定程度上仍然认定,小农经济和紧密聚居的村庄社区未来只可能完全消失。笔者强调,应该将其认作充满活力和可资进一步建设的宝贵资源,更应完全地认识到农村人民自身的主体性和能动性对乡村发展的不可或缺。

最后,第十章论析,如今我们已经能够比较清晰地看到一条中国独特的治理体系现代化发展过程和道路。不同于西方无为国家的虚构,它是以强大国家能力为必要条件的道路。同时,也不同于中国革命传统中形成的、在当时的客观环境中只可能是由上而下推动的以"群众路线"为主的治理机制。其后,正如"大跃进"和"文化大革命"的经历所说明的,那样的群众运动有可能成为过激的情绪化现象,甚或成为被一小撮人利用、摆布的运动。未来的重点应在更为平稳的、既是由上而下也是由下而上的国家领导+人民积极参与的、可长期持续的二元互动结合。改革以来,国家已经大规模让权于人民,先是耕地的经营权,然后是私人在市场经济大环境中的创业和营业权,同时,更是国家上下层间广泛采用的双向互动的发包与承包机制,也包括国家与社会间的同样是发包与承包的项目治理机制。此外还包括新型媒体、专业和学术团体以及其他社团、互联网、各级人民代表大会等的进一步参政。其间,虽然间或有"放"也有"收"的变动,但是总体的趋势是明确的。正是如此的国家与人民的二元互动合一,释放了改革时期的巨大发展能量。

今后,更应将民众的积极支持和参与设定为国家战略和政策实施的至为关键的测验器,真正朝向"最广大人民的根本利益"这一宪法和党章所一再强调的核心理念迈进,来推进其新型治理体系的建构。那样的话,将能更有效地克服中国治理体系长期以来的"官僚主义"——包括脱离实际、欺下媚上、过分形式化等——众多常见弊端,释放更强大的国家与人民二元合一的能量。它是与西方新自由主义意识形态所建构的无为国家与社会二元对立模式截然不同的进路。据此,应该能够形成新型的、可长期持续的、介于(西方的自由的)"民主主义"和(中国革命的)"群众主义"之间的,堪称"人民主义"的治理模式,既承继中国长期以来的一系列特殊治理方法和机制,也将其发扬光大为一个强大的现代化、造福人民的新型中国治理模式。

参考文献：

黄宗智,2007,《经验与理论——中国社会、经济与法律的实践历史研究》,北京:中国人民大学出版社。

黄宗智,2015,《实践与理论——中国社会、经济与法律的历史与现实研究》,北京:法律出版社。

第一章 我们的问题意识：对美国的中国研究的反思[*]

我们的问题意识——在研究中所提出的中心问题——可以说是学术工作中至为重要和决定性的组成部分。它设定了我们想知道什么，以及我们所想问和没有问的问题。它把我们的探照灯照向某一个方向，由此而在相当程度上决定了我们会找到什么。

在美国的学术研究中尤其如此，因为它几乎在所有的学术刊物中都设定了一个固定的格式：要求研究者先说明其所要解答的问题，一般多涉及某某理论，而后围绕一个中心论点来提出其经验证据。这样的格式和其他西方国家的学术有一定的不同（譬如，英国比较强调经验主义的学术），也和最近几年才开始模仿美国规范的当代中国学术有一定的不同。当然，问题的实质内容要远比格

---

[*] 感谢佩里·安德森（Perry Anderson）、白凯（Kathryn Bernhardt）、白德瑞（Bardly Reed）、马克·塞尔登（Mark Selden）和张家炎的仔细阅读及建议。

式重要,因为它常是学者们代际或国际间的主要不同所在。

本文先是根据笔者自己五十多年来参与其中的经验而写的关于美国战后三代学者所处理的主要问题的简略叙述。目的不在争论所有美国学术都可以被纳入这些问题,而是要说明这些是每一代最具影响力的学者们所试图处理的问题。此部分意图不在详尽的文献综述,而在借助笔者最熟悉的领域和研究来阐明本文的论点。其意图也不在否认偏重经验或求真研究的学者多不会参与讨论的那些理论—意识形态问题(他们常是这方面的"沉默的大多数"),但我们仍然需要批判性地剖析那些最具影响力的著作,这是因为其影响力多源自某种理论或意识形态潮流。我们需要清醒地认识自己工作的思想环境,这样才能更好地区别自己的研究和可能是被误导的"主流"。

这里需要连带说明,根据每一代最具影响力的著作的不同程度的意识形态化,有的可能有意或无意地违反现有经验证据来论证自己所想得出的某种答案。与此不同,真正求真的学术,即便是在某种问题意识框架之内所作,仍然可能具有重要的学术价值。但如果主要是被意识形态所推动的研究,其学术价值会伴随某种时尚意识形态或理论潮流的没落而消失。

在梳理了关于过去的研究的问题意识之后,笔者将把其置于现代西方关于中国的思考这一历史中来论析。在我看来,它们体现的是一个特别顽强的二元对立思维方式,乃至于一直都要么是特别突出西方的优越性,而中国只不过是其对立的"他者";要么是像最近一代那样强调中国和西方是相等的、一样的,甚或更优越的——使用的其实仍然是原来西方的标准和非此即彼的二元框架。两种论点基本都来自西方的理论和问题意识,都严重违反了现代中国的基本实际,即不可避免的古今、中西混合。

这个不仅是美国(和不少其他西方)的中国研究的问题,也是当代中国本身的中国研究的问题,后者也许更加如此。现代中国的学术大多受到西方的建构和问题意识的影响。譬如,之前中国的马克思主义研究便试图用一个来自西方的分析框架来理解中国。其后在近三十多年中,则试图用新自由主义的框架来理解中国。同时,两者都触发了一定的反动,即坚持必须用本土的概念来理解中国,拒绝西方的理论和框架。

本文论证,我们需要把这个二元对立的框架置于一旁,而从现代中国不可避免地是由中西相互渗透所组成的实际出发。对这个基本实际的认识,是摆脱过去从过分简单化的源自西方的问题意识和理论出发的第一步,避免其所导致的对中国的严重误解,避免其甚至把想象中的或夸大了的实际投射于中国。这样,方才能够走向建立中国研究在理论层面上的主体性,正如不少优秀的中国研究学者早已提倡的那样。如此方能促使中国研究,不仅在西方也在中国更符合中国实际,并把其置于一个真正的全球视野中来理解。

更有进者,非此即彼二元对立的思维方式也可以见于一系列其他相关的二元建构,诸如现代 vs.传统、工业 vs.农业、城市 vs.乡村、市场 vs.人口、市场 vs.国家、形式理性法律 vs.实体非理性法律、普适 vs.特殊等。历史的视野要求我们把这些二元视作相互关联和相互作用而不是相互排除、非此即彼的。本文将提出一些具体的例子来阐明笔者所提倡的研究进路。

一、"共产主义中国"vs."中国"

笔者在华盛顿大学(位于西雅图,以下简称"华大")读研的时候(1960年—1966年),中国研究的大问题是怎样理解"共产主义中国"。许多汉学家进入中国研究领域是因为他们对中国文化的爱好和认同,尤其是对(精英阶层的)"大传统",但中华人民共和国则明显拒绝了那个传统而拥抱了马列(共产)主义,并且是在"冷战"的大环境中作出了那样的选择。研究中国的学者该怎样来应对两者间的巨大分歧? 一个是"可爱的",另一个是"可恨的";一个是对美国友好的(蒋介石的)台湾当局(虽然是软弱的),另一个是与美国敌对的共产主义中国。那些深层的矛盾在当时的具体体现是美国是否该承认共产主义的中国并支持其进入联合国(拒绝蒋介石的台湾当局),还是像美国的右翼政见(被朝鲜战争进一步激化和扩大)主张的那样,仍然支持其盟友国民党和蒋介石及其在联合国的位置?

在华大,当时的主要"右翼"中国研究中心,答案主要来自该研究所的所长泰勒(George Taylor)和副所长麦克尔(Franz Michael),他们坚持"共产主义"是外在于中国文化的,是外部环境影响、"强加"于中国的。泰勒和麦克尔主要在他们的教科书《现代世界中的远东》中宣扬这个意见。[Michael and Taylor, 1964(1956):412, 423,430,432]笔者对当时为他们的课程当助教的经历记忆犹新。

当然,华大的"远东和俄国研究所"(Far Eastern and Russian Institute)的所作所为并不仅止于此。它同时还集合了当时的一些优秀的中国研究学者(包括来自中国的华裔学者)来从事有实质性内容和价值的研究,而其中的一位主要学者便是(笔者的导师)萧公权(Kung-ch'uan Hsiao)老师,他无论在什么样的标准下都是世界级的学者。研究所的学术成果包括张仲礼关于中国"士绅"阶层的两卷本(Chang, 1955, 1962)、萧公权关于19世纪国家对农村的控制的大部头研究(其实是一项奠基性研究,更像一本参考书而不是意识形态化的著作)(Hsiao, 1960),以及麦格尔和张仲礼的《太平天国叛乱:历史与文件》两卷本(Michael and Chang, 1966, 1971)。它们都是重要的学术贡献。

华大中国研究的另一维度是魏特夫(Karl August Wittfogel)。他当时每年从哥伦比亚大学来华大工作一个学期和从事其"东方专制主义"研究。与华大的其他教员不同,他不是一位中国文化的爱好者,其学术动力主要来自对心目中的所谓"极权"的憎恨。(Wittfogel, 1957)华大的敌对方是费正清在哈佛的比较开明和没有华大那么"右"的中心。他们的主要著作是史华慈(Benjamin Schwartz)的《中国的共产主义和毛泽东的兴起》,它与华大的观点对立,论证了"毛主义"的中国特征。对史华慈来说,"中国的共产主义"主要把原来的主体是在工业世界的无产阶级的马列主义,重新理解并适用于中国的农民社会和农民革命。中国的共产主义革命因此并不是一个由莫斯科控制的运动,而是在毛泽东的领导下逐步独立于莫斯科的革命运动(Schwartz, 1951)。他的论点被表述为共产主义的"中国化"而被引用于哈佛的教科书《东亚:现代的大转型》[Fairbank, Reischauer, and Craig, 1965(1960):851, 855]和《美国与中国》之中[Fairbank, 1972(1948)]。

对这个(美国的)"中国问题"的关心无疑是20世纪50年代和60年代中国研究的问题意识的核心。虽然如此,仍然有不少比较纯粹的学术著作,而且双方都致力于提高其学术水平,扩大和深化其图书馆藏书,以及培养新一代受过更好语言训练(中文和日文)的青年学者,而又同时相互竞争试图获取更多的"国防教育法"(National Defense Education Act)以及基金会等的研究机构资助和研究生的外语学习和实地研究奖学金资助。

上述的"中国问题"不仅比较明显地影响了以上的那些中国研究,也不那么明显地影响了其他的研究。譬如,在中国的"士绅"阶层方面,华大的主要论点是,其基础主要寓于其所承担的处于国家和社会之间的中介功能,而不是像马克思主义理论所设定的那样,是基于"生产资料"(土地)的占有的"统治阶级"。那是一个和魏特夫的"东方专制主义"主要源自治水功能相契合的论点,也是一个认同于中国士大夫阶层、"学者官员"和大传统的汉学家们所欢迎的论点。而且,它是一个具有一定实质性经验证据的论点,虽然它并没有能够证实土地占有并不重要。

"中国问题"在思想史领域也具有不那么明显的影响。在史华慈的第二本主要专著《探寻富强:严复与西方》中,我们可以看到其先前的研究方法的延续,即探究中国是怎样重新理解和阐释西方思想的:此作证实,严复对西方的一些经典自由主义著作的翻译和阐释并没有集中关注个人相对国家的自由(那是西方古典自由主义的核心),而是特别关注自由怎样释放了个人能量并把其凝聚为促进国家富强的群体力量。史华慈并更进一步论说,在严复对西方的重新理解中,我们可以看到某种类似于托克维尔(对美国的观察)的那种现象,即一位外来者更能够洞见本土人所看不到的,即西方的一种基本的"浮士德式性质"(Faustian character,即为知识和权力而把灵魂卖给了魔鬼)。(Schwartz,1964)它是一本罕见的著作,既受到当时的问题意识的影响,也展示了如今半个世纪之后仍然具有洞察力的研究进路。

与此不同,当时中国研究领域的明星式人物列文森(Joseph Levenson,任职于加利福尼亚大学伯克利校区),虽然也同样关注到中西文明关系的问题,采用的却是中西二元截然对立的概念框架。在他关于梁启超的第一本研究中,其基本论点是这样一个公式:梁在思想上已经脱离了中国传统,但在感情上则仍然与其纠结(intellectually alienated from his tradition, but still emotionally tied to it),而其思想的主线是要试图"埋没历史与价值间的冲突"(smother the conflict between history and value)[Levenson,1959(1953):1-2,34-51]。在其后来的《儒家思想与其现代命运》三部曲中,他试图把这个公式从思想vs.感情,改为主观意义vs.客观意义(subjective significance vs. objective significance),即由于其价值观和制度的解体,儒家思想已经不再具有客观意义,只具有主观意义。[Levenson,1972(1958,1964,1965):x-xii]

列文森不是扎根于经验证据研究的高度概念化和理论化所反映的,其实是西方长期以来把西方和非西方截然划分为二元对立的思维框架——这是一个贯穿西方启蒙时代以来关于中国的思考的基本框架(下面还要讨论)。他认为,马列主义在中国的兴起反映了儒家思想之从历史舞台完全退出;从此"价值"将隶属于西方而不是中国传统。如果史华慈关于严复的研究展示的是试图超越简单的中西,以及共产主义和西式民主的二元对立,列文森的研究显示的则是这个非此即彼的二元框架对美国的中国研究的强大和深层的影响。这种影响在第二代和第三代的研究中将更为明显。当时,列文森的研究似乎比史华慈的影响要大,也更为广泛地被阅读,但实际上则远远没有后者那样持久的学术价值。

这些著作也说明,高度政治化的"中国问题"已在逐步淡出。1971年,中华人民共和国恢复在联合国的合法席位,终结了之前西方对中国革命胜利的历史实际的意识形态化否认。继之而来的是1972年的中美《联合公报》以及1979年的正式建交。那些历史事件标记着美国战后第一代中国研究的主导问题的没落和消失。深一层的,伴随是否该承认中国共产党胜利这一实际的问题的退出,关于怎样去思考中国的过去和现在的问题将会浮出水面。

二、革命 vs. 现代化

即便是在承认中国与否的问题消失之前,美国的中国研究已经显示了对"现代化"范式的深层认同。它主要被理解为资本主义+自由民主的发展,是冷战时期赖以与苏联和中国所倡导的社会主义抗衡的理论/意识形态。两者之间的斗争行将成为主导美国中国研究的问题。

现代化范式早已可见于一系列不同的研究。首先,在外交史领域,被费正清设定为一双二元对立的建构,即现代民族国家之间的平等关系理念(虽然是在帝国主义凭借侵略和战争而攫取"不平等条约"的历史实际之上的建构) vs. 中华帝国的"民族优越感"

（ethnocentrism）、"中国优越感"（Sinocentrism）和"朝贡关系"（tributary relations）。这个框架也被运用于费正清指导下的一系列专著,包括张馨保关于鸦片战争的研究——争论该战争的导因主要是"文化冲突"而不是鸦片（Chang, 1964）,徐中约的总理衙门研究——特别突出"中国之进入民族国家的大家庭"（Hsü, 1960）等著作。和费正清一样,张馨保和徐中约把"朝贡关系"设定为现代主义的国际关系的对立面。

现代化主义也可见于其他重要著作的问题意识,如芮玛丽（Mary C. Wright）关于"同治中兴"以及费维恺（Feuerwerker, 1958）关于盛宣怀和"官督商办"的研究,其焦点都在"中国为什么没有能够现代化"（why China failed to modernize）。芮玛丽写道:"是因为现代化的必需条件和儒家追求稳定的要求直接冲突。"[Wright, 1966 (1957):9]虽然如此,芮玛丽的研究是如此地扎实和详尽,即便是在其问题意识的局限之下,也不失为一本具有长远价值的学术著作。

20世纪60年代后期和70年代的新趋势是对现代化范式的挑战。它是伴随反越战运动而来的:美国真的是像官方表达的那样为了现代化和民主而介入越南内战的吗？还是,是代表帝国主义而与革命和民族解放[有的人把其表达为美国威尔逊主义下的"自我决定"（Wilsonian Self-determination）]斗争而战？对年轻的一代（包括费正清在哈佛的一些学生）来说,这当然也包括对中国革命的理解:它不仅是一个中国化了（由上而下）的马列主义,更是一个人民的反帝国主义解放战争。这些新的视野是伴随西方的马克思主义和受其影响的理论而来的。在之后的二十年中,具有影响力的著作几乎都必须考虑到马克思主义对现代化范式的挑战。

在现代化主义的一方,早期的理论概括主要依据关于西方发展经验的如下设定和概括:认为其是,或者应该是一条普适的从"传统"到"现代"的演化道路,它的主要特征包括(资本主义的)工业化、自由民主、城市化、专业化、理性化、高效化、蓬勃动力化等。① 正是那样的范式指导或影响了上述第一代的学术。它是第二代的"主流"学术的基本范式。

与中国有特别关联的是两位经济学理论家,他们后来于1979年同时获得诺贝尔经济学奖。首先是舒尔茨(Theodore Schultz),他具体讨论的虽然主要是印度而不是中国,但他可以被视作20世纪60年代和70年代的"绿色革命"的理论家,倡导的是个人创业和技术更新的农业发展模式,针对的是苏联和中国的集体化农业。(Schultz,1964)他还特别强调,劳动力过剩(他把其定义为一个稻草人,即零价值的劳动,而不是人地的相对压力和劳动力的隐性失业)其实并不存在。刘易斯(W. Arthur Lewis)则聚焦于发展中国家所谓的"二元经济",其"传统"部门是"劳动力无限供应"的一元(相对于充分就业的现代部门)。但即便如此,伴随个人创业、技术更新以及市场机制的运作,如此的经济必定会进入一个"拐点",之后其二元经济将会被整合为单一的现代经济,其劳动力资源(以及其他资源都)会得到最佳配置。(Lewis,1954,1955)舒尔茨凭借理论而排除了中国相对人多地少的问题,刘易斯则一开始便直面该问题,但即便如此,刘易斯认为,这是一个现代化必定会克服的问题。这样,他最终也接受、参与了普适主义的现代化理论的建构。

---

① 一个不错的总结是 Eisenstadt(1974)。

两人等于是共同凭借理论而排除了中国自身称作其"基本国情"的现实,而且完全无视20世纪30年代以来三代美国优秀学者卜凯(John Lossing Buck)、何炳棣(Ping-ti Ho)与珀金斯(Dwight Perkins)等所积累的研究成果。当然,这里不是要争论人口是决定性因素,而是要说明市场机制并不能排除人地压力因素;两者是互动的而不是非此即彼的——此点将在后面进一步澄清。

以上的理论组合为伴随反越战运动而兴起的左派学术所挑战。在马克思和列宁的原作之外,还有一系列的,大多是来自中国研究领域以外的左翼的理论家和史学家著作。经济学家弗兰克(Andre Gunder Frank)提出了"依附理论"(Dependency Theory),争论在拉丁美洲,资本主义的介入和美国的援助并没有导致现代化的发展,反而促使其长期陷入"依附"关系和"欠发展"(underdevelopment)状况。(Frank,1967)他的著作之所以具有较大的影响力,不仅是因为其所指出的显然是真相的一个方面,也是因为其简单化了的夸大使其论点变得更为直白明了。

另外,还有学术方面的重要贡献,如英国的汤普森(E. P. Thompson)关于英国劳工和其阶级形成中的文化维度的研究,深深影响了其后的劳工研究[Thompson,1991(1963,1968)],以及法国年鉴学派的勒华拉杜里(Emmanuel Le Roy Ladurie)等,其著作代表了从精英人物的政治史和思想史转入新的底层"小人物"的社会史研究(Le Roy Ladurie,1974)。

在中国研究中,历史社会学家蒂利(Charles Tilly)可能是影响最大的一位理论家,这是因为其同时使用马克思主义和实体主义的理论(下面还要讨论)资源来批评现代化主义,其对马克思主义理论的创新性使用[如"阶级联盟"(class coalition)和"集体行动"(collective action)]以及其关于现代国家机器的(起源和)建造(modern state making)理论。(Tilly,1975a,1975b,1975c)此期间的一个对中国研究意义特别重要的论争是新自由主义政治学"理性选择"理论家波普金(Popkin,1979)对实体主义理论家斯科特(Scott,1976)的批评:农民集体行动的动力到底是来自个人的"理性利益"的追求还是农民社区为了"生存权利"而对资本主义和现代国家的入侵的抵制?斯科特所代表的是在现代化主义和马克思主义之外的"第三"选择:即实体主义理论传统[如恰亚诺夫(A. V. Chayanov)和波兰尼(Karl Polanyi)]。双方分别代表日益众多关乎中国革命和民众运动的研究中的两个重要的理论传统。它们是从政治史和思想史转向社会史的大潮流的一个组成部分,也是中国研究之进入社会科学——包括社会学、人类学、政治学和经济学——的大倾向的一部分,促使各大中心都吸纳了各个不同学科中的中国专家。这些新的趋势进一步丰富了美国的中国研究。

当时最紧迫的问题当然是美国在越南所扮演的角色。20世纪60年代后期和70年代的反战运动引发了一整代的学者的政治化,导致美国学术总体和其中国研究明显的左倾转向。在那个理论—意识形态的变迁之中,以及社会科学中的区域研究和史学中的社会史的兴起之中,最主要的大问题无疑是现代化 vs.革命。如此的问题意识主导了一整代学术领导者的研究,如塞尔登(Mark Selden)和他关于"延安道路"的历史社会的研究——一定程度上捕获了延安时期中国共产主义运动是怎样在一个边远的贫穷地区成功地动员了农民并创建了一个士气高昂、高度平等的新社会和政府，一个能够高效地执行人民战争和革命的实体(Selden,1971)；和周锡瑞类似的将年鉴学派"总体历史"(total history)的方法使用于地方层面(湖南与湖北)的(晚清的)改革与(辛亥)革命历史研究的理论，说明其社会基础主要是城市中追求西方化的精英，与广大的农村人民几乎完全无关。(Esherick,1976)它们预示了一整代的"新社会史"研究的来临，代表的是一个有意识地从外交史、思想史和大人物研究转向民众研究的趋势。它们大大丰富了美国的中国研究。

该代的学者中有不少既是学者也是政治行动者。他们聚合起来组织了"关心亚洲(问题)学者委员会"(Committee of Concerned Asian Scholars,CCAS)，其宗旨是反对越南战争和批评美国在亚洲的帝国主义行为。会员包括几乎所有20世纪60年代和70年代在美国兴起的各大中心的研究生的领导者。他们出版了《关心亚洲(问题)学者通报》学刊，提供了许多关于亚洲、美国政策以及中国和越南革命的相关研究，多是比较激进的，并常是马克思主义的研究。

当时的现代化 vs.革命这个主要问题，曾被具体化为一个围绕美国中央情报局在亚洲研究中所扮演的角色的论战。其事实背景是，在哈佛的亚洲研究机构中，有中情局的人员参与，有的作为研究人员在那里工作，有的作为学生在那里学习和攻读学位，偶尔还有人员在那里为中情局征募新人员。① 作为一个在冷战中成长起

---

① 论战中有关乎用词的分歧，学生方面用的是近乎"特务"意义的词"operatives"，费正清用的则是比较学术化的"研究者"(analysts)，笔者这里采用的是比较中性的"人员"(personnel)一词。

来并且原先是因为"国防"需要而建立的研究机构,这其实是一个不足为奇的现象。论战始于研究生佩克(Jim Peck)写给中心(社会学)教授傅高义(Ezra Vogel,后来是继费正清之后的中心第二任主任)的一封公开信,质问哈佛和中情局的关系以及其可能与美国越南战争政策同谋的关系。费正清的回复是,学术研究必须具有"包容性和公开性",对中情局人员的包容,其性质无异于当时哈佛对作为共产党员的某些欧洲学者的邀请[来哈佛做学术报告——所指的应该是研究中国工人运动的法国著名学者谢诺(Jean Chesneaux)],但是,据他所知,中情局人员并没有在哈佛进行征募新人员的活动。继之而来的是研究生利文斯顿(Jon Livingston)致费正清的公开信,具体说明在他认识交往的学生中,便有数位有过被征募的经历。由此,利文斯顿尖锐地提出,学者们对一个"灭绝(越南)民族的战争"(genocidal war)以及"卫护蒋介石的独裁"的政策应该肩负一定的道德责任。利文斯顿还提到美国政府当时的兵役规定对学生的切身影响的问题。傅高义对此的回复是,"感情不能替代理智","在政府之内工作"来"试图改变政策"是比"纯洁的道德"更好的选择。①

当时双方都一度提到把论争导向建设性活动的可能,特别是建立一个定期讨论的平台并组织关于各个研究中心和政府间关系的系统研究,但是,结果并没有付诸实际行动。论争基本结束于和其肇始时同样对立的状态。在那样的背景下,现代化 vs.革命的非

---

① 傅高义本人后来确实在 1993 年至 1995 年出任国家东亚情报官员。原来的信件见 Committee of Concerned Asian Scholars, *Newsletter*, No. 2(Nov.),1968,重版于 Peck et al.(2009)。

此即彼二元对立几乎是必然的,而且不仅是理论上的对立,更是政治立场和行动上的对立。有的学生运动的领导后来完全脱离了学术界,有的则继续做研究,其中有的是以马克思主义者的名义而进行的研究(其马克思主义多是在野的批判性学术理论而不是由政权推动的意识形态),有的则主要从事进步的/批判性的学术研究。其中有不少人后来作出了重要的学术贡献,但人人都几乎不可避免地受到对立的现代化主义 vs.革命问题的影响。

《批判性亚洲研究》(*Critical Asian Studies*)是 CCAS"通报"后来采用的名称,是一份重要的、一直维持至今的学刊,但它已经不多涉及中国,主要关注的是其他的亚洲国家。至于当代中国,主流的刊物一直是早年由中情局资助[通过其所谓的"文化自由代表会议"(Congress for Cultural Freedom)和"法弗德基金会"(Farfield Foundation)傀儡组织]的《中国季刊》(*China Quarterly*)。(MacFarquhar,1995:692,696)①

在那样的制度和意识形态环境下,非此即彼的二元对立几乎不可避免。而"革命"范式不仅在美国也在中国,与其敌手——现代化主义一样,是一个全面化和普世化的建构。两者不可避免地不仅是学术—理论的,也是政治—意识形态的立场和观点。在美国的两者对立中,它们占据了中心地位,掩盖了(我们回顾起来可以看到的)与中国实际更为紧密相关的问题,譬如,日益显著的城乡差别问题——从 1952 年到 1979 年,城市工业产出一直相当快速地以平均每年 11% 的速度增长,而乡村农业的年均增长率则只是

---

① 笔者 1975 年创办的(如今仍然在主编的)*Modern China* 则是处于两者之间的学刊。

2.3%(相对于2.0%的人口增长率)。又譬如,在二十多年的革命运动之后,人民生活水平并没有显著提高的问题。也就是说,问题是中国要怎样才能达到不仅是"革命"的目标,也是"现代化"(特别是提高人民生活水平)的目标,而不只是其中之一。

三、西方中心主义 vs.中国中心主义

(一)新保守主义

20世纪80年代以来在美国呈现了新的意识形态和学术研究的转向,主要是新保守主义的兴起。它是之前的现代化主义的重组和更新,并在倡议资本主义和自由民主的意识形态内容上,比之前更加原教旨化。它是伴随全球化资本+国外廉价劳动力的跨国公司模式,扩张到主宰全球经济的地位而来的,并导致了美国主导的阿富汗和伊拉克战争。到20世纪90年代,它已不再受到前社会主义国家的挑战的约束,在苏联和东欧体制的崩溃下,成为一个带有得意洋洋的凯旋意识的意识形态大潮流。

在学术界,首先是古典自由主义经济学的复兴。其主要代表是哈耶克(Friedrich August Hayek,1899—1992),他成为美国1981年到1989年的总统里根(Ronald Reagan)和英国1979年到1990年的首相撒切尔(Margaret Hilda Thatcher)所最推崇的经济学家。早在1948年,哈耶克在其《个人主义与经济体系》中,便从对新古典的课本经济学的有力批评出发,论证其分析是多从掌有完全信息的完全理性个人以及纯竞争性的市场的设定出发的,但实际是,人

们和市场绝对不像其所设定的那么完美。因此,它代表的只是一种"伪个人主义"。同时,新古典课本经济学过分依赖数学模型、(供需)平衡分析、建构的理论以及对自然科学的模仿。他争论,正是那些倾向最终导致了极端的科学主义,特别可见于共产主义国家的计划经济。经济学需要的是"真正的自由主义",即直面个人和市场的非完美实际,但仍然据此认识到,即便如此,依靠个人的选择和市场的价格信号的经济体系乃是人类迄今所看到的最好的体系。(Hayek,1948)

哈耶克在 1974 年被授予诺贝尔经济学奖[当时是和瑞典的"左派"经济学家缪达尔(Gunnar Myrdal)分享的],但其影响要到 20 世纪 80 年代在新保守主义大潮流和里根、撒切尔的特别推崇下才达到顶峰。据说,撒切尔在 1975 年保守党的一次讨论是否该采纳一条经济上的"中间的道路"中,从其手提包里拿出了哈耶克的《自由的宪法》一书,拍在桌上,宣称:"我们相信的是这个!"(Ranelagh,1991:ix)至于里根,他曾宣称哈耶克是对其影响最大的两三人之一。(Anderson,1988:164)哈耶克的古典自由主义的原教旨自由市场经济学正是其与颇具影响力的政府干预性的凯恩斯主义的关键不同。在市场 vs.国家的二元对立中,哈耶克是坚持听由市场机制运作、反对国家干预的论者。正因为如此,他对里根和撒切尔具有特殊的吸引力。

哈耶克的反科学主义论述的实际效果是,协助把新古典的课本经济学从对其的"实证主义"/科学主义猛烈攻击中挽救过来,把那样的攻击转向了共产主义计划经济。哈耶克本人则公开明确地认同于把个人和国家对立起来的古典自由主义——那也是像里根和撒切尔那样的原教旨保守主义人士特别欣赏他的原因。他给予了所谓的"里根经济学"(Reaganomics)哲学内容,使其成为新保守主义的核心。哈耶克对里根和撒切尔的影响甚至超越了他芝加哥大学的同事弗里德曼(Milton Friedman)。与哈耶克不同,弗里德曼坚持经济学是一门跟任何自然科学领域相等的科学[例见其诺贝尔奖讲演(Friedman,1976)]。他在1976年获得诺贝尔奖,后被邀请参加里根总统的经济政策咨询委员会,并在1988年被里根授予(至高荣誉的)"总统自由勋章"。在哈耶克和弗里德曼两人的联结下,古典和新古典课本经济学(亦可统称新自由主义经济学)如今实际上成为一门鱼与熊掌兼得的学科,既批评了科学主义和实证主义,又一仍其旧地普遍依赖高度科学主义化的数学模式和统计数据。

在那样的混合物之上,课本中新自由主义还添加了所谓的"新制度经济学",哈耶克早在芝加哥大学教经济与法律课程时便已启示了其内容。它继承了古典和新古典经济学的前置公理——市场经济是最佳的资源配置机制,而后添加了私有产权是经济发展的至为关键条件的论点。科斯(Ronald Coase,和哈耶克同样在芝大教经济与法律)和诺斯(Douglass North)两人都和哈耶克一样从(貌似)对新古典经济学的批评出发,前者特别批评其忽视了公司交易成本的关键经济因素,后者特别指出其忽视了国家和法律的关键角色[Coase,1990(1988);North,1981],共同强调的是稳定私有产权的不可或缺。科斯在1991年获得诺贝尔经济学奖,诺斯于1993年获奖,由此巩固了两人在新保守主义时代的经济学理论界的显赫地位。综合起来,以上的复合理论成为跨国公司全球化利润追求意识形态的核心。私有企业+市场交易被视作一切经济发展的关键。在中国研究领域,这个理论潮流导致了几乎完全由市场主义主导的经济史研究,迥异于上两代以人口问题为主的研究——特别是何炳棣(Ho,1959)和珀金斯(Perkins,1969)的重要学术贡献。新保守主义的市场主义理论的意图是完全抹掉人口因素,就像舒尔茨所争论的那样。

(二)后现代主义

具有讽刺意味的是,这股新保守主义的学术—政治—意识形态大潮流是和另一股"激进的"后现代主义理论潮流共同兴起和并行的。后现代主义首先是一个对实证主义(科学主义)在知识论层面上的挑战,质疑其对"客观"和"科学"知识及研究的深信不疑。新的批判性转向归根到底来自西方所面临的"认识论危机":之前,人们一度信仰的是"上帝"所揭示的真理,而后在启蒙时代,神被理性和科学所取代,如今则是对科学和理性的质疑,所提出的问题是知识的根据到底是什么的基本性问题。在其最清晰和强有力的论析中,后现代主义坚持所谓的"客观真实"其实不过是一种话语建构,历史其实也不过只是一种需要解构的文本,不是什么"客观真实"。话语建构才是历史和知识中真正基本的元素。后现代主义中最突出的理论家,如德里达(Jacques Derrida,1930—2004)和其对一系列主辅对立的二元建构的批判,以及福柯(Michel Foucault,1926—1984)和其所突出的话语的独立性和关键性,是对"启蒙现代主义"及其所导致的现代化主义的强劲有力的质疑和批判。

后现代主义的第二主题是其"去西方中心"论。其中,对关于非西方世界的学术影响最大的是萨义德(Edward Said)和吉尔茨(Clifford Geertz)。萨义德争论,学术最主要的工作是对现代主义话语的批判和解构,特别是西方关乎"东方"的(帝国主义)"东方主义"话语。(Said,1978)吉尔茨则论述,学术该做的工作是要阐释非西方文化的主观的、特殊的"意义网络"(而不是像现代化范式那样追求"客观"和"普适"的"真实"和"真理")。(Geertz,1983)二人志趣相近,写作中相互推崇和引用。两人都认为,现代化主义的普世主义应该被后现代主义强调的特殊主义所取代,普适性的实证主义研究应被话语主义/意义网络主义研究所取代。也就是说,他们的特殊主义是普世性的,是源自普世与特殊非此即彼的二元对立框架而来的,其用意和其现代主义对手同样是普世的。

但在我看来,求真、求实的学术,其关键在于普世和特殊两者间的关联和互动,不在其非此即彼。实际无疑既包含普适也包含特殊,既包含话语也包含实践双维。学术研究的核心正在于根据经验证据来质疑、界定或重构普适理论所带有的可能正确性;同时,也是要根据特殊的经验事实,通过连接恰当限定的理论洞见来探寻其更宽阔的含义。学术的目的既不简单是普适主义化,也不简单是特殊主义化,而是两者间的相互关联。(黄宗智、高原,2015)

但极端的后现代主义理论,虽然在一般民众中影响有限,在学术界却取得了巨大的影响。"反思自身性"(reflexive)的"批判性"(critical)学术成为时尚,而且不仅是在年轻一代的学者之中,也在不少曾经是唯物主义/科学主义的年长一代的左派学者中。至于比较传统的思想史学者们,他们以为这些对客观主义的攻击是自身的主观主义思想史研究获得更大影响的好机会;同时,他们也被"话语"和文本"解构"分析概念所吸引。这股潮流由此成为强大的潮汐。在中国研究领域,其影响虽然稍滞后到20世纪80年代及其后,但通过新近信仰或改信仰后现代主义的学者们,扩延到一整代的青年学者,乃至于美国亚洲研究协会年会上提交文章的目录越来越像是一个后现代主义范畴和题目的罗列。

新保守主义和后现代主义的并行兴起把两者都置于和之前的左翼学者冲突的位置。后者,即便是长期批判斯大林主义的人,不可避免地被与苏联、东欧共产主义政权体制的崩溃相联系。对有的后现代主义者来说,哈耶克那样的经济学也许显得没有共产主义计划经济那么令人反感。更重要的是,新保守主义和后现代主义在学术领域同样处于新兴的在野地位,而左翼的和进步的(如社会史)学者,在20世纪80年代大多已人到中年并在多个学术领域和高校院系占据领导地位,新保守主义者和后现代主义者才是后来者、未曾掌权者。而且,新保守主义者与后现代主义者相互之间似乎并没有明显的冲突,因为它们主要分别针对两个似乎截然分开的领域:一个是经济学科,另一个是人文学科,不像马克思主义那么"包揽"一切。在那样的三分天下局势下,新保守主义者和后现代主义者常常成为敌对左翼学者的同一方。

在中国研究领域,代表性的后现代主义著作首先是柯文(Paul Cohen)的《在中国发现的历史》,把费正清对中国近代史的西方中心的"冲击和反应"分析模式颠倒过来,争论需要从以中国为中心的内生动力来理解其过去和近期的历史。(Cohen,1984)这是一个与后现代主义无关但受认同于中国文化和传统的美国学者们所欢迎的论点,也是不少中国的学者们所乐意接受的中国中心论点。在那样的感情性动力上,中国近现代的历史其实不可能只是任何单一方的结果,只可能是两者互动的结果这样一个简单实际,变得似乎无关要紧。柯文的论点显然是夸大了,但其简单化的夸大,却给予其论点更清晰易懂的威力。

(三) 后现代市场主义

从学术潮流的角度来考虑,更重要的是另一种,由新保守主义和后现代主义的一些不同部分结合而组成的观点。其所声称的目的是"去西方中心"化(de-center the West),所采用的不仅是后现代主义对现代主义的批判,也是新保守主义的全球化原教旨自由市场主义。

弗兰克(Andre Gunder Frank)之前(在20世纪60年代后期)曾经因为把现代化主义颠倒过来而一时声名鹊起。20世纪90年代,其凭借对学术潮流异常的敏感性,想重演过去,这回把西方中心主义的全球经济观颠倒过来,争论中国在全球经济体系中的中心地位。他借用的在根本上是自由市场主义和货币主义,但给予其以去西方中心化的激进包装,由此组合成了新的模式。(Frank, 1998)他的《重新看待东方:全球经济的亚洲时代》居然在1998年到2002年间被加利福尼亚大学出版社重印了四次。① 与其之前的著作一样,此著作也比较意识形态化和简单化。

---

① 根据弗兰克本人的网页 http://www.rrojasdatabank.info/agfrank/pubs_new.html。

其经验证据核心是世界的白银从 1400 年到 1800 年间一直从西方流向中国这个历史事实。弗兰克本人,因其散射似的写作风格,并没有集中有序地在单一处解释清楚这个现象,但其实质是相当显而易见的:从 1400 年前后开始,欧洲(尤其是西班牙)白银相对丰富,其后则由于 16 世纪在新大陆(尤其是在秘鲁和墨西哥)发现白银,白银价格在西方要比在中国低廉,在 16 世纪欧洲白银和黄金的比价约为 12∶1,在中国则是 6∶1,其后在 17 世纪(中国)上升到先是 7∶1—8∶1,而后是 10∶1,但一直要到 1750 年前后,其与西方间的差值方才消失(见陈昆,2012:第 7—9 页的表)。这就意味着白银不仅作为交易货币,也作为商品,从西方(新大陆经过欧洲或马尼拉)流向中国是有利可图的。加上当时中国的丝织产品,以及棉、麻、茶、瓷等产品比起西方既价廉(丝织品价格才是欧洲和墨西哥的三分之一——见陈昆,2012:第 3 页)又物美(由于中国在这方面的早发展),西方的买商既可以获利于商品的廉价也可以获利于其用以支付的白银的更高值。两者相互提高了其分别的盈利。结果是白银在这期间相当大量地流向中国。根据弗兰克提供的数字,在 1550 年到 1800 年的 250 年间,从西方流向中国的白银总量达到六万吨,也就是平均每年 240 吨。(Frank,1998:149)对弗兰克来说,这就是证明当时中国是全球最富裕和最高度发达的经济体,是处于"全球经济/体系"(world economy/system)中心位置的经验证据。

正是从这个经验核心出发,弗兰克建构了其中国中心的 1400 年到 1800 年全球体系"理论"。由此出发,他更建构了一个长达五千(乃至七千)年的"世界经济/体系"理论,该体系不仅是一个整合的体系,更是具有可以辨析的一系列的"长周期"(long cycles)的体系。其中,从1400年到1800年是一个以中国为中心的长周期,之后被西方中心的长周期所取代,但行将再次被以中国和亚洲为中心的长周期所取代。如此这般,他批评了所有此前的论著,包括沃勒斯坦(Immanuel Wallerstein)的"世界资本主义体系"理论,认为他也是西方中心的,因为他仅仅关注了西方1500年以来的兴起,而弗兰克本人才是真正具有"全球视野"的论者,论证了西方的兴起只不过是全球视野下数千年中众多长周期中的一个周期而已。

弗兰克没有解释为什么中国的商品(不仅因为白银的差价)会比西方的便宜,但这其实也是一个很好理解的现象。笔者过去已经详细论证:人地关系的压力促使许多农民必须依赖副业生产(使用家庭的较廉价的辅助劳动力,即妇女、老人、儿童),尤其是蚕桑(和缫丝)以及棉纺织来协助维持生计,由此形成了远比欧洲强韧的农耕和手工业的紧密结合。英格兰和西北欧在其"原始工业化"(手工业发展)的过程中,很快就呈现了农耕和手工业的分离,一个成为农村的生产活动,另一个成为城镇的生产活动,两者都能够分别满足其生产者的生存需要。那就和中国十分不同,因为在中国两者都不能单独支撑其生产者的生计。因此,它们一直紧密缠结,一直到1949年之后的当代中国仍然如此。(黄宗智,2011,2002,2014a:第3卷,第13章;亦见黄宗智,2014a:第1卷,2014a:第2卷,2014c)

正是西方白银在中国的相对高值、中国丝织和棉布等优势产品的相对低廉的劳动成本,以及中国人口和国家的规模,促使中国出口比进口的产品要多,因此导致白银随着西方购买这些产品而流入中国。这个现象所揭示的不是中国当时是最富裕和最先进的经济体,而其实是其相对较低的人均收入。麦迪森(Angus Maddison)合理地估算了18、19世纪英格兰人均收入和中国的差距:1700年英格兰的人均收入是1405美元,中国是600美元;1820年英格兰和中国的人均收入分别是2121美元和600美元[根据1990年"国际美元"估算(Maddison,2001:90,表2-22a)]。

这个现象其实有点类似于近三十多年美元之流入中国。廉价和守秩序的中国劳动力制造了相对廉价的中国产品,而美元(作为如今国际贸易的定值标准和储备货币)的丰足促使其价值在西方要低于中国,在美国财政部可以随意印刷更多美元的现实之下尤其如此。两大因素的结合推动了美元大量流入中国,如今已经达到四万亿美元之巨。但这并不意味着中国积聚了全球的财富,这真正反映的是美国的跨国公司通过"外包"借助中国的廉价劳动力而获得巨额的利润:跨国公司所掌控的是高利润的产品设计和销售两端,把低利润的中间生产环节外包。苹果公司和富士康(雇佣了百万中国工人,主要为苹果公司代工)便是典型,其始末两端的利润率高达30%,因此使苹果成为美国利润率最高的公司之一,而中间环节的利润率则才7%。(封小郡,2015)在全国人均收入方面,根据世界银行2014年的数据,美国的是55260美元,中国的是7380美元,二者的比例是7.5∶1。(World Bank,2014,根据其"Atlas"计算方法①)我们如果以"非正规经济"的(即没有法律保障

---

① "Atlas"计算方法是根据平均的外汇兑换率,经过通货膨胀调整来计算的,而"购买力平价"(purchasing power parity,PPP)则是根据购买力来计算的。用PPP计算,相应的数字是美国55860美元,中国13130元,即约4.25∶1之比。

的、没有福利或只有低额福利的)农民工(是其所雇佣的大部分的工人)来计算,差距还要大得多。(黄宗智,2014a:第3卷,第11、12章)这绝不等于弗兰克所说的(中国是)全球最富裕和最先进的经济体,以及世界经济体系的中心,而只是在总量上可能成为世界最大的经济体。

但对弗兰克来说,根据其市场主义和货币主义的经济观,这种贸易和货币的流动是经济高度发展的无可置疑的证据。他的整个七千年以来的"世界经济体系"和其"长周期"是根据这样的"证据"来建构的。① 对他来说,它证明了中国是当时世界上最富裕和最先进的经济体,要到其后两个世纪方才被西方所取代,但如今行将再次成为世界经济体系的中心。这就是他"去西方中心"建构的整体。

如此的"理论"的问题是,它完全无视之前的贸易"体系"和如今的体系之间的截然不同的规模和性质。白银在弗兰克研究的1400年至1800年间的流动总量只占当时中国经济体的一个极其微小的百分比。我们即使只考虑当时的物流条件以及中国的人口规模,此点便已十分明了。具体估计的话,根据弗兰克的年平均240吨白银流入中国的数字,它只占到1750年中国粮食生产总值

---

① 对此,张国刚和吴莉苇(2002)著有代表性的书评。

的0.4%——这是根据目前最好的估量来计算的数字。① 这就和如今的中国十分不同,其进出口总量达到国内生产总值(GDP)的60%以上(黄宗智,2014a:第3卷,第12章;亦见Naughton,2007:377)。一个是微不足道之量,另一个是极其重要之量(虽然并不是单一决定性的)。把两者等同起来,是荒谬地把如今高度全球化的经济投射于截然不同的前工业化历史时期,极端地夸大了世界贸易在前现代的作用。其所真正说明的是,当时世界各地有一些贸易接触,但绝对没有形成像如今这样高度整合了的世界经济体系,更不是一个遵循和今天同样的逻辑和带有周期性运动的体系。

但是,在弗兰克比较荒谬的"理论"著作之后,还出现了一系列与其观点比较接近的著作。其中,影响最大的可以说是彭慕兰(Kenneth Pomeranz)的"大分流"。彭的著作重申了弗兰克的论点,试图论证直到18世纪末,中国(和其最先进的长江下游地区)的生活水平及劳动收入与西方(和其最先进的英格兰)基本一致。彭慕兰争论,两个经济体在市场发展程度方面基本相似,在私有产权方

---

① 我们没有关于此一时期的国内生产总值的可用估计,但我们有该年的比较细致可靠的粮食生产总量的估计。珀金斯的估量采用的是每年人均产出/食用400斤到700斤粮食,实际估算用的是人均产出500斤到600斤。(Perkins,1969:14—15)我们如果据此而用人年均550斤的数字,乘以珀金斯对该年人口的估计(2.70亿),得出的粮食总产量是1485亿斤(也就是7425万吨)。再用王业健的该年1.64两银子一石(约160斤)稻谷的数字,亦即每一百斤粮食价格约为一两银子,得出的粮食产值是约1485万两。(稻谷价格可以粗略地代表粮食平均价格——见Perkins,1969:288)然后,用约27两银子等于一公斤白银来计算,得出的是5500万公斤银子,亦即55000吨白银。这样,弗兰克的平均每年240吨银子流入中国之数,是粮食总产值的0.4%。麦迪森用的人年均食用粮食数字(644斤)要比珀金斯的高,其1750年人口数字(2.30亿)则比珀金斯的低,但所得出的粮食总产量是7400万吨,和珀金斯基本一致。(Maddison,2001:表1.6)

面也基本一致,在资源禀赋乃至人地压力方面也没有什么分别。所以,其"大分流"要在之后19世纪的工业发展中方才呈现,而那个变化的导因主要是英格兰(偶然的)特别丰富的煤炭资源以及其从殖民地所获得的资源。(Pomeranz,2000;黄宗智,2002)

这里,我们需要进一步说明彭慕兰所采用的理论逻辑,即在前工业化时期,两个经济体的市场发展程度如果基本一致,就必定会导致类似的资源配置效率和发展水平。所以,如果中国在(自由)市场发展(包括私有产权的确立)方面和欧洲基本相等的话,其经济的其他各方面也会基本相等,劳动力资源的配置会大致相等——如舒尔茨所争论的那样,在一个市场化的经济体中,根本就没有"劳动力过剩"或"人口压力"可言。同理,双方的人均收入和消费也必定会基本相似。这样,要促使农业现代化,只需要现代技术的投入,无论是西方还是中国都如此。正是由于这个原因,西方和中国的分流要到18世纪之后方才出现。西方和中国的"大分流"要到19世纪的工业化革命方才实现。(Pomeranz,2000:尤见"导论")

未经明言的是,中国后来的革命把其经济从正确的市场经济轨道挪移了出来,因此,要到之后在其改革时期的市场化下,方才走上快速发展的正轨,而且可能行将超过美国。① 这正是弗兰克所打出的论点,而他是以被认作彭慕兰等所谓"加州学派"的成员之

---

① 这里,有的读者也许需要注意,正如珀金斯等学者早已证实的,中国的工业在毛泽东时代的计划经济下,是以11%的年增长率发展的(而农业的年增长率则只达到2.3%)。(Perkins and Yusuf,1984:第2章)那个早期的工业化成果为后来改革时期的经济发展奠定了工业基础。

一而为荣的。(Frank,2001)

这样,哈耶克的新保守主义、古典自由主义、原教旨市场主义,把市场贸易设定为经济体系的决定性核心因素,并排除了人口和国家等其他因素,被与后现代主义的激进去西方中心主义结合成为一个统一论点。这样,新保守主义对市场主义的普世化信仰(包括诺斯和科斯的私有产权主义)被全球化并纳入了中国经济,由此一举抹掉了中国(过去和现在)与西方的巨大不同。在这样的建构下,人地关系的不同、社会关系(如主佃关系、商农关系,乃至于城市中产阶级的形成)的不同、城乡关系的不同,殖民国和被殖民国、资本投资国和劳动力供应国之间的关系和不对等,都变得无关紧要。彭慕兰论点的错误在于,除了其理论——意识形态依据之外,和弗兰克一样忽视了中国经济的一些基本实际。18世纪中国家庭农场的耕地面积只是当时英格兰的百分之一,在人地关系资源禀赋上中国面临的是严重得多而不是相似的人口压力。正是那样的压力迫使耕作主业和手工副业紧密结合,副业的低收入则由家庭的辅助劳动力来吸纳,两者共同组成的是维持农家生计的两根拐杖。这迥异于英格兰当时已经呈现的城镇"原始工业化"的发展,以及其从农村种植业的分离。沉重得多的人地压力是把副业劳动报酬压低到不可单独维持生计的主要原因,也是阻止为节省劳动力的技术和资本投入于农耕和手工业的主要原因。

彭慕兰完全忽视了中国和英格兰之间的这个差别,并无稽地试图论证当时江南地区农民每人每年的生产和消费(他简单地把两者等同了起来,无视长江三角洲农民多通过地租向城镇和全国其他地区输送大量棉丝),不止十套棉布和将近两套丝绸衣着

(14.5磅棉纱①和2磅生丝——Pomeranz,2000:138,140—141)。他似乎不知道只有城镇的上层社会才会穿着丝绸,而农民则一般每人只有两套布衣。(黄宗智,2002:166;Huang,2002:522—523;亦见黄宗智,2014a:第1卷,2014a:第2卷)在前工业时期,这是非常悬殊的不同,是贫穷和相对富裕之间的差别,也是生存边缘与相对高收入的差别。这是关于中国经济史的基本常识。彭慕兰的著作因为完全没有一手研究,所依赖的完全是根据二手资料的推论,才会出现如此脱离实际的错误。(黄宗智,2002)

彭慕兰对长江三角洲的错误认识也可以见于他关于棉纺织手工业的论述:他争论,当时棉纺织手工业的回报其实已经超过种植业。他所以得出这样的论点是因为他错以为较高回报的织布程序乃是棉布生产程序的全部或大部分。(Pomeranz,2000:102,322—323)但实际上,在生产一匹布所需的七天之中,织布只占一天,而低报酬的纺纱(只有种植业的1/3到1/2的回报),则需要足足四天(剩余的两天用来弹花和上浆)。(黄宗智,2002:158)正是那样的错误认识使他完全忽视了关于中国农村生产的常识,也就是人们广泛使用(耕作)"主业"和(手工)"副业"两词来表达的区别,②前者主要由家庭主劳动力来做,后者则主要由"辅助"劳动力(女人、老人、儿童、少年)来做。这是研究中国经济史不可或缺的基本知识。

至于英国,数十年的关于18世纪英格兰的社会经济史和人口史研究已经证实,该地的"原始工业化"更导致了早婚和更普遍的

---

① 一套棉布衣着需要用上1.3斤棉纱,亦即1.43磅棉纱。
② 当然,20世纪80年代之后,由于农村的一系列变迁,这两个词语已经比较少用。

结婚,因为其青年男女可以凭借城镇的手工业来维持生计,不必再等待继承其家庭农场才能够独立谋生(Levine,1977;Schofield,1994)。这些现象完全没有在中国出现。伴随英格兰原始工业化而来的城镇发展更导致了消费上的演变(以及其所包含的城乡贸易发展的含义)——德弗里斯(Jan de Vries)称作"早期城镇化"(early urbanization,即小城镇而不是大城市的发展)的变化(De Vries,1984),以及辛勤的劳动者所促成的(所谓的)"勤勉的革命"(industrious revolution)[①](De Vries,1993、1994;参见 Weatherhill,1993)。中国则不同,城乡贸易主要限于强大人地压力下的贫穷乡村向城市的输出,而不是双向的贸易。小农户为城镇居民提供细粮、肉—禽—鱼、优质棉花、生丝等;他们不具有购买城镇产品的能力——他们的市场交易主要是生存物品,以棉布换粮食或反之。(黄宗智,2014a:第2卷,第5、6章)18世纪的英格兰—西北欧洲和中国的市场经济其实十分不同。但这些差别都完全被彭慕兰忽视

[①] 可惜的是,"勤勉的革命"一词的含义已经越来越含糊不清。最先使用此词的是日本学者速水融(Akira Hayami),所指的是日本德川时代小农户之结合农耕与手工业生产(Hayami,2015)。后来,德弗里斯借用该词来表达英格兰和西北欧在近代早期发生的消费上升是伴随更多家庭成员工作更长时间的(原始工业)生产而来的上升。后者的性质其实很不一样,因为它较快成为农业和手工业、农村与城镇分离的生产。再其后,又被日本学者杉原薰(Sugihara,2003)用来表述他所谓的劳动密集的"东亚"农业与工业(区别于西方,尤其是美国的资源和资本密集型农业和工业),没有考虑到日本和中国间的重要不同:在日本,在20世纪初期机械和化肥等现代投入来临的时期,农业人口基本没有增加,从而导致快速的农业现代化、农业收入的上升,以及农业和手工业的分离;而在中国则迟至20世纪60年代和70年代,现代投入是伴随大幅度的人口扩增而来的,其所带来的产出上的增长基本被快速增加的人口所蚕食。农业和手工业仍然(在集体化的村庄中)紧密结合,要到20世纪80年代(伴随农村工业化)方才分离。这是一个需要分别讨论的议题——简短的论析见黄宗智(2014a,第3卷:6,113—116)。

了,因为他关注的只是要论证中国和英格兰的同等,其目的是时髦的所谓"去西方中心"。(黄宗智,2002)

诸如此类在经验和研究层面上的基本错误,在我们这个认为所有经验"事实"不过是某种话语建构的后现代主义时代,以及认为原教旨市场主义乃是不需验证的给定公理的新保守主义时代,似乎无关紧要。在这个信息无穷无尽的时代,越来越少的人关注经验证据、依据经验证据而作出判断,而大多倾向依赖简单笼统的概念,没有认识到它们多是来自没有经验依据的理论——意识形态,只是不久即将成为过时的短暂时尚倾向。

彭慕兰的论点的另一重要组成部分是李中清及其协作者们的著作。他们试图在人口史领域作出同样去西方中心化的论述,坚持中国也具有类似于西方的相对晚婚的"预防性"生育控制行为。在李中清那里,其关键概念是其"产后堕胎"建构,匪夷所思地把溺杀女婴说成是"理性的""预防性"生育控制,把其等同于西北欧的晚婚。具体来说,这个建构使得他能对其相当严谨地得来的数据——中国的生育率和死亡率要远高于西方(寿命预期则远低于西方)——进行调整:一旦把被溺杀的女婴(根据他们自己的数据,高达25%)理解为"产后堕胎"便可以把其排除于生育率之外,也排除于死亡率之外,这样,便把中国的生育率和死亡率都压低到和西方比较接近的数位(Lee and Campbell,1997:70;Lee and Wang,1999:61)。这也是彭慕兰所重述的论点。(Pomeranz,2000:38)正是这样的逻辑使李中清和彭慕兰都能得出中国和西方在生育率、死亡率和寿命预期上相差无几的结论。他们并不在乎,实际上溺杀女婴大多是贫穷的人们由于生存压力迫不得已而做出的选择,而此事实本身便说明中国所面对的极其沉重的人地关系压力,达到西方所不可想象的地步。正是那样的压力导致了中国18世纪中叶之后的两个多世纪的严重社会危机,即便今天仍然是中国乡村面对的一个严重问题。(黄宗智,2002:167—174;亦见Huang,2002:524—531)他们的论点其实等于是抹掉了(人们至今仍然称作)中国的"基本国情"。

常被彭慕兰和李中清所依赖和引用的中国学者李伯重,则进一步试图论证中国江南地区在宋元明清时期的生育控制技术要远远超前于其同时期的西方,争论当时堕胎已经广泛被人们使用。(李伯重,2000)这个论点被李中清所引用和重述。(Lee and Wang,1999:88,90—91,92)最近,所有这些著作所采用的"经验证据"被苏成捷一一系统检视,证明其实他们三人并没有提供任何具体的堕胎案例为证,连一个都没有,而不过是以一些医学著作的选择性推测来作为其论证依据的——是根据书本的想象而不是实在的案例。而苏成捷,根据其所搜集的诉讼案件档案,挖掘了共24个实际堕胎案例——其中,17名妇女因堕胎而死亡,其余的要么事后严重患病,要么没有记录。(Sommer,2010:130;亦见苏成捷,2012:28—29)更有进者,根据民国时期和20世纪50年代的较翔实的资料得出,传统的堕胎方式明显是具有死亡危险的应急性措施而绝对不是人们所广泛采用的措施。苏成捷已经无可辩驳地证明李伯重、李中清和彭慕兰等人是把自己的想象——实际上并不存在的想象投射于清代中国。但是,在我们这个后现代主义时代,苏成捷的此篇著作并没有获得其应有的注意,起码在中国以外的经济史研究领域里如此,也没有为热衷于认为中国比西方优越的史学家们所接受。在近年来兴起的、重要的世界历史著作潮流中,有不少盲目接纳了上述的彭慕兰、李中清的论点,这是其中一个比较严重的弱点。

我们看到,新保守主义、后现代主义,以及结合两者的后现代市场主义("后现代新保守主义"),仍然主要是源自西方的理论——意识形态观点,与中国的实际和实用需要的关联十分有限。如果从中国的实际问题出发,我们会更多地关心不同的问题,譬如:近三十多年来中国社会经济的发展所导致的一定程度的社会不公问题;2.7亿的农民工已经成为中国工人中的绝大多数,但他们仍然是在没有或少有法律保护和没有或只有低等的福利下工作(而且,他们中的大多数没有能力长期在城市居留,而其家乡与社区的环境也发生了较大改变);在经历了三十多年的严厉生育控制之后,人地压力有所缓解,但随之而来的是每对独生子女夫妇必须协助赡养四位父母的困境。① 对上述的这些问题,李中清、彭慕兰等学者眼中的中国没有人口压力的论点显然不会起到任何正面作用,只可能妨碍对这些问题的认识。还有,我们要问:如今中国已经成为一个结合市场经济和中国的革命性社会主义(以及中国共产党统治的)国家,今后将如何维持两者的结合?对这个问题来说,后现代市场主义(后现代新保守主义)的去西方中心化和中国/东亚/亚洲中心化论点,显然完全无济于事,同样只可能导致对实际的误解。

---

① 2015年10月29日,中共十八届五中全会宣布将全面实施一对夫妇可生育两个孩子政策。

四、迈向不同的问题意识

但是,凭借理论—意识形态潮流来推动的论点是不能仅凭经验证据来推翻的,起码在我们这个后现代主义和新保守主义的时代如此。我们需要的是对这些仍然影响很大的论点的思想和"理论"依据做出更为深入的分析。下面我们从问题意识的角度对后现代主义和新保守主义,以及结合两者的"后现代新保守主义"做进一步的检视。

(一)西方 vs.中国的二元对立

在启蒙时代之前,西方对中国的知识主要来自耶稣会士,其所关心的主要是使中国人和平皈依基督教,其研究因此多集中于儒家思想与基督教的相通之处。从 18 世纪的启蒙时代开始,由于西方自身进入了所谓的"理性时代",逐渐形成了西方与其他文明不同的意识,而伴随"理性"和科学的进展,以及工业化的来临,接踵而来的是强烈的西方优越感,乃至于认为其文明是典范的和普适的。在那样的大背景下,一个"没有成功现代化"的中国只可能成为一个"他者",成为突出西方优越性的陪衬,并说明其必须现代化/西方化的例证。

下面只以两位影响较大的思想家为例。首先是黑格尔(Georg Wilhelm Friedrich Hegel,1770—1831),其晚年(1825 年)开始定期开办关于中国的讲座。那些讲演表达了一些至今仍然有一定影响的对中国和中国文明的批评意见,都是从西、中二元对立的框架出发的论点。黑格尔认为,哲学是一切知识中至高、至重要的领域,但中国则根本就没有哲学可言,只有一些初级的抽象概括,没有像西方哲学那样的持续的推论。中国的主要思想家,尤其是孔子,没有能够做出持续的思辨;只有西方文明才具有真正的哲学。这个意见迄今仍然可见于众多哲学学者:在美国的顶尖高等院校哲学系中,一般只开设西方哲学的课程,而中国、印度、伊斯兰等其他文明的"思想"则只能在各个"语文系"(东亚、南亚、近东等系)开设(之前被统称为"东方学",也就是萨义德所集中批判的"东方主义"范畴所指)。更有进者,黑格尔声称中国根本没有法律可言,只有"实质的"(特殊的)道德价值和规则——这是如今仍然有人坚持的论点——因为它的根据不是理性、自由、意志和自觉(self consciousness)。(古代)中国的政体极其专制,其人民没有自由意志、自觉"精神"(spirit)和"主体性"(subjectivity)。中国甚至并没有真正的宗教——儒学只是一些习惯和行为规则。(Hegel, N. d., "Hegel's Philosophy of History, Part I, The Orient, section 1. China"; Hegel, N. d., "Hegel's Lectures on the History of Philosophy, Oriental Philosophy"; Kim, 1978; 张国刚, 2006)

黑格尔的现代主义意见在其后得到不少学者更为系统的表达和推进,其中影响最大的是韦伯(Max Weber, 1864—1920)。对韦伯来说,现代法律必须是由"形式理性"所整合的,其从(演绎)逻辑得出的所有抽象和理性原则都可以一贯被适用于所有的具体事实情况。中国没有那样的法律,因此,其法律体系只可能是"实体主义"的,即具体而非抽象、道德化而非理性化、特殊而非普适的。它随时可能受到统治者的干预,要么是随意性的要么是特殊道德性的干预,因此,它只可能是"非理性的"。西方的法律历史所展示的则是一个长时段的形式理性化演变过程,其起源可见于罗马法,亦可见于天主教教会法规(canon law),最终形成了现代(大陆法系的)德国法。相比之下,即便是英美的普通法系,因为其依赖普通人民(而不是精通法律逻辑的法学家)的陪审团制度,也有非理性的缺点。(Weber, 1978:尤见654—658, 845, 889—891;黄宗智,2015a;黄宗智,2014b:第1卷,第9章)对韦伯来说,宗教也十分关键,而他认为只有在西方才能看到加尔文主义的精神,而它正是促使资本主义经济发展的关键。[Weber, 1930(1905)]无论是其关于法律还是关于宗教的研究和论述,其主要目的都是探索西方现代文明和资本主义的核心,中国只是作为陪衬的他者。

韦伯的论点至今仍然具有强大的影响,无论是在比较法研究领域,还是在中国法律研究领域。这不仅是由于其理想类型理论的洞察力和其极其宽阔的视野,更是因为资本主义和工业化在现代西得到显赫的发展,其军事和经济实力具有压倒性的优势。同时,这也由于其普适性的科学和技术方面的发展。

在更深的一个层面上,虽然是人们不多讨论和明言的层面,是这样的一种意识:西方早期的演绎逻辑的发展(欧几里德几何学是其典型)使其文明特别适合于发展普适的现代科学与法学,使其在这些方面特别突出于世界各种文明之中。兰德尔(Christopher Columbus Langdell, 1826—1906)——哈佛法学院院长(1870—1895)和美国法学"古典正统"的创始人,便一贯特别强调这一方面。(Grey, 2014: Chapter 3; Langdell, 1880;黄宗智,2015b)他坚持法律和法学要从少数几个(被认为是不言自明的)公理出发,凭演绎推理得出一系列的定理,由此来整合整个体系。正是那样的思维促使人们似乎别无选择地得出西方与其他文明的非此即彼的对立结论。如果西方的法律在逻辑上是前后一贯的整体的话,它只可能被当作一个整体而被全面接纳,而不同文明的不同法律则只可能被视作非理性的"他者"。如果只有演绎逻辑能够带领我们进入理性和普适的真理,欠缺如此的逻辑的文明只可能是非理性的和与西方完全相反的。所以,现代化只可能是全盘引进西方法律,全盘接受现代西方文明。

我们可以在过去三代美国的中国研究中看到这些思想元素。首先是第一代的"中国问题"中设定的非资本主义、非自由民主和非理性的共产主义,在那个"他者"和西方之间,西方现代化的优越性被认为是无可置疑的。在那个层面上,中国的共产主义到底是像华大一方所坚持的非中国性的,还是像哈佛一方所论证的是经过中国化的,其实最终无关要紧,因为无论哪一方都不是真正的西式现代化,而后者则是双方都同意的观点。从这样的角度来看,两大学派之间的争执只不过是对中华人民共和国不同程度的拒绝。其深一层的现代化主义/西化主义并没有被任何一方所认真质疑。现代化主义的方方面面是否真的全都适合非西方世界,是一个没有被问的问题。现代西方的普适性被认为是不言自明的。

现代化主义要到第二代才遭到挑战,但只是遭到仍然是来自西方的马克思主义的挑战。西方的现代化主义没有从其并不适合非西方世界的角度被质疑,也没有被因非西方的后发展国家思想家的启发而被质疑,更没有被不同的非西方的"现代性"的图像质疑,而是主要从一个西方的革命性社会主义的角度来挑战。它设定一个更高度发展的社会主义的西方来取代资本主义的西方,一个没有阶级的社会主义民主制度以及一个国家(机器)逐渐消失的共产主义社会,来取代阶级化资本主义下的民主制度和法律。其中心思想从来不是西方文明会因与非西方文明相互作用而改变和进展,而是西方资本主义+自由民主的今天将进一步发展成为没有阶级矛盾的社会主义的未来,而那样的道路被认作是普世性的。那样的想法并不仅限于西方对中国的思考,更是来自"毛主义"下中国对自身的过去和现在用舶来的西方马克思主义理论的思考。普世主义的现代化主义被同样是普世主义的马克思主义所取代。

美国左倾的反越战运动的思想源泉主要是西方的马克思主义理论家们,他们的影响远比毛泽东或其他非西方国家对马克思主义的重新理解来得深。在实际的学术研究中,他们主要是中国研究领域之外的马克思主义理论家和其他进步的历史社会学家/理论家们,如穆尔(Barrington Moore)、蒂利(Charles Tilly)、佩奇(Jeffery Paige)和斯考切波(Theda Skocpol),和其他非中国及非中国研究的理论家们,如恰亚诺夫、波兰尼、斯科特等。在美国的语境中,"毛泽东思想"只是极其边缘的思想,费正清便写道:"他的创新只在于实践,不在理论。"(Fairbank, Reischauer, and Craig, 1965:855)具有讽刺意味的是,那样的判断和华大的迈克尔和泰勒的几乎是一样的。

与此主流不同的极其少量的著作之一是舒尔曼(Franz Schurmann)关于毛泽东时代中国的"意识形态与组织"的敏锐分析,他强有力地区别了"纯理论"(pure ideology,即马列主义)和"实用理论"(practical ideology,即毛泽东思想)(Schurmann, 1970

[1966])。他的分析可以被理解为与康德(Immanuel Kant)关于"实用理性"是怎样作为"纯理论"和实际行动之间的媒介的论析比较相近的论点。(黄宗智,2015a)但那样的思路对反对费正清的关心亚洲学者委员会成员们的思想来说并没有什么影响,对大多数关于当代中国的研究也没有多大影响。

有的青年美国学者无疑也受到"文化大革命"(以及毛泽东思想)的影响,但当时美国的中国研究对其实际运作所知十分有限,主要只是受到该"群众运动"(但是被"最高领导"所倡导的)一些修辞的影响。而那些修辞(如消除"三大差别")之所以引起那些挑战现代化主义的论者的共鸣,主要是由于他们自身在美国的反战运动中的经历和理解。说到底,中国和越南的实际情况对美国的中国研究学者们来说,只是一些自己所知无几的、比较遥远的经验。对"文化大革命"的脱离实际的、从美国本身的未来来理解的想象,将会导致其中不少人对中国革命和当代中国整体的"失望",而在中国自身官方话语对其的攻击之下,更是如此。

转向后现代主义的第三代与前两代既十分不同也在较深的层面上基本相似。首先,我们要承认,后现代主义是对西方近三个世纪以来的启蒙现代主义的全面挑战,包括对知识的依据的根本性质疑,以及对"科学"——对没有从事过实际的科学研究、经历过其中的困难和不确定性的外行学者们来说,它是那么容易成为科学主义——的根本性质疑。而新的话语概念工具以及话语分析又似乎是那么地强有力和吸引人。加上十分令人忧虑的极端的新保守主义,直接导致了在阿富汗和伊拉克的战争,我们由此也可以理解为什么许多之前的左派学者也投入后现代主义的大潮来表达他们对(似乎是越来越)保守的、帝国主义化的美国现实的不满。

但在后现代主义和之前的左派之间也有深层的分歧。对"反思自身"的后现代主义者来说,马克思主义,尤其是官方化了的共产主义,似乎比现代化主义和(哈耶克型的)新保守主义犯了更严重的实证主义和科学主义错误。同时,对有的马克思主义者来说,后现代主义和新保守主义显得同样主观,前者因为其对"客观真实"的拒绝,后者则因为其对原教旨基督教、古典自由主义/个人主义和自由市场主义的信仰。① 也许更重要的是,即便是对激进的后现代主义者来说,斯大林的压迫性的一面,以及共产主义体制在苏联和东欧的崩溃,似乎也是无可置疑的事实。左派的学者,即便是一直都批判斯大林主义的,也不可避免地受其牵连。

以上的这些因素也许可以部分解释新保守主义和后现代主义对前左派的(带有一定偶然性的)共同的敌视,但在更深的层面上,还有西方长期以来对中国的一贯的基本思维:上面已经讨论了西方是如何一直把西方和中国设定于一个二元对立的框架之中来理解的,这可以清晰地见于黑格尔和韦伯的思想。在那样的思维框架下,逻辑似乎迫使我们,如果要对西方中心主义提出商榷,唯一的做法是争论其对立面,即中国和西方是多么地相似,或比西方更优越。我们看到,柯文、弗兰克、彭慕兰、李中清和李伯重都是从那样的框架和思维出发的:要去西方中心化的话,必须论证中国在同样的标准下的同等性或更加优越性。因此,像柯文那样,如果要坚持推翻把西方当作原动力、中国当作消极的回应的论点,我们必须

---

① 正是那种轻视客观经验证据的态度,导致了对"大规模杀伤性武器"是否有真实凭据的无视,而促使美国政府一步步几乎无可阻挡地进入了第二次伊拉克战争。

把其颠倒过来而争论中国的历史其实是由其内部的动力所推动的。或像弗兰克那样，争论中国经济在 1800 年之前的世界经济体系中，根据市场主义的（在世界经济中的市场发展程度）普适标准，其实比西方先进，而且今后将会再度如此。或像彭慕兰那样，坚持 18 世纪中国的人均收入和生活水平是和英格兰一样的。或像李中清（和彭慕兰）那样，坚持论证中国也有像西方那样的"预防性"生育控制，并没有承受比西方更沉重的人口压力。或像李伯重那样，坚持中国的生育控制方法其实比同时期的西方要先进。正是二元对立的基本框架推动着这些论点。要反对西方中心主义，我们除了论证中国在同样的标准下也同样先进之外，似乎别无选择。正是在那样的支配性框架之下，促使他们无视，甚或违反经验证据；同时，也忽视了中国实际的、实用性的问题。

（二）超越二元对立的思维

已有不少的学术研究探索了怎样超越过去这个二元对立框架的道路，不仅是对新保守（新自由）主义的（关于西方资本主义+自由民主+科学/理性的）主导性叙述的批判，也不仅是与其对立的中国中心论的批判，而是试图在更宽阔的视野下既纳入这两种视角也超越之，试图勾画出不同的关于现代性、经济发展、社会前景、政治体制、哲学、文学、学术、艺术，乃至于科学的图像。笔者将不试图转述自己只具有局部认识的那些其他领域的学者的贡献，只集中说明自己所最熟悉的一些领域。目的绝对不是想要占据某些"地盘"或宣示自己的独特贡献，而是要举出一些比较具体的、能够说明不同于二元对立的研究进路和思维的例子。在自己已经做了初步的探索的领域,将注明那些著作,为的是对有意进一步了解那样的思路的读者指出可能有用的材料。

首先,中国与西方的诸多不同是无可置疑的实际,例如在其主流儒家思想(以及一定程度上"中国的共产主义"思想)中持续不断的道德主义倾向、其相对缺乏演绎逻辑、其相对不那么重视形式化和程序化的正义体系、其对西方的资本主义+自由民主道路比较难以全盘接受等。笔者自己,在社会经济领域,特别强调了中国十分不同的人地关系和特别强韧的小农经济的基本国情,而在法律和法学领域,则特别强调了其从汉代中期以来便偏重基于道德价值观念的非正式正义体系多于正式化的法律体系,虽然并不排除后者。(黄宗智,2016,2015a;亦见黄宗智,2014b:第1、2、3卷)

当代中国的一个基本现实是这些特征的顽强持续,即便是大规模引进了市场经济、"形式理性"法律、英语学习、欧几里德几何学、西方法学和社会科学,更不用说规范化了的自然科学等,仍然如此。现代和当代中国的一个基本现实是中国过去的一些方面与从西方引进的一些方面的必然混合和相互渗透。即便是当前的汉语,在引进了众多西方(和日本)的单词、概念、专业术语以及话语之后,已经与之前十分不同,但仍然维持了其众多的基本特征。

中国的经验实际其实多是"悖论的"——两种被西方二元对立框架视作是矛盾的、不可并存的,但实际上是共存的并都是真实的面向。譬如,在前现代中国乃至当代中国,高度发展的城市和落后的乡村的共存(即城市发展与乡村内卷的并行)、高度市场化的经济和农民的糊口经济的共存(黄宗智,2014a:第1、2、3卷);在古代,高度道德化的儒家正义体系和高度理性化的法家法律体系的共存;在现代,舶来的西方法律与强韧的中国社会实际的共存(黄宗智,2014b:第1、2、3卷)、民主制度和现代国家的形式与旧官僚体系运作特征的共存;改革时期,市场经济与计划经济的共存、私有企业与国有企业的共存,以及社会主义的共产党领导的市场化和经济发展的共存等。[黄宗智,2015b,1993(2000)]

从当前的中国的视角来看,中国实际上根本就没有可能像有的西方和中国学者想象的那样,做出完全中国化或完全西方化的选择。两者间的碰撞、矛盾和拉锯,以及重新理解、混合和调和,都是给定的实际,排除了非此即彼选择的可能。无论设想全盘西化还是全盘中化,都是违反实际的思路;给定的实际是中西、古今的混合和相互作用。这正是为什么西方现代主义和后(反)现代主义都是违反中国基本实际的建构。非此即彼的二元对立只有在西方关于中国的理论建构上才是可能的和可以想象的。它是唯有置于西方对中国的思考的历史中才可以理解的问题意识,不是一个与实际相符的、中国真正面对的问题的意识。

由于西方理论对当代的中国(以及民国时期的中国)的强大影响,许多中国学者也采纳了西方的非此即彼二元对立思维。在经济和经济学领域,一度完全拒绝(西方的)资本主义—现代化模式而采纳了社会主义—马克思主义理论,而后在改革时期则倒过来采纳了(西方的)新自由主义理论,而两者又都激发了对其的本土主义反动。这些反复和非此即彼的设定都是违反中国实际的,真正需要的是怎样去重新阐释西方理论以适应于中国的追求(例如史华慈对严复的研究),怎样将西方的理论导向中国的实用(例如舒尔曼对毛泽东思想的阐释),怎样由此建构中国自身的、符合中国实际的理论,以及怎样调和中西——不仅要直面两者间的张力和矛盾,更要使其相互适应、结合与调和,乃至于超越。

这样的反复可以最清楚地见于现代中国的立法和法学,先是拒绝了传统法律而采纳了西方法律,而后是拒绝了西方的法律而主要采用了民间的调解惯习和非正式(和半正式)的正义体系,加上一些从苏联引进的法律,而后又再次采纳、全盘引进西方法律。如今到了应该采用一个更符合实际需要以及可持续运作的中西、古今协调与结合的方案的时候了,应该有意识地从两者中选择不同的方面,对其进行重新理解,乃至超越(黄宗智,2016,2014b:第3卷),就像在中国文明史上对待儒家和法家、儒学和佛学、固定的农业经济文化和流动的游牧经济文化等二元的调和那样的进路。

笔者认为,那样的问题意识才能让我们将长期以来不仅一直困扰着美国也困扰着中国自身的非此即彼的概念死结置于一旁。如果从中国和西方必定相互渗透的基本问题意识出发而为之探索出路,我们将会探寻出调和两者的方案,而不是从一个(西方中心的)极端摆到另一个(中国中心的)极端,从西方优越论摆到中国同等/优越论的极端。如此的问题意识才会使我们有可能像过去的一些最优秀的中国研究学者早已提倡的那样,建立中国研究自身的理论主体性。这当然不是要完全拒绝(西方的)现有理论,而是要有选择、有批判地使用现有理论,通过与之对话来建构新的理论。在那样的研究进路上,西方的中国研究学者方才能够真正借助其双重文化特长来作出对理解中国以及我们这个多种文明的世界的特殊学术贡献。(黄宗智,2005)

五、对中国研究的含义

上面我们看到,美国最具影响力的中国研究的问题意识是怎样受到美国自身的影响多于中国的实际的,是怎样被美国的政治—思想大环境所塑造多于中国本身的问题的。它们反映的其实更多是关于美国的政治、意识形态和理论,而不是关于中国主题本身。在如今的一代中,新保守主义和后现代主义的中国研究是同样被其西、中二元对立的思维框架所主导的。正是那样的框架导致了一些对中国经验实际的严重夸大和误导。近几十年来,美国的中国研究学者们确实在语言能力方面有了一定的提高,其人员和研究中心数量也有一定的扩增,与中国的第一手接触也越来越频繁,理论知识的水平也在不断提高,但是,即便如此,美国的中国研究在一定程度上仍然是被其主题的中国以外的、违反中国实际的政治—意识形态和理论潮流所主导的。

西方 vs.中国的二元对立是贯穿于三个世纪以来西方关于中国的思考的基本框架,它不仅深深塑造了过去西方看待中国的西方中心主义,也同样塑造了最近对其作出深层反思的中国中心主义。当影响较大的一些学者对西方中心主义进行反思时,他们所做的是简单地争论其对立面,从现代化主义到革命主义,从西方中心到中国中心。西、中二元对立的基本思维结构的影响是如此的强大,以至于那些学者完全忽视了中国的基本实际,即现代中国必定是其过去和现在并存、中国和西方相互渗透的结果,而不可能是非此即彼的。在最近的这一代中,有的学者深深沉溺于后现代主义的一些理论建构,因此看不到中国自身不仅企望其现实和未来是中国式的,也企望其是西方—现代式的这样一个基本实际。"现代中国"实际上只可能是双重文化的,如今更不是简单的计划经济或市场经济的,而是既是市场经济的也是社会主义的。要真正将西方去中心化,真正把中国中心化,我们的问题意识需要从中国的实际问题出发,而不是从西方的理论建构出发。

上面我们已经看到,西方 vs.中国的非此即彼的二元对立思维更被扩延到一系列其他的二元:如现代 vs.传统、工业 vs.农业、城市 vs.乡村、市场 vs.人口、市场 vs.国家、形式理性法律 vs.实体主义法律等。一贯的是,在理论和意识形态中追求逻辑上的统一,和非此即彼地在二元之中完全偏重单一元,常常无视经验证据和实用实际。

笔者已经比较详细论证的一个具体例子是,我们不该简单排除中国的小农经济而采纳现代西方的资本主义化和产业化农业的道路,而是要探寻一条发展小规模家庭农场的道路。东亚国家和地区(特别是日本、韩国和中国台湾)之前的农业合作化经验——为"小农户"提供"纵向一体化"(加工和销售)服务来应付"大市场"的经验是值得借鉴的。它来自一个历史上的偶然巧合,先是明治时代晚期的地方政府把发展现代农业设定为其主要任务,而后在战后的美国占领下(单指在日本,在韩国和中国台湾则是受美国的决定性影响),进行了扶持小自耕农的土地改革,又把地方政府所掌控的部分农业发展资源转让给民主化的农民合作社,借此来推动合作社的组建,由此成功地(在20世纪60年代和70年代的日本以及稍后的中国台湾和韩国)确保了持续的农业发展以及普通农民有尊严的生活水平。它们的经验展示了中国大陆今天能够走的一条道路,而不是像当前那样,由于既来自新自由主义也来自马克思主义的认识误区,只给予合作社十分有限的扶持,完全偏重规模化的大农业(企业)。(黄宗智,2015c,2014c,2014a:第3卷,第10章)建立实质性的合作社,才有可能一定程度上改进如今的社会不公问题以及农村社区面临的危机问题。

这里要提倡的不是要偏重人口因素而排除市场因素(或相反),而是必须同时考虑两者。人地压力是中国小农经济顽强持续的主要原因,即便是在相当高度的市场化经济下,无论是过去(帝国时期和中华民国时期)还是近几十年的改革时期都如此。而处于人地压力下的小农经济的顽强持续则决定了农产品市场的性质——把贫穷的小农户完全置于大型商业资本的摆布之下。正因为如此,"小农户"特别需要联合起来组织(加工和销售的)合作社来应对"大市场",借此来为小农户保留其市场利润。市场机制运作本身并不会像新保守主义理论设定的那样消除人地压力问题,两者是相互塑造的。我们在上面已经看到,清代的市场交易主要是单向的,由贫穷的小农为城镇提供优质农产品,但他们无力购买反向的产品,和亚当·斯密所概括的城乡双向贸易十分不同,也和德弗雷斯所谓的勤勉革命中的消费转型十分不同。无视人地压力基本资源禀赋,便不可能理解其市场,反之亦然。在中国的实际之中,两者不可能是非此即彼的,只有在新自由主义理论中才如此。(黄宗智,2014a:第3卷,尤见"导论"和第10章)

如今中国巨大的由2.7亿农民工组成的非正规经济同样如此。与舒尔茨的理论截然相反,其所展示的农村劳动力(相对)过剩和就业不足是无可置疑的,无论是在过去还是今天的市场经济下都如此。同样,与刘易斯的理论也截然不同,现代经济部门的兴起并没有导致传统部门被整合入现代部门,而是导致了处于农村和城市、传统和现代两者之间的庞大非正规经济的爆发性突现。事实是,脱离了人口和市场之间的互动,便不可能理解如今的劳动力要素市场。(黄宗智,2014a:第3卷,第11、12章;亦见黄宗智:2009,2010a)

新保守主义的市场 vs.国家的二元对立也一样。市场主义理论认为,中国近35年的发展要完全归功于市场化和私有化,其不足则是由于市场化和私有化程度还不够。但事实上,中国共产党的领导在这段经济发展历史中起到至为关键的作用,包括其利用国家拥有的一切土地资源产权来融资(即地方政府所谓土地财政)、其利用农村廉价劳动力(和其他由国家提供的激励)来吸引资本、其积极推动贸易和扶持国有企业等。对中国的快速发展经验来说,把国家和市场设定为非此即彼的对立二元,可以说是完全不得要领。(黄宗智,2015b)

至于正义体系的组建方面,我们不应该简单排除中国过去的正义体系——特别是扎根于社会的非正式正义体系——而全盘采纳高度正式化的西方法律体系,而是要探寻如何把两者结合为一个必然既是中国的也是现代的体系。优先由民间调解而不是法庭判决来处理民事纠纷,是汉代中期以来经过"(法家)法律的儒家化"而确立的"中华法系"的核心。它处理了民间大部分的民事纠纷。正因为如此,历代法典才能够是"以刑为主"的。那个儒家化的正义体系也深深地塑造了其他东亚文明国家(特别是日本和韩国)的正义体系。如今在中国,"民间调解"仍然起到解决每两起基层社会的(有记录的)民事纠纷中的一起的作用,而"法庭调解"则解决了每三起民事诉讼案件中的一起。在韩国和日本,调解同样起到重要作用。这正是今天"东亚文明"国家的正义体系和一般西方国家的正义体系的关键不同。此点尚未被近年来的一些试图评估全球各国"法治指数"的机构所理解,因为它们多是从现代西方的标准出发的。(黄宗智,2016)在这点上,"中华法系"和"东亚文明"仍然具有一定的现实含义。

实际上,当代中国的经验,不管是其成功的经验还是其失败的经验,都需要从中西两者的结合和互动来理解,而不是从非此即彼的单一元来理解。中国的成功经验,如中国共产党在近三十五年改革中所领导的高度市场化的经济发展,便是由两者的结合而来的。(黄宗智,2015b)而其严重的问题,如利用中国的廉价农民工劳动力来吸引(国内外)资本的投资,因此而导致了一定程度的社会不公,也是源自两者的结合。(黄宗智,2015b)在法律领域,其非正式正义体系仍然起到了通过调解来解决纠纷以及借此减少诉讼频率的重大成效,乃是其如今的正义体系中的一个亮点;而在建造了一个模仿西方的法庭体系的同时,以实用性和提高施法效率为借口,导致仍部分存在的"刑讯逼供"现象,则是其比较恶劣的一面。(黄宗智,2016;亦见黄宗智,2010b)这些成功的和失败的经验都是中国过去(帝国时代或革命时代)和西化的今天结合下的结果。

在农业领域,中国不同于其他东亚国家,由于当时的快速人口增长而没有能够通过"绿色革命"来实现农业和农民生计的现代化。结果是,农民生活的改善要等待后来的、另一种性质不同的农业革命,即资本和劳动力双密集化的"小而精"的"新农业"(即生产高附加值农产品,如蔬菜、水果、肉食、鱼的农业)的快速发展,在1980年到2010年的三十年间,农业总产值(可比价格)因此上升了590%,达到6%的年增长率,远高于之前历史上其他农业革命的经验。(黄宗智,2014a:第3卷,第6章)笔者把这称作"隐性的农业革命"("隐性"是因为其性质与之前历史上的农业革命——多是由于某些作物的单位面积产出的提高带来的——很不一样,容易被忽视),是一个来自三大历史性变迁趋势的交汇而形成的农业革命:一是源自国民经济整体收入上升所导致的中国人食物消费结构的基本演变,粮食:蔬菜:肉食的消费比例从8∶1∶1向4∶3∶3(即城市中上等收入人群以及中国台湾的比例)演变;二是源自20世纪80年代启动的计划生育政策所导致的世纪之交以来新就业人口数量的下降;三是大量农民工的非农就业。后两者导致劳均耕地面积一定程度的扩增(达到劳均约十亩的幅度),虽然仍然是以小规模农业为主。(黄宗智,2014a:第3卷,第5章)上文也已经提到,由于对有关理论的认识误区,政府依然主要采取了扶持规模化农业(企业)发展的政策。学者们也由于同样的理由而较多忽视了这个划时代的变化。(黄宗智,2014c,2015c)

回顾过去三代的美国的中国研究,我们可以径直把第一代高度意识形态化的简单问题意识置于一旁,而第二代的革命 vs. 现代化则对理解近现代中国仍然具有一定的意义,但需要从不是非此即彼的二元对立角度来思考。学者们已经浪费了太多时间从革命的视角来全面谴责现代化,以及从现代化的视角来完全排斥革命,如今需要了解到现代中国是多么地期望两者兼具,多么努力地在探寻一条革命性的现代化道路。近四十多年来借助全球市场和资本来推动中国经济发展,是无可厚非的政策,当中呈现出来的问题,需要通过不断的改革来解决,而绝不是通过暴力革命的方式。对待第三代的西方中心主义 vs.中国中心主义也一样:中国今天真正的问题不是用中国中心主义来取代西方中心主义,不是非此即彼地在全盘西化和全盘中化之间选择其一,而是探寻中西的最佳结合。我们需要避免的是再次陷入非此即彼的二元对立,要探寻的是对两者的符合实际的和可持续的重新理解,由此来组合一个新型的现代性中国。

我们不要盲目地援用时髦的西方理论和其所关注的问题,譬如来自后现代主义理论的如下的问题:话语是否是最终或最主要的实际/真实?我们应该看到,现实中话语和实践都扮演着重要的角色,而真正重要的问题是两者之间的关系和互动。一个透过话语表层而深入中国实际的做法不是要坚持争论话语或实践哪一方更加重要,而是要探索两者间相符和相背离之处,理解实际是同时包含这两方面的。过去和今天的法律实践实际上多斡旋于条文和社会实际及其变迁之间。笔者曾经建议,一个可用的研究进路是挖掘实践之中呈现的超越简单二元对立的创新,由此来建构新的理论,而不是像有的美国和中国学者那样,在后现代主义认识论的影响下,只关注单一元或坚持某一元更加重要。(黄宗智,2016,2014b:第1、2、3卷)

把非此即彼的二元对立思维框架置于一旁而采用两者必然相互关联、相互渗透的问题框架,当然并不等于决定我们要研究哪些历史和现实领域,或强调哪一种论点。我们肯定会继续看到近乎纯粹的经验研究,而且是具有长久价值乃至极其重要贡献的研究;也会看到学者们由于其个人特长或志趣而进入各种各样不同题目的研究;也会看到由于个人的价值观而主要关注或认同于精英或民众、思想和大传统或社会经济和民众文化的研究等。在过去的三代之中,主要的学术贡献可以说不是来自那些在理论或意识形态层面上最具影响力的学术"领导者",而是来自那些严谨求真求实、埋头做研究的学者。我们需要的是,结合严谨求真的学术和理论意识与概念创新。

所有研究中国的学者,无论是在美国还是在中国,应该把源自西方的,由西方投射于中国的,脱离或违背中国实际的研究问题置于一旁。我们选择的问题、题目和论点不该局限于来自西方的时髦理论和问题。如果那样的话,中国研究将永远只是西方政治和思想的一个附属品,并且不可避免地会出现论点与经验证据之间的脱节和背离。我们需要破除过去对中国研究影响深远的非此即彼的西方 vs.中国二元对立框架。我们应该返回我们研究的主题——中国,而由它的实际来塑造我们的问题意识。

参考文献:

陈昆,2012,《明代中后期世界白银为何大量流入中国》,中国经济史论坛网站,http://economy.guoxue.com/? p=7414。

封小郡,2015,《制造紧张:富士康生产过程的基本矛盾》,北京大学硕士学位论文。

黄宗智,2016,《中国古今的民、刑事正义体系:全球视野下的中华法系》,载《法学家》第 1 期。

黄宗智,2015a,《道德与法律:中国的过去和现在》,载《开放时代》第 1 期,第 75—94 页。

黄宗智,2015b,《中国经济是怎样如此快速发展的?——五种巧合的交汇》,载《开放时代》第 3 期,第 100—124 页。

黄宗智,2015c,《农业合作化路径选择的两大盲点:东亚农业合作化历史经验的启示》,载《开放时代》第 5 期,第 18—35 页。

黄宗智,2014a,《明清以来的乡村社会经济变迁:历史、理论与现实》,三卷本增订版[第 1 卷:《华北的小农经济与社会变迁》,1986(2000,2004,2009),北京:中华书局;第 2 卷:《长江三角洲的小农家庭与乡村发展》,1992(2000,2007),北京:中华书局;第 3 卷:《超越左右:从实践历史探寻中国农村发展出路》,2014,北京:法律出版社],北京:法律出版社。

黄宗智,2014b,《清代以来民事法律的表达与实践:历史、理论与现实》,三卷本增订版[第 1 卷:《清代的法律、社会与文化:民法的表达与实践》,2007(2001),上海书店出版社;第 2 卷:《法典、习俗与司法实践:清代与民国的比较》,2007(2003),上海书店出版社;第 3 卷:《过去和现在:中国民事法律实践的探索》,2009,北京:法律出版社],北京:法律出版社。

黄宗智,2014c,《"家庭农场"是中国农业的发展出路吗?》,载《开放时代》第 2 期,第 176—194 页。

黄宗智,2011,《中国的现代家庭:来自经济史和法律史的视角》,载《开放时代》第 5 期,第 82—105 页。

黄宗智,2010a,《中国发展经验的理论与实用含义——非正规经济实践》,载《开放时代》第 10 期,第 134—158 页。

黄宗智,2010b,《中西法律如何融合?道德、权利与实用》,载《中外法学》第 5 期,第 721—736 页。

黄宗智,2009,《中国被忽视的非正规经济:现实与理论》,载《开放时代》第 2 期,第 52—73 页。

黄宗智,2005,《近现代中国和中国研究中的文化双重性》,载《开放时代》第 4 期,第 43—62 页。

黄宗智,2002,《发展还是内卷? 十八世纪英国与中国——评彭慕兰〈大分岔:欧洲、中国及现代世界经济的发展〉》,载《历史研究》第 4 期,第 149—176 页。

黄宗智,2000(1993),《中国研究的规范认识危机——社会经济史中的悖论现象》,载黄宗智,2006(2001,英文版 1991),《长江三角洲小农家庭与乡村发展》,北京:中华书局。此文的前半部分(删去了当代部分),以《中国经济史中的悖论现象与当前的规范认识危机》为标题首发于《史学理论研究》1993 年第 1 期,第 42—60 页。

黄宗智、高原,2015,《社会科学和法学应该模仿自然科学吗?》,载《开放时代》第 2 期,第 131—167 页。

李伯重,2000,《堕胎、避孕与绝育:宋元明清时期江浙地区的节育方法及其运用与传播》,载李中清、郭松义、定宜庄(编)《婚姻、家庭与人口行为》,北京大学出版社,第 172—196 页。

苏成捷,2012,《堕胎在明清时期的中国——日常避孕抑或应急性措施?》,载《中国乡村研究》第 9 辑,福州:福建教育出版社,第 1—53 页。

张国刚,2006,《欧洲的中国观:一个历史的巡礼与反思》,载《文史哲》第 1 期,第 108—118 页。

张国刚、吴莉苇,2002,《西方理论与中国研究——从〈白银资本〉谈几点看待西方理论架构的意见》,载《史学月刊》第 1 期,第 98—106 页。

Anderson, Martin, 1988, *Revolution: The Reagan Legacy*, San Diego: Harcourt Brace Jovanovich Publishers.

Chang, Chung-li (Zhang Zhongli, 张仲礼), 1962, *The Income of the Chinese Gentry*, Seattle: University of Washington Press.

Chang, Chung-li, 1955, *The Chinese Gentry: Studies on Their Role in Nineteenth-Century Chinese Society*, Seattle: University of Washington Press.

Chang, Hsin-pao, 1964, *Commissioner Lin and the Opium War*, Cambridge, Mass.: Harvard University Press.

Coase, R. H., 1990(1988), *The Firm, the Market and the Law*, Chicago: University of Chicago Press.

Cohen, Paul A., 1984, *Discovering History in China: American Historical Writing on the Recent Chinese Past*, New York: Columbia University Press.

Committee of Concerned Asian Scholars, Newsletter (renamed Bulletin after the first three issues), http://criticalasianstudies.org/assets/files/bcas/v01n02.pdf.

De Vries, Jan, 1994, "The Industrial Revolution and the Industrious Revolution,"*Journal of Economic History*, Vol. 54, No. 2, pp. 249–270.

De Vries, Jan, 1993, "Between Purchasing Power and the World of Goods: Understanding the Household Economy in Early Modern Europe," in John Brewer and Roy Porter(eds.), *Consumption and the World of Goods*, London and New York: Routledge.

De Vries, Jan, 1984, *European Urbanization, 1500 – 1800*, Cambridge, Mass.: Harvard University Press.

Eisenstadt, S. N., 1974, "Studies of Modernization and Sociological Theory,"*History and Theory*, Vol. 13, No. 3(October), pp. 225–252.

Esherick, Joseph, 1976, *Reform and Revolution in China: The 1911 Revolution in Hunan and Hubei*, Berkeley and Los Angeles: University of

California Press.

Fairbank, John King, 1972 (1948), *The United States and China*, Cambridge, Mass.: Harvard University Press.

Fairbank, John King, Edwin O. Reischauer, and Albert M. Craig, 1965 (1960), *East Asia: The Modern Transformation*, Boston: Houghton Mifflin Co.

Feuerwerker, Albert C., 1958, *China's Early Industrialization: Sheng Hsuan-huai (1844-1916) and Mandarin Enterprise*, Cambridge, Mass.: Harvard University Press.

Frank, Andre Gunder, 2001, "Review of 'The Great Divergence: Europe, China, and the Making of the Modern World Economy'," *Journal of Asian Studies*, Vol. 60, No. 1 (February), pp. 180-182.

Frank, Andre Gunder, 1998, *ReORIENT: Global Economy in the Asian Age*, Berkeley and Los Angeles: University of California Press.

Frank, Andre Gunder, 1967, *Capitalism and Underdevelopment in Latin America*, New York: Monthly Review Press.

Friedman, Milton, 1976, "Freedom and Employment," Nobel memorial lecture, http://www.nobelprize.org/nobel_prizes/economic-sciences/laureates/1976/friedman-lecture.pdf.

Geertz, Clifford, 1983, "Local Knowledge: Fact and Law in Comparative Perspective," in Clifford Geertz, *Local Knowledge: Further Essays in Interpretive Anthropology*, New York: Basic Books, pp. 167-234.

Grey, Thomas C., 2014, *Formalism and Pragmatism in American Law*, Leiden: Brill.

Hayami, Akira, 2015, *Japan's Industrious Revolution: Economic and Social Transformations in the Early Modern Period*, Springer Japan, epublication.

Hayek, Friedrich A., 1948 (1980), *Individualism and Economic Order*, Chicago: University of Chicago Press.

Hegel, Georg Wilhelm, N. d., "Hegel's Philosophy of History, Part I, The Orient, Section 1, China," Marxist Internet Encyclopedia, https://www.marxists.org/reference/archive/hegel/works/hi/lectures1.htm.

Hegel, Georg Wilhelm, N. d., "Hegel's Lectures on the History of Philosophy, Oriental Philosophy," Marxist Internet Encyclopedia, https://www.marxists.org/reference/archive/hegel/works/hp/hporiental.htm.

Ho, Ping-ti, 1959, *Studies on the Population of China, 1368–1953*, Cambridge, Mass.: Harvard University Press.

Hsiao, Kung-ch'uan(萧公权), 1960, *Rural China: Imperial Control in the Nineteenth Century*, Seattle: University of Washington Press.

Hsu, Immanuel, 1960, *China's Entrance into the Family of Nations: The Diplomatic Phase, 1858–1880*, Cambridge, Mass.: Harvard University Press.

Huang, Philip C. C., 2002, "Development or Involution in Eighteenth-Century Britain and China? A Review of Kenneth Pomeranz's The Great Divergence: China, Europe, and the Making of the Modern World Economy," *Journal of Asian Studies*, Vol. 61, No. 2 (May), pp. 501–538.

Kim, Young Kun, 1978, "Hegel's Criticism of Chinese Philosophy," *Philosophy East and West*, Vol. 28, No. 2 (April), pp. 173–180.

Langdell, Christopher Columbus, 1880, *A Summary of the Law of Contracts*, Boston: Little, Brown.

Lee, James Z. and Cameron Campbell, 1997, *Fate and Fortune in Rural China: Social Organization and Population Behavior in Liaoning, 1774–1873*,

Cambridge University Press.

Lee, James Z. and Wang Feng, 1999, *One Quarter of Humanity: Malthusian Mythology and Chinese Realities*, Cambridge, Mass.: Harvard University Press.

Le Roy Ladurie, Emmanuel, 1974, *The Peasants of Languedoc*, translated by John Day, Urbana: University of Illinois Press.

Levenson, Joseph R., 1972(1958, 1964, 1965), *Confucian China and Its Modern Fate: A Trilogy*, Berkeley: University of California Press.

Levenson, Joseph R., 1959(1953), *Liang Ch'i-ch'ao and the Mind of Modern China*, Cambridge, Mass.: Harvard University Press.

Levine, David, 1977, *Family Formation in an Age of Nascent Capitalism*, New York: Academic Press.

Lewis, W. Arthur, 1955, *The Theory of Economic Growth*, London: George Allen & Unwin Ltd.

Lewis, W. Arthur, 1954, "Economic Development with Unlimited Supplies of Labor," *The Manchester School of Economic and Social Studies*, Vol. 22, No. 2(May), pp. 139–191.

Maddison, Angus, 2001, *The World Economy: A Millenial Perspective*, Organization for Economic Cooperation and Development(OECD).

MacFarquhar, Roderick, 1995, "The Founding of the China Quarterly," *The China Quarterly*, No. 143 (September), pp. 692–696.

Michael, Franz and Chung-li Chang, 1966(1971), *The Taiping Rebellion: History and Documents*, 2 Vol., Seattle: University of Washington Press.

Michael, Franz H. and George E. Taylor, 1964(1956), *The Far East in the Modern World*, New York: Henry Holt and Company.

Naughton, Barry, 2007, *The Chinese Economy: Transitions and Growth*, Cambridge, Mass.: The MIT Press.

North, Douglass C., 1981, *Structure and Change in Economic History*, New York: W. W. Norton.

Peck, Jim et al., 2009, "Knowledge to Serve What Ends? An Exchange from 1968," *Critical Asian Studies*, Vol. 41, No. 3, pp. 469–490.

Perkins, Dwight H., 1969, *Agricultural Development in China, 1368 – 1968*, Chicago: Aldine.

Perkins, Dwight H. and Shahid Yusuf, 1984, *Rural Development in China*, Baltimore, M. D.: The Johns Hopkins University Press(for the World Bank) .

Pomeranz, Kenneth, 2000, *The Great Divergence: China, Europe, and the Making of the Modern World Economy*, Princeton, N. J.: Princeton University Press.

Popkin, Samuel, 1979, *The Rational Peasant: The Political Economy of Rural Society in Vietnam*, Berkeley and Los Angeles: University of California Press.

Ranelagh, John, 1991, *Thatcher's People: An Insider's Account of the Politics, the Power, and the Personalities*, London: Harper Collins.

Said, Edward, 1978, *Orientalism*, New York: Pantheon.

Schofield, Roger, 1994, "British Population Change, 1700–1871," in Roderick Floud and Donald McCloskey(eds.) , *The Economic History of Britain since 1700*, 2nd ed., Vol. 1, Cambridge, England: Cambridge University Press, pp. 60–95.

Schultz, Theodore, 1964, *Transforming Traditional Agriculture*, New

Haven, Conn.: Yale University Press.

Schurmann, Franz, 1970(1966), *Ideology and Organization in Communist China*, Berkeley and Los Angeles: University of California Press.

Schwartz, Benjamin I., 1964, *In Search of Wealth and Power: Yen Fu and the West*, Cambridge, Mass.: Harvard University Press.

Schwartz, Benjamin I., 1951, *Chinese Communism and the Rise of Mao*, Cambridge, Mass.: Harvard University Press.

Scott, James C., 1976, *The Moral Economy of the Peasant: Rebellion and Subsistence in Southeast Asia*, New Haven, Conn.: Yale University Press.

Selden, Mark, 1971, *The Yenan Way in Revolutionary China*, Cambridge, Mass.: Harvard University Press.

Sommer, Matthew H., 2010, "Abortion in Late Imperial China: Routine Birth Control or Crisis Intervention?" *Late Imperial China*, Vol. 31, No. 2 (December), pp. 97–165.

Sugihara, Kaoru(杉原薫), 2003, "The East Asian Path of Economic Development: A Long Term Perspective," in Giovanni Arrighi, Takeshi Hamashita and Mark Selden(eds.), *The Resurgence of East Asia, 500, 150 and 50 Year Perspectives*, London and New York: Routledge, pp. 78–123.

Thompson, E. P., 1991(1963, 1968), *The Making of the English Working Class*, Toronto: Penguin Books.

Tilly, Charles, 1975a, "Revolutions and Collective Violence," in Fred I. Greenstein and Nelson W. Polsby (eds.), *Handbook of Political Science, Volume 3: Macropolitical Theory*, Redding, Mass.: Addison-Wesley, pp. 483–555.

Tilly, Charles, 1975b, "Food Supply and Public Order in Modern Europe," in Charles Tilly(ed.), *The Formation of National States in Western*

Europe, Princeton, N. J.: Princeton University Press, pp. 380-455.

Tilly, Charles, 1975c, "Western State-Making and Theories of Political Transformation," in Charles Tilly(ed.), *The Formation of National States in Western Europe*, Princeton, N. J.: Princeton University Press, pp. 601-638.

Wang, Yeh-chien, 1992, "Secular Trends of Rice Prices in the Yangzi Delta, 1638-1935," in Thomas G. Rawski and Lillian M. Li(eds.), *Chinese History in Economic Perspective*, Berkeley: University of California Press, pp. 35-69.

Weatherill, Lorna, 1993, "The Meaning of Consumer Behavior in Late Seventeenth- and Early Eighteenth-Century England," in John Brewer and Roy Porter(eds.), *Consumption and the World of Goods*, New York and London: Routledge.

Weber, Max, 1978, *Economy and Society: An Outline of Interpretive Sociology*, 2 Volumes, Berkeley and Los Angeles: University of California Press.

Weber, Max, 1930(1905), *Protestantism and the Spirit of Capitalism*, translated by Talcott Parsons and Anthony Giddens, London: Unwin Hyman.

Wittfogel, Karl A, 1957, *Oriental Despotism: A Comparative Study of Total Power*, New Haven, Conn.: Yale University Press.

World Bank, 2014, "Gross national income per capita, 2014, Atlas method and PPP," http://databank.worldbank.org/data/download/GNIPC.pdf.

Wright, Mary C., 1966(1957), *The Last Stand of Chinese Conservatism: The T'ung-Chih Restoration, 1862-1974*, Stanford University Press, reprinted by Atheneum.

第二章 集权的简约治理：中国以准官员和纠纷解决为主的半正式基层行政*

近二十多年来的档案研究显示，清代民事司法体系的那套原则和方法，出人意料地被广泛应用于众多其他的治理领域。时至今日，已经积累了不少证据，足使我们能够得出一些有关清代基层治理的初步结论，而这些结论又足以促使我们重新思考有关中华帝国和中国现代国家本质的一些主要理论阐述。

首先，简要地重述一下我们对于民事司法体系的认识：清代对民法的整体看法被概括在它的"细事"范畴中。这是一个接近西方现代法律"民事"范畴的概念。清代的认识是，有关土地、债务、继承和婚姻（以及老人赡养）的纠纷都是"细"微的、相对不重要的事

---

* 感谢白凯（Kathryn Bernhardt）、夏明方、李怀印、彭玉生、Bradly Reed、Elizabeth VanderVen 和汪洋在本文修改过程中提出的宝贵意见。汪洋为本文译出初稿，谨此致谢。译稿经我自己详细校阅修改，基本准确，但因概念众多，不容易翻译，文字去理想甚远，尚盼读者见谅。

情。这首先因为,在国家眼里这些事件的纠纷远不如刑事案件来得严重,于是国家很少或者根本不加以惩罚。其次,比较不那么明显的一点是,国家认为这些事情最好由社会(社区、亲族)以妥协为主的纠纷调解机制而不是国家以依法断案为主的公堂来处理。事实上,大多数纠纷正是由社区和亲属调解解决的。

但是,还有很多有关"细事"的纠纷并不能由此解决,而是告到了县衙公堂上。在这些场合里,国家首先依赖的是一个半正式过程。在此过程中,法庭体系和(因控诉而)再度启动的社会调解一同运作。两种体系之间的联系由社会提名、国家批准确认的不带薪准官员"乡保"担当。县令收到诉状、辩词和各种禀呈的时候,通常会写上简短的批词,而那些批词一般会被公布,或通过乡保传达给诉讼人。作为知县意见的初步表达,这些批词会在重新启动的社会调解过程中起重要作用,一方或另一方可能会更愿意妥协,由此达成调解协议。如果这样的庭外调解成功了,知县几乎没有例外地会认可调解结果,因为对他来说,那样的结果要比任何公堂裁决来得理想。这个依赖准官员、法庭体系和社会调解间互动的半正式过程运用得非常广泛,几乎是个制度化了的常规程序。在告到公堂的所有"细事"案件中,可能有40%通过这种方式得以解决。只有在民间的和半正式的调解过程失败时,知县才会正式开庭按照法律裁决纠纷(Huang, 1993b; 1996:第五章;中文见黄宗智,2001)。

这种治理的基本进路——有了控诉才介入,并尽可能依赖民间调解和半正式程序——不仅运用于民法体系中,也广泛地运用于整个清代地方行政中。尽管高层权力十分"集权化",但是不同

第二章 集权的简约治理:中国以准官员和纠纷解决为主的半正式基层行政

于现代官僚政府及其使用的正式监督和形式化文书,清代利用准官员和半正式纠纷解决机制进行地方治理的方法也许可以用"简约治理"和"简约主义"来概括。本章将从总结已经积累的证据开始,对中国过去和现在的治理方式提出一些看法。

一、历史证据

由于战争的破坏,晚清、民国的县政府档案存留下来的相对稀少,但是仍然有一定数量的资料相当完整地幸存了下来,并在过去二十多年内得到比较细致的研究。它们展示了民事(细事)司法的方法如何被应用于行政的其他领域,包括县以下的税收、教育、司法管理、村庄治理,甚至于县衙门自身的管理。综合在一起,这些研究提供了一幅清代地方治理主要手段和特性的综合画面。

(一)晚清宝坻县例证

晚清宝坻县的档案资料(中国第一历史档案馆,顺天府档案资料)向我们展示了该县的县级以下行政的实际运作,区别于宣示于众,其仅仅显示了国家意图和设计的规章制度。档案揭示,县级以下的准官员乡保是个关键性的人员,每人平均负责管理二十余个村庄(宝坻县总共900多个村庄)的赋税征收和司法事务。这些乡保是县衙门和地方社会之间的主要联络人。他们是不带薪的准官员,来自地方社会,由地方提名,经国家批准确认。处在国家与社会的交汇点上,他们具有两副面孔,既是社会代表人,也是国家代理人。他们可能是地方社会中的强势人物,也可能仅仅是这些强势人物推举的作为应付国家索取的缓冲器式的小人物;他们可能是地方利益的代表,也可能是利用自身和国家的联系,在地方上滥用权力以谋取个人利益的人。一些乡保仅仅是县衙门政令和通告的传递者,而另一些乡保却握有相当大的权力,甚至可以依靠自己的权威解决纠纷。这些不同在很大程度上依地方情况和乡保个人品性而异(Huang,1985:224—231 税收部分;1996:127—131 司法管理部分;中文见黄宗智,1986、2001)。

我们对乡保的了解并非来自任何形式化的官僚行政文书,而是主要来自涉及乡保任命和针对乡保的控诉"案件"。宝坻县档案收有 1830 年至 1910 年间关于乡保任命和再任命的案件 99 例。[①]有时,案件涉及运用各种手段谋求乡保职位的地方人士间的争夺,有时却又正好相反,案件涉及用尽各种可能手段避免被任命为乡保。就后一种情形而言,我们有众多被提名的和现任乡保逃亡的例子。甚至在一个例子里,某人一再容忍提名人的敲诈,以求避免自己被任命为乡保(Huang,1985:238;中文见黄宗智,1986)。此外有很多涉及乡保的控诉案例,诉状通常指责乡保滥收税款或滥用权威(例如 Huang,1985:225,28—30;中文见黄宗智,1986)。例如,在一个记录特别详细的案件里,乡保田奎因为滥用职权一度被罢免,几年后,当他在 1814 年试图重新出任乡保时,再次遭到多位地方领袖的控告(宝坻县档案,87,1814,12.4;参见 Huang,1985:229;中文见黄宗智,1986)。在另一个案例里,拥有 20000 亩土地的缙

---

① 这是王福明用该县 20 个里中 5 个里的材料整理出来的案件数。(从翰香,1995:26—33)

第二章 集权的简约治理：中国以准官员和纠纷解决为主的半正式基层行政

绅、大地主董维增，一次又一次挑选并提名自己手下的一个人担任乡保，目的是借此逃避田赋。1896年，当地其他精英联合起来控告董和他的乡保，纠纷由此进入了司法系统（宝坻县档案，94，1896，5；1898，2；1898，7.15；参见 Huang，1985：230；中文见黄宗智，1986）。

正是这样的记录使我们得以勾画出乡保的图像。与此相对照，县衙门程序化的诉讼记录只能给我们提供一个在知县"饬令""查情""禀报"等程序化用词中，没有生动面孔的乡保。唯有从涉及乡保自身的案件和纠纷中，我们才能知道他们是谁，做了什么，卷入了什么样的纠纷。

但是过去的学术研究，包括我自己在内，都没有从材料中提炼出基层行政的特有方法，而这正是本文的焦点所在。在这些涉及乡保自身的案例中，知县的行为和他们在民事案件中的所作所为非常相似。在没有针对他们进行正式控诉时，乡保一般都在没有官方监督和正式文书要求的情况下，按自己的意愿行事。因此，他们很少出现在县衙门程式化的文书中。唯有因关于乡保的控告或任免而卷入纠纷时，才会产生关于乡保的正式档案记录。在那些案件里，知县基本像在民事案件里一样作为。他的优先选择是让社会机制解决纠纷。如果这一机制失败了，他会作出明确的判决。在关于乡保任免的纠纷中，如果双方对峙，他会毫不犹豫裁定由何人任职；在涉及滥用权力的持久纠纷时，他会判决哪方在理，或罢免或保留现任乡保。这种治理方法的目的在于，用最少的官僚付出来维持现存体系。

正如我在关于"民事"诉讼的研究中所展示的那样，清代知县既没有时间也没有动机在公堂上卷入旷日持久的调解，为他眼中的下层人物达成自愿妥协而付出努力。对他来说,让诉讼双方达成自愿协议要远比直接判决耗费更少的时间和精力。① 并且,考虑到国家制度将"细事"当作应由社会自己解决的事务,那些拒绝社会调解而在诉讼程序中一直坚持到正式堂审的当事人,一般都是比较固执地坚持自身立场的人。无论知县的道德教化多么热诚或高尚,这些案件通常不易经过教化、调停得到解决。在实践中,仅从行政效率来考虑,这便要求知县按照法律作出明确的判决(Huang,1996;2006a;中文见黄宗,2001,2007a)。关于乡保的控诉的案件道理相同。

但是,这一事实并没有阻止知县在其写作中或发表的案例中仍旧用儒家理想化的词汇将自己建构成一个凭借道德楷模和说教来进行治理的人。正是因为这种意识形态化的表达,有的学者把知县看作是公堂上道德化的调解人。② 事实上,大多数知县通常只是职业化的官僚。遇到非判决不能解决的纠纷时,他们会选择迅速地根据法律判案。在那样的案件之外,大多数县令在某地有限的任期中,在治理上尽可能从简,没有必要便不介入——换句话说,尽可能依赖民间的社会机制和半正式治理方式。

(二)民国顺义例证

我们当然可以说,在民国时期,国家试图通过"现代国家建设"

---

① 当然,这也是当今改革时代,随着案件数量的增长,法庭倾向少采用调解而更多诉诸简单判决的原因。
② 关于我和滋贺秀三在这个问题上的争论,见 Huang,1996:12—13;中文见黄宗智,2001。

或科层制化(bureaucratization,亦译"官僚化")的方式(见下文),深化自身对乡村社会的控制。国民政府通过将国家正规官僚机构延伸到县以下新建的"区",加强其对乡村社会的权力。每一个区有一个由国家支付薪水的区长,具有正式文书和警察甚至武装保安的支持。这一重要的官僚化步骤出现在清末开始的各种改革之后。在新政时期,国家试图通过在自然村一级设立村长这一准官员职位,而不是像过去的乡保那样的跨村职位,强化自己对乡村社会的影响力。

然而,伴随着20世纪官僚化的"国家建设",旧的草根阶层的简约治理仍然有相当部分保留了下来。这里,像清代一样,我们的信息来源依然主要是涉及新村庄领导的任免和针对他们的控诉的档案。资料来自河北省顺义县。从1929年到1931年,顺义县政府共收到88份涉及村长的诉状。其中70份来自要求允许其辞职的现任或刚被提名的村长(顺义县档案,3:42和50,1929,1—12;3:170,1930,9—1931,9)。其他6份是针对现任村长滥用职权,主要是针对他们在税务管理中滥权的控诉。剩下的包括5份由其他村庄领导递交的要求任命新村长的诉状,5份报告现任村长的死亡并要求新任命村长的诉状,以及两个特殊的案例①。

这些记录告诉我们,清代宝坻县关于乡保的记录所揭示的行

---

① 一份是一名村长提起的针对几个村民的控告。另一份是三名新成立的(虽然不是普遍建立的)"检查委员会"成员提起的针对一名村长没有遵照国民党新指示公布村庄账目的控诉。在1996年的书中,我说有"大约120份"这样的诉状(Huang,1996:43—44;中文见黄宗智,2001)。更细致地看,那个数字包括了15份诉状复件,10份不涉及村长的诉状,6份只是由个别村民提起的普通民事诉讼——总共是119份。因此当时说一共"大约120份"。

政方法仍然广泛地应用于民国的乡村治理。像乡保那样,新的村长是由地方领导提名并得到县令批准确认的。他们不是带薪的官员,更多的是村庄社区的代表而不是国家官员。除非有针对他们的控诉,或者有任命新村长的必要,否则,大多数时候他们都是自行其是的(Huang,1985:241—244;中文见黄宗智,1986)。

1929—1931年间顺义县资料中出现大量要求辞职的诉状,乃是由于国民党政府强化对乡村的控制,增加赋税,尤其是杂税(即"摊款"——主要是为了建立警察、保卫团和学校而征收),从而加重了乡村政府的压力。与清政府在宝坻县只试图控制到人均管辖20个村庄的乡保一级不同,新政府试图通过村长直接把自己的触角延伸到自然村一级。与清政府满足于通过乡保在跨村一级运作不同,新政府希望让新的村长对税收负责。与清政府在两个世纪内将许多事务尽可能留给地方自身负责不同,新政府试图征收更多税款来进行现代化改革——建立现代警察、武装力量和学校制度。最后,在国民党和军阀交战时期的战略区域,军队的过境要求村庄提供粮食、畜力、住宿、人力和其他后勤服务(Huang,1985:278—280,284—285,288—289;中文见黄宗智,1986)。

这些新的压力致使许多旧村长申请离职,许多新被提名的村长试图逃避负担。一些人借口年老体衰或健康状况不佳,另一些人借口自己是文盲,没有能力或资格任职,还有一些人则借口自己有其他的责任和义务。在好几个例子里,刚被提名的村长转身就提名他人做村长,而那个被提名者又反过来申请要求避免这样的"荣誉",并坚持最初的那个人更有资格担任村长一职。许多乞求脱离村长职务的请愿人都提到了新增税款给村长增加的压力。另外一些人则提到了战时的军事索取。

这些资料使我们确信,国民党治下的乡村治理仍然带有许多和清代宝坻县档案所揭示的一样的特性。和清政府在乡保任命上的做法一样,国民党政府也从地方抽取人员,要求本乡本土的领导从社区成员中提名村长。国家并不任命或派遣这样的村长,而将自己的角色限于批准社区的提名。而且,和乡保一样,新的村长也是没有薪水的准官员。除非村长像乡保一样成为被控告对象,或者自己要求辞职或由他人替代,否则只要满足税收指标,村长都可以无监督地依自己的意愿行事。这也正是为什么关于村长的主要信息来源是针对他们的控诉或者他们自己提交的呈诉。

从20世纪30年代到40年代初期,日本满铁(即"南满洲铁路株式会社")所作的田野调查提供了重要的口述史信息,确证和充实了我们从档案记录中得到的认识。满铁研究人员在1939—1942年间调查的华北六个村庄,为半正式的乡村治理提供了细致具体的例证,可以分为三种不同的模式。在鲁西北的后夏寨和冷水沟,由社区领导提名的早期村长大部分一直供职到40年代初期。他们通常更多地代表社区利益,而不是国家利益。他们所在的社区是以一个有内聚力的整体来和国家打交道的。这些村庄内的社区纽带大部分都在20世纪的变革中维持了下来。县政府根本没有干涉村庄事务。我们关于这些事务的认识来自口述史而不是县档案(Huang,1985:259—264;中文见黄宗智,1986)。

另一方面,在沙井和寺北柴(前者靠近北京,后者在冀中南),在国家对村庄经济新的压榨和索取之下,长期担任村长的人辞职了。这导致了权力真空,使得滥用权力的"无赖"得以窃取村长职位,并利用职务为自己牟取私利。但是,这些村庄的社区纽带依然足够强劲,在滥权行为面前,村民们联合起来,向县政府提起申诉,并最终罢免了这些无赖。在沙井的案例里,这一过程发生在抗日战争时期的1939年。在村庄(联合了邻近的石门村)向县政府提起针对无赖樊宝山的正式控诉后,后者被罢免并遭到刑事处罚(有期徒刑两年)。在寺北柴的案例里,这一过程发生在30年代早期。当长期担任村长的张乐卿辞职以后,无赖李严林在接下来的两年里接替了他的位子。直到村庄向县政府提起控诉之后,李才被罢免,张重新回来担任村长。这里,我们的认识来自满铁调查员所提供的村庄口述史和他们搜集的县政府档案(Huang,1985:264—270;中文见黄宗智,1986)。

在第三种模式里,在冀东北的吴店和侯家营,社区的旧领导放弃了位子,而让"无赖"式的人物独占了村政府。在日本人进行调查的1941—1942年间,两个村庄都处在滥用权力的村长的管理之下,但是村庄并没有能够团结起来提起正式申诉。县政府完全没有介入村庄事务;因此,我们对发生在这两个村子里的事情的了解全部来自村庄的口述史(Huang,1985:270—274;中文见黄宗智,1986)。

这些满铁资料确证,清代依赖准官员和纠纷解决进行统治的简约治理方法,仍然被国民党政府,甚至日本占领军政府所沿用。他们并没有试图在村长位子上放上带薪官员,把村政府正式官僚化。相反地,他们继续采用了半正式行政的方式,将自身限定在批准和认可下面提名的领导人上。只有在针对滥用权力的控诉和新的任命发生时,政府的官僚机构才会介入。(而且,正如我们已经看到的那样,当新的压力和张力打破了旧有的社区联结纽带时,这种做法很容易为机会主义者和无赖窃取权位打开方便之门。)在原则上和方法上,这种统治方式和清政府处理"细事"的方式有一定的相似和延续之处。

(三)晚清和民国获鹿县的税务管理

李怀印对保存较好的(河北中南部)获鹿县晚清至20世纪30年代档案资料的研究为上面的观察提供了进一步的确证。在获鹿,和宝坻县乡保一级相当的县以下关键"官员"是所谓的"乡地"。和乡保一样,乡地没有薪水,由社区提名(通常依照长期存在的"村规"轮流任职),并得到知县的确认。但是,与乡保不同,每个乡地通常与一个特定的村庄相连。相对于宝坻县人均负责20个左右村庄的乡保,这里典型的情形是一个乡地负责一个村庄。如李怀印所观察的那样,这一情况的出现可能是因为冀中南较之宝坻县所在的冀东北生态更稳定,土地生产率更高,由此保障了更紧密联结的村庄社区和更高程度的社区团结(Li,2005:9;2000:第一章)。较高程度的社区团结和较高程度的县行政渗透似乎矛盾,其实共存。但政府的行政方法是相同的。这里,有关"乡地"的资料主要来源同样是涉及乡地的提名和确认的"案件",以及针对他们滥用权力和职责的控诉。和真正科层制化的组织不同,在政府的正式档案里,我们很少得见乡地的日常行为。有关乡地的文书大多限于非常规的、知县干预了的"案件"和"诉讼"。

获鹿县税务管理的主要模式是由乡地先预付应征款项,然后再由他们在社区成员中分配税额,收缴税款。如果进行顺利,县政府收到了应征税款,那么征收大体上由乡地个人负责,基本上任其自己运作。只有当这一体系的运作出现问题,在纠纷、控告和人事变动中,知县才会介入(Li, 2000:第五章;参见 Li, 2005:第四、五章)。

在清末新政和紧随而来的民国时期的"现代""国家建设"中,乡地体系和新建立的村长体系并存了下来。但是二者都遵循着旧有的简约治理原则:除非纠纷和申诉发生,这些不带薪的准官员基本自行其是。

(四)东北地区海城县的乡村学校和教育管理

这里要提及的另一批档案证据来自东北地区的海城县,材料相当完整,是 Elizabeth VanderVen(樊德雯)博士论文(2003)的核心内容。在海城县,中央政府从新政时期开始呼吁按照中央的指导方针建立乡村社区学校。部分村庄过去有教授《三字经》《百家姓》和《千字文》的私塾(其上是教授"四书""五经"的私塾),当时整个教学体系都被导向国家主办的科举考试。现在旧的私塾体系要被新的学校体系替代。后者预期将教育普及到所有儿童,并强调数学、地理、历史、科学、国文、体育、音乐等新式科目。(VanderVen, 2003:第三章)

中央政府为新型乡村学校所做的设计虽然相当详细,但并没有为它们划拨任何官方资金。一般村庄都是利用村里的庙宇或村政府自己的收入来建造校舍,自行选择和聘雇学校老师。它们可以收取学费,以资学校运转,但是由于它们在设计上是社区的"公共"学校,学费通常很低。有的新学堂是经过改造的私塾,在课程里将新式和旧式的科目合到了一起。(VanderVen,2003:第三章;VanderVen,2005)

就地方教育管理而言,晚清政府(在1906年)建立起了部分科层制化和部分半正式的"劝学所"。这些县以下的劝学所负责监察地方和村庄的教育。他们并不是县衙门的一部分,也不从属于某一行政部门,在这一点上,他们和过去的乡保类似。但是,他们在一定程度上官僚化了:所里任职的官员有薪水,对在其管辖权限内的学校做定期的巡视,并将结果报告给知县。所的长官(至少在理论上)是由地方社会提名并得到知县任命的。而他反过来(至少在理论上)选择本所的其他"绅董"和工作人员,理论上要经由知县确认。由于这些教育机构的成员无一例外地来自当地,他们通常更认同地方的利益。在例行的汇报之外,除非遇到纠纷或控诉,这些机构在很大程度上可以自行其是。(VanderVen,2003:第六章)

我们关于这些学堂和教育机构的信息部分来自他们向县政府递交的官僚化了(甚至具有固定的表格)的有关学校的定期报告。这些报告涵盖了教学质量、学校管理、学生表现、健康状况、卫生工作等各方面内容。但是,就像我们在搜集有关乡保、乡地的资料时那样,在这里,更多的信息来自涉及乡村违反规则、特殊的申诉或纠纷等有待知县解决的"案件"。在这种场合里,这些教育机构的官员们很大程度上像乡保一样充当村庄和县衙门之间的联络人。知县主要在这些控诉和纠纷中直接介入。(VanderVen,2003:第六章)

VanderVen 的上述发现在李怀印完成他的博士论文之后对冀中南获鹿县教育所做的研究中得到了进一步的确证。和 VanderVen 一样,李怀印的材料主要由涉及新式学校的纠纷和申诉的"案件"组成。这些材料显示了和东北海城县相同的部分科层制化、部分半正式行政的原则和方法。(Li,2005:第八章)

使人惊奇的是这种由国家发起、结合了村庄社区和地方精英参与的治理模式产生了十分深远的影响。它开创了全国范围的乡村学校建设。很多今天的乡村学校都可以追溯到这个时期。"文革"时期广泛建立的村庄集体(大队)学校尤其清晰地显示了与这些建于 20 世纪初期的学校的延续性。像新政和民国时期的前身一样,集体制下的村办小学主要是由村庄(集体)自己出资建立的。当然,它们是在中央指导和其所制定的蓝图之下实施基础教育的。实际上,它们是村庄在国家简约主义的设计下由社区自己积极参与和推动的产物。

(五)清代四川巴县的衙门行政

最后,白德瑞(Bradly Reed,2001)对四川省巴县衙门档案的研究表明,同样的治理原则和方法甚至也被应用于衙门自身的管理。根据清政府的设计,知县是县衙门里唯一由中央任命的带薪官员。很早以前瞿同祖的研究就明白地指出了知县的"非正式"(瞿的用词)私人"幕友"所扮演的重要角色:特别是知县带着随他去各处赴任的刑名幕友和钱谷幕友的至关重要的作用。知县用他自己正常"薪水"以外的"非正规"收入(来自礼物之类)来支付这些师爷的收入(Ch'ü,1962)。而白德瑞的研究向我们展示了衙门的日常工作人员——那些在衙门各房里任职的书吏和差役——的运作。

这些吏役也是半正式人员。他们中的绝大多数被假定应该是根本不存在的,因为清代行政法规明确地将县衙书吏和差役的人数分别限制在几十人以下,仅相当于19世纪大多数县真实人数的很小比例。他们的收入也被条例限定在19世纪吏役实际收入的小部分的数额上。然而,这些居于正规条例外的灰色人物担负着衙门的日常行政工作。他们一般都展现了一种准官员的价值观,将自己的资格和志向与正规官僚相比拟。

白德瑞所用材料的核心也是"案件"记录。再一次地,这些案件主要涉及在各房吏役的任命和再任命中,以及围绕该房控制权所展开的争夺,或者是房与房之间围绕县衙门的权力和财政控制权所展开的争夺。正如白德瑞指出的那样,由于县衙门财政收入的大部分来自刑房在地方纠纷案件中所收取的费用,刑房也就成了特别容易发生冲突的地方。当这些冲突爆发的时候,冲突的一方或另一方会向知县提起申诉,希冀知县介入来解决纠纷(Reed,2001:第二章)。

正是通过有关这些纠纷的"案件"记录,我们了解到各房及其吏役的实际运作情况。白德瑞强调,这些案件向我们展示了县衙门日复一日地运作,非正规的吏役如何悖论地组成衙门的日常工作人员,他们如何同时带有非正规人员的不合法性和正规官僚的合法性[亦即白德瑞所谓的"非法官员"(illicit bureaucrats)],在法定规则之外承担着地方政府的必要职能。

我在这里要补充指出的是衙门管理运作与司法、税务、教育管理运作间的共同之处。再一次地,我们看到了它们对准官员的依赖,它们不是由政府而是由地方社会拨款,或由衙门从自己提供的服务所获得的收入中支取来维系的半正式人员。这种方法也是为了让正式的国家机构尽可能少地介入地方事务,避免使用程式化的监察和文书工作等官僚政治手段。知县作为正式科层制的代表,仅在因纠纷而产生控诉的时候才介入地方事务;否则的话,基本上任其自己运作。

值得注意的是,知县几乎完全以管理他治下的村庄的办法来管理县衙门各房。各房头目由各房自己提名,然后由知县认可。每一房"代表"的准官员薪酬由各房自己负担。每一房首先依赖自己的内部机制解决纠纷。知县只有在不介入便无法解决纠纷时,或者在产生针对吏役滥用权力的控诉时,才会介入。一旦介入,知县接下来便按照他处理细事案件的方式来解决纠纷和处理控告。这同样也是简约主义的行政。

二、集权的简约治理

韦伯在他的两个理想政府类型"世袭主义君主制度"和科层制("官僚制")之间作了重要的区分。前者以一个把国家当作统治者个人领地的世袭君主制度为特色;后者以一个非人格化的、带薪官僚阶层行使专业职能的现代政府为特色。但是,当他讨论帝制时期中国的历史时,认识到实际和他提出的用以阐明理论联系的两个理想模型不同,因此颇具洞见地使用了"世袭主义(君主制)的官僚制"(patrimonial bureaucracy)的概念,而不是简单地使用两个模型中的一个或另一个去进行描述。正如我在另文提及的那样,韦伯的建议可以理解为一个既矛盾又统一的框架——一个是"世袭主义的君主制度"同时又是科层制化的"官僚制度"的体系(Weber,1978:1047—1051;请比较 Huang,1996:229—234;中文见黄宗智,2001)。孔飞力在关于 1768 年叫魂恐慌的研究中强调"君主独裁"和"官僚制"间的冲突(Kuhn,1990),我的建议则是将二者看作在单一悖论体系中相互依存的两个部分。

然而无论如何,韦伯的理论框架对厘清中华帝国治理的两个重要特征很有说服力:(1)尽管在理论上皇帝有世袭权力,但是实际上他在很大程度上依靠官僚体系来确保自身统治的稳定性,并赖以抗衡世袭制统治的分裂倾向(导向独立的地方世袭领地);(2)虽然韦伯本人并没有清楚地表达出这一点,官僚制尽管具有自我复杂化和延伸的倾向,但是世袭制的统治明显限定了政府机构必须尽可能地保持简约;否则的话,地方官员和皇帝本人将会被过多的中间阶层隔开,由此威胁到赖以编织这个体系的官员对皇上的个人忠诚度,促使地方(世袭制)统治的分权倾向压倒官僚制的中央集权(Weber,1978:特别是 1047—1051;请比较 Huang,1996:第九章;中文见黄宗智,2001)。("世袭主义的官僚制"作为世袭主义君主制和官僚制两个概念的融合,其实证伪了韦伯本人从前现代的、前官僚化的国家变化到现代的、官僚化的、理性国家的直线理论体系。)

但是韦伯的概念并没有考虑到本文中心议题的半正式治理。无论是他的理想化治理模型,还是关于中国历史实际的"世袭主义的官僚制"概念,最终都局限于政府的正式机构和功能上。这是从国家和社会非此即彼二元对立概念出发的思路。沿袭这样的思路,治理问题变得局限在民间社会对立的政府正规机构。

这样的概念框架,在官方治理之外,能够考虑到中国非正式的士绅精英和宗族扮演的角色,就像韦伯本人所考虑的那样。这也是过去中国研究关注比较多的课题(例如 Chang, 1955, 1962; Ch'ü, 1962; Freedman, 1966)。但是这样的概括并不能涵盖作为本章上述讨论核心的半正式乡保、乡地、村长和"非法官员"。其实,它也不能涵盖瞿同祖所突出的"非正式""幕友",也不能涵盖与政府协作,在公共事务和地方治理中,扮演越来越重要角色的晚清和民国时代的士绅以及商人精英。新式的商会特别能说明问题:它们是由政府(在 1904 年)提倡建立并受其管束的,但同时代表"私人领域"(private)个体商人的利益,并逐渐承担了很多政府职能,例如维持新式的市政服务,建立公共安全机构和调解纠纷。①

在韦伯之后,Michael Mann 在政府正规权力中区别了中央集权化的程度(相对于其他与之抗衡的权力)——他称之为"专制权力"(despotic power)——和政府深入社会的程度——他称之为"基层渗透权力"(infrastructural power)(Mann, 1984; Mann, 1986)。由此,考虑到政府权力在行政、立法、司法三个部门间的分立,这些部门间的相互制约以及市民社会的权力,我们可以说当今美国政府的专制权力程度比较低,但是它的基层渗透权力程度却非常高(无论

---

① 参见 Rowe, 1984, 1989 和 Rankin, 1986。他们的研究先是将这一趋势等同于哈贝马斯的和国家并置对立的"公共领域",但后来更多地将它看作国家与社会间的中间领域(Rowe, 1993; Rankin, 1993)。我 1993 年的论文对这些评述作了总结(Huang, 1993a: 220—221)。

第二章 集权的简约治理：中国以准官员和纠纷解决为主的半正式基层行政

在其税务局权力、警察或联邦调查局在追捕逃犯时的触角，还是战争动员中，都可以见到）。与此不同，考虑到以皇帝个人名义代表的中央权威，中华帝国的专制权力程度很高，但是，考虑到官僚机构仅仅能延伸到在19世纪人均负责管理25万人的县令一级，它的基层渗透权力的程度很低。低度基层渗透权力和高度专制权力的矛盾结合是思考中华帝国政府及其和当今美国政府不同之处的一个有效路径。

Mann的见解在王业键对中华帝国土地税的研究那里得到很好的支持。尽管清政府高度集权，王业键的研究证明，土地税（田赋、附加和耗羡）收入相对于农业总产出只占很小的一个比例：在18、19世纪，税入仅仅占到产出的2%—4%。相比较而言，明治时代的日本和欧洲封建国家（更不用说现代国家）的税入则占到产出的10%，甚至更多（Wang, 1973；参见 Huang, 1985：278—281；中文见黄宗智, 1986）。税收当然是衡量政府基层渗透权力机构和影响力的一个很好的标志。晚期帝国政府获取的农业产出的低比例税收证明了这个政府相对低下的基层渗透权力。当然，这也表明了有限的财政收入对官僚体系规模的限制。

但是尽管有上述见地，和韦伯的分析一样，Mann的分析也不能阐明政府正式机构之外的治理。他的双向区分仍然局限于和市民社会的民间权力并置对立的政府正式机构。他不能说明作为我们讨论焦点的半正式治理。换句话说，Mann的专制权力和基层渗透权力间的区分，不能把握发生在政府官方和民间社会的中间领域内的治理方法。

正是在这一背景下，我提出了存在于国家、社会之间的"第三领域"概念,突出这二者之间重叠和合作的治理领域。在民法体系内,第三领域存在于以依法判决为主的官方法庭体系和以妥协为主的民间社会调解机制之间。向衙门正式提起控诉通常并不意味着社会调解的终结,反而是刺激了更多的调解努力。同时,知县对诉状、辩词和各种呈禀的批词,作为知县初步意见的明示,会对社会调解起一定作用。法庭体系则几乎没有例外地认可庭外调解的结果,其背后的理论是庭外居中调解有助于把纠纷双方的敌意最小化,避免纠纷恶化或重现。(Huang,1993b;Huang,1996:第五章;中文见黄宗智,2001)

同样,处在官方政府机构县衙门和民间社会调解机制之间的乡保也体现了清代治理中的"第三领域"。乡保在国家社会间的灰色领域内运作,同时向知县和提名他的地方社区负责(Huang,1993a;参见1996:127—131;中文见黄宗智,2003;2001)。我们在上面也已经看到20世纪的村长,甚至帝制时期的县衙门房长,也拥有共同的特性。这些特性也可见于20世纪扮演公共服务和政府角色的士绅和商人精英。20世纪的乡村教育同样并不简单属于社会或国家,而是二者合作的结果。

我提出"第三领域"概念的目的并不是要否认"国家"(譬如,正式的官僚机构)和"社会"(譬如,自然村庄)领域的无可否认的客观存在,当然也不是要继续沉溺于国家、社会非此即彼的二元对立建构之中,而是要超越那样的建构。正如我们已经看到的那样,清代治理涵盖了二者之间的一个巨大领域。在这一领域内,二者相互重叠,协力运作。

但是,我的"第三领域"概念虽然突出了中间区域的存在,显示

第二章 集权的简约治理：中国以准官员和纠纷解决为主的半正式基层行政

出其中准官员的身份，但它没有很好地把握这个领域中的简约治理方法。帝国的官僚体系本来可以选择全面官僚化和各部门职能专业化，以及与之相连的形式化文书工作。这样的话，会是一种繁密的"官僚政治"进路。然而，帝国政府相反选择了接近简易做法的一端，它坚持使用准官员而不是带薪的正式官员，除非发生纠纷和控诉，尽可能不介入此"第三领域"。仅当只有介入才能保障这一广泛领域内的治理能连续和平稳运作时，政府才会介入。

为了把握这一治理进路和政府的整体组织，我在这里提出了"集权的简约治理"概念。之所以是中央"集权"，是因为帝国以皇帝个人名义声称拥有绝对（世袭）的权力。行政权威并没分割于相对独立的政府各部门，也没有为政府和市民社会所共享，而是聚集在中央。

这样一种中央集权制要求一个简约的正式官僚机构。尽管帝国政府有一个宏大的彻底控制社会的设想，特别是它的十进制户籍管理组织——里甲、保甲制度（见 Hsiao，1960），然而事实上，世袭主义制的逻辑要求政府机构保持最少数量的科层，以免切断整个体系倚为纽带的个人忠诚，造成地方性的世袭分割。当然，从一个长时期过密化小农经济中抽取的有限赋税也是对官僚机构充分科层制化的另一个限制，恰巧契合了清政府减少国家强加于社会的负担的愿望。由此，清政府规定将每个县的胥吏和衙役人数分别控制在几十个之内，试图将地方知县下的吏役控制在最低限度上（Ch'ü，1962：38，58），并且朝廷许诺了"盛世滋丁，永不加赋"。

这样一个简约的正式官僚机构继而导致了对通过准官员和纠纷解决机制进行治理的半正式的简约行政方法的依赖。正因为正式机构结束在县一级,县以下的行政必须依赖准官员来完成。对准官员和社会调解机制的依赖,要求正式官僚体系只在纠纷或申诉中介入。

当然,这一"集权的简约治理"概念在某一层次上会使人联想起韦伯的"世袭主义的官僚制"和 Mann 的"高专制权力—低基层渗透权力"。与它们的不同在于,这个概念不仅试图把握政府正式组织的性质,而且试图把握政府行政的实践;它不仅试图指出政府正式机构的组织方式,而且试图阐明在官方政府和民间社会之间的灰色领域内运作的半正式行政实践。

三、儒法合一的治理

儒法合一的,或者可以说是"儒化的法家"治理,能够涵盖这样的治理实践的一部分。法家的意识形态是要通过法律、刑罚和官僚制度来进行治理。① 这种严苛现实主义的治理意识形态被儒家的仁政理想所中和。② 在地方治理的层次上,这种融合带来了将知县看作"父母官"的理想。我们可以说,这一理想把一个代表刑罚、纪律和去人格化行政的法家的严厉父亲形象和一个依赖仁慈、和谐和道德楷模的儒家慈祥母亲形象结合在一起。二者同样视中央集权为理所当然,因此把政府比喻为父母亲,把被统治的人民比喻为子女(子民)。另外,儒家还信奉对社会事务最小干预的理念。

---

① 关于法家法律的"儒化",请参见瞿同祖,1961;并比较 Bodde and Morris,1967。
② 正如瞿同祖(Ch'ü,1961)所揭示的那样,法家意识形态同样也和儒家的社会等级观融合。

第二章　集权的简约治理：中国以准官员和纠纷解决为主的半正式基层行政

儒家的政治理想是一个近乎自我管理的道德社会。政府官员们的理想角色限定于以树立道德楷模为主要治理方法。这样，法律的理想原点是社会自己解决纠纷，国家机构尊重社会机制进行的纠纷调解。国家只有在这种机制失败、自己不得不介入的时候，才进行干预。诉讼是失常现象，依法判决的庭审则出于应付这种失常现象的必要。这就是将民法看成"细事"的意识形态支柱。这样的仁政对民众而言应是尽可能不繁重的——因此这也是18世纪将政府官员和税额指标定在极低的政策的根源。

在这里，读者自然会联想起已被众多学者研究过的11世纪司马光与王安石的论争。司马光可以被看作是这里所讨论的儒家简约治理诸多方面的代表：他主张将官僚机构保持在简约的状态上，让社会尽可能自我治理。王安石提倡依赖带薪的正规官吏来进行治理；司马光反之，要求把县以下的治理寄托于社会自身的士绅精英（Bol, 1993：169, 173—76, 177—81；比较萧公权, 1982：515—17, 487—93）。司马光的观点后来成为整个明清时代占统治地位的儒家主流政治观点。

但是，这种儒家简约主义不能充分涵盖帝国统治的意识形态——就此而言，甚至不能概括司马光自身政治观点的全部。就像我们已经看到的那样，帝国政府实际运作中的意识形态其实来自儒家和法家的融合。这一融合有着比11世纪司马光王安石辩论更加深远的历史根源。甚至司马光自己也视依赖高度烦琐的官僚规章制度为理所当然。事实上，他的政治观点可能更好地被概括为"儒化的法家"治理意识形态，而不是简单的"儒家简约主义"。

然而，即便是这里阐述的"儒化的法家"概念也不能全面涵盖上面描画的简约治理的各个维度。上面讨论的对准官员和纠纷解决机制的运用,作为一种治理方法,是来自行政实践的结果,而不是意识形态的原则。无论是儒家的简约主义,还是法家的治理都没有预见到使用乡保那样的准官员来作为国家官僚制度和社会调解之间的联结,在二者之间创造出治理的"第三领域",也没有预见到要求县知只有在非介入不能解决纠纷的时候,才采取直接行动的实际。在儒家简约主义理想延续不变的情况下,这些方法是政府在人口增长的背景下,逐步扩延的结果。考虑到统治者坚持的世袭制集权,而又同时企图把世袭制统治内的分裂最小化,并承诺把税收最小化,以及由此而来的简化政府机构的愿望,使用纠纷解决方式的半正式行政可能是维护整个体系的高效率、低负担的办法。这就是帝国政权行政实践的隐藏逻辑,而"儒化的法家治理意识形态"概念最多只能涵盖其部分内容。

儒化的法家概念更不能够把握产生于 20 世纪现代化需要中的那些简约治理维度。准官员村长的设置,部分正规化、部分半正规化的"劝学所"的成立和由地方精英和新式商会承担的公共服务职能,都是这些维度的例证。更重要的也许是,在新式乡村学校兴起中,国家推动与民众参与相互结合。儒家简约治理设想认为,地方士绅精英在地方行政中承担关键作用乃是理所当然,这也是司马光政治观点的核心。但在 20 世纪的乡村中,这样的士绅精英早已不存在了。新式学校中的民众参与更多来自儒家视野以外的村民和村庄农民领袖。儒化的法家归根到底是农业国家及其等级秩序的治理意识形态;它不能涵盖 20 世纪半正式行政的实践。

四、当代中国的科层制化和简约治理

自从韦伯系统概括近代西方民族国家政府机关的逐步扩张（和"理性化"）以来，"科层制化"（"官僚化"，bureaucratization）被看成从前现代到现代治理的主要变化。从这个角度来看，民国和当今中国共产党的政党—国家体系相当清楚地显示了一条"官僚化"之路。从国民党统治在县级政府之下设立官僚化的"区"开始，到随后的中华人民共和国设立更加复杂的"公社"（乡镇）一级行政机构，国家机构比过去任何朝代都更加深入社会。由国家支付薪水的官员呈几何状增长，从晚清的 25000 多增长到 1949 年以后政党—国家的以百万数计算的国家干部——1979 年"机关团体"人员共 500 万人，1989 年 1000 万人（1999 年到达顶峰 1100 万人，2002 年是已发表官方统计数字中最新的一年，人数稍微少了一些，见《中国统计年鉴》，1990：114；2005：125）。大量繁杂的官僚规章、程序和文书工作伴随着这一毋容置疑的官僚化进程。

考虑到这样一个明显并惹人注目的官僚化进程，人们很容易忽视与之平行的另一过程：那就是帝制和民国时期简约治理传统的部分特征的持续存在。在改革时代之前，被称作"集体"政府的"村政府"实际上具有许多过去的半正式行政方式的特性。最低一层由国家支付薪水的干部是公社（乡）一级的干部；村干部（即生产大队和生产小队干部）没有中央政府的财政支持，而是由村庄自己负担——集体干部吃"集体粮"，而不是"国家粮"。而且，在作为政党—国家代理人或"官员"的同时，他们也是村庄的代表。当然，新的政党—国家利用了向下延伸程度远甚于正式政府机构的党组织来控制这些乡村领导。由此,村的共产党党支部可以说相当于旧制度下的村长。支部服从于一个达到前所未有的中央集权化程度的政党—国家的控制。然而很多过去的治理方法还是保留了下来。就支部成员而言,他们几乎都是乡村自身的成员,和乡村自身的利益紧紧缠绕在一起;不可避免地,他们不会仅仅认同政党—国家,也会认同自己的村庄。

事实上,当代中国的乡村治理需要被理解为官僚统治和延续下来的简约治理方法之间的互动,不仅仅是前一种或后一种模式。村(大队)小学为二者的复杂历史提供了一个例证。我们已经看到,从20世纪乡村教育运动的一开始,乡村社区就积极参与到乡村教育的发展之中。很多乡村学校主要是由村庄自身发起和出资的。国家设定了教育的指导方针,对学校进行监督检查,并且试图树立一定程度的正规化教育,但学校还是主要由社区自身维持和运作的。1949年以后,尽管国家控制程度提高,许多1949年以前的传统还是保存了下来。例如在"文革"时期(1966—1976),"民办公助"办学模式——"民办"指由大队(村)和公社(乡)办理,"公助"指由政府在资金、师资等方面提供不同程度的帮助——成为典型,推动了农村义务教育空前程度上的普及。(Pepper, 1996: 414ff)在国家制定的指导方针下,乡村大多管理和维护着自己的学校。很多学校雇用自己的教师,其工资起码一部分由集体工分来支付。农村的民办学校和城市的精英学校在质量上虽然有明显的差距,但是这个民办体系成功地为绝大多数农村人口提供了免费的小学教育。

然而,在改革时代,市场化和乡/村财政收入的减缩(相对于其职责),把整个半官方的乡村教育体系推入了危机状态。免费的教育被一个为钱驱动的、大规模增收学杂费的教育体系所取代。教育变成农民沉重的经济负担,许多人根本就无法承担。乡/村的财政短缺又导致了教师工资的拖欠、名额的不足和对(便宜的)代课教师的广泛依赖等现象,导致了教学质量的急剧下降。整个体系实际上已在崩溃的边缘摇摇欲坠。(李梁、许桐珲,2005)

中央政府因此宣布了九年(小学和初中)免费义务教育的意图,教育部宣称要将全国380万乡村教师纳入正式预算,保障一定标准的工资(教育部2005年12月9日)。这当然会导致更高程度的正规化和更深层的国家控制,并相应降低地方社区的半正式参与。

今天,乡村教育正徘徊在十字路口,也可以说是陷于漩涡之中。在毛泽东时代,大队和公社提供了以简约主义为基础的免费民办教育;改革时代的市场化却将早期的教育体系变成为一个极其昂贵和充满故障的体系;新的21世纪福利国家模式则希望全部由国库出钱,为所有人提供免费的九年制义务教育。这种过去和现在的混合,究竟会形成什么样的前景还是个未知之数。但是,旧有的国家发起与社区参与(建立在地方自我本位的公共服务动机上,而不是简单的牟利之上)相结合的半正式进路,仍有可能起一定的作用。也许,同样的逻辑也适用于卫生保健,其价格今日已像教育一样超出了大多数农村人口的承受能力[①]。(宋斌文、熊宇红、

[①] 杨团(2006)提出了极具启发性的"第三条道路"医疗卫生服务体系模式。

张强,2003)

这些观察也许可以扩展到乡村治理的整体。首先,毛泽东时代集体制的大队和公社成功地提供了免费教育、卫生服务以及高度的公共安全,虽然是以政党—国家对农村人口和经济的过分的全能主义控制为代价的。[①] 这是一个矛盾的结合,同时包含全能主义政党—国家的高度官僚化治理和过去的半正式简约行政进路。

事实上,毛泽东时代的乡村治理可以看作一个具有相当强烈的反官僚主义治理传统,一个可以追溯到延安时期的"简政"口号的传统。"文革"时期的政府机构在控制文化和思想的努力上可能比官僚化的共产党政党—国家更加"全能主义",但是就正式的国家机构而言,它毋庸置疑比后者倾向简约。当然,毛时代的政治运动和过去的简约主义治理有很大不同,但是这些不同不能消弭二者在治理方式上所有的共性。

就改革时代而言,它首先在80年代成功地利用了良好的乡村集体干部和新式市场刺激的结合,推动了令人瞩目的"乡村工业化",并且提高了农民的收入和生活水平。但是在市场化下,乡村治理逐渐屈服于货币主义和功利主义。首先,随着党组织权力的退却和乡村自治的呼声渐高,村、乡干部比改革之前有了更大的行动自由。事实上,地方治理在很大程度上,不再像改革以前那样,完全遵循党的要求办事,而是在税收和计划生育等基本任务之上,只要避免党所明令禁止的事情,便多可自行其是。随着公共服务道德的崩溃,地方干部变得更加功利主义和自私自利。权力滥用

[①] 相较于旧的"极权主义"(totalitarianism)概念,邹谠建议使用"全能主义"(totalism)一词(参见邹谠,1994:222ff)。

广泛出现在省、地、县地方政府为企业发展和房地产开发的征地之中(以期增加地方政府/官员的小金库,或提高其所谓"政绩"),以及为了自身或某些个人利益出售国有企业,并且使用专横权力支持那种行为,镇压抗议和反抗。这些行为多数没有受到中央的严格制裁。政党—国家的官僚机构越来越多地主要在国家既定目标不能达成,或纠纷发生的时候,才介入干预。各级上访部门堆积了大量民众对各级政府或某干部的申诉。[①] 这种权力滥用最极端的案例可以看作全能主义和简约主义的恶劣的融合,近乎一种新型地方官僚世袭主义。

进入 21 世纪,一种新的地方治理模式正在兴起,可能会用新的公共服务型福利国家来取代过去的和改革早期的控制提取型国家。农业税已被废除,中央政府宣布了它彻底改造乡村教育和卫生服务的愿望。但是国家向新模式的转型并不容易,多半会带来许多意想不到的结果。村干部越来越成为只是简单地由上级政府拨款支薪的职工,不再是由地方社区财政自己负担的准官员。这似乎意味韦伯式的"官僚化"或"理性化",但是这一变化是伴随社区(集体)资源和税收的锐减以及乡/村干部所承担的角色和功能的锐减(停止征税,因缺少财力和权威而停止提供公共服务)而发

---

① 从 1990 年新《行政诉讼法》颁布开始,可以通过法庭对政党—国家代理人滥用权力的行为进行申诉(参见 Pei,1997)。但是直到今天,半正式的上访体系仍然是普通公民赖以抵制这些权力滥用行为的首要途径。

生的。① 令人担忧的是,村级治理的正规化和官僚化可能仅存于形式上,缺乏实质内容,附带烦琐的文书却没有真正的工作,正如近期的一个调查报告所指出的那样(董磊明,2006:第三部分)。官僚体系的上层到底能否全面承担和接手公共服务仍待观察。

当然,在今天高度工业化和全球化的中国,对为农业国家设想的"儒化的法家"治理模式的多种要求已经不复存在了。官僚体系的规模也不再受到以农业为主的国民经济的有限税收的限制。而对教育、卫生、市场、交通和通讯基础设施的现代要求意味着新的政府和过去必定会有很大不同。简约主义治理模式必须联系今日从汲取控制型国家到公共服务型国家的转型,才可能起作用。然而,20世纪早期地方自治和由地方推动的公共服务先例,以及毛泽东时代的国家+地方参与模式(起码部分源于旧有的简约治理传统),排除其过度"全能"弊端,仍然值得借鉴。民众参与和控制关乎地方利益的项目,有可能会推进近几十年来被市场经济原子化了的社区纽带的重新建立。考虑到小农经济和村庄将长期存在,简单地依赖西方科层制化的福利国家模式,不见得能够解决政府转型中的实际问题。

就我们在这里的目的而言,重要的一点是我们不能简单地用从现代西方舶来的"科层制化""官僚化""理性化"和"现代化"等

---

① 集体单位瓦解后,乡村教育卫生服务的资金一度来自乡(镇)政府提留和统筹的费用。但是,2003年(在减轻农民负担的目标下)的税费改革取消了所谓"三提五统"。其后两年,资金缺口一度由扩征的农业税(几乎翻番)弥补。但是,随着2005年农业税的正式废除,乡一级政府在税收和财政上真正完全被"挖空"了。(周飞舟,2006)

第二章 集权的简约治理:中国以准官员和纠纷解决为主的半正式基层行政

概念,或者它们的对立面(如去官僚化)来理解国家治理的变化。我们还要把20世纪治理实践中占有一定地位的半正式行政及其依赖的准官员和纠纷解决治理方法,纳入我们的思考之中。

上面讨论的多对不同的概念——韦伯的世袭主义的官僚制,Mann的高专制权力和低基层渗透权力,以及"儒法合一的治理"——有明显的重合。我们或许可以将高专制权力或者中央集权权力和法家联系起来,而将简约主义主要和儒家联系起来。我们或许也可以把官僚(科层制)治理主要和法家联系在一起,而将君主世袭制及其对简约治理的要求主要和儒家联系在一起。

但是这几对概念都更多地展示了政府制度上的结构和目的,较少涉及政府的实际运作或治理实践,而恰恰是后者赋予了前者实质内容。这里的区分在于政府的正式结构和实际运作之不同,在于政府机构和行政实践之不同。正如本章所建议的那样,中华帝国的政府机构确实应看作是官僚制和世袭主义制,高专制权力和低基层渗透权力,以及法家和儒家的矛盾结合。但是,中华帝国在其政府与社会的关键性交汇点上的实际运作,则寓于半正式行政的治理方法、准官员的使用以及政府机构仅在纠纷发生时才介入的方法。由此,我在这里提出了"集权的简约治理"的概念。正如我们已经看到的那样,帝制时期遗留下来的这一治理传统,有一定部分的内涵在国民党时代、毛泽东时期和改革开放时的治理中留存下来。新时代对福利国家的需求当然会使旧有的简约治理传统的部分内涵过时,但是简约主义中的半正式行政方法以及国家发起结合社会参与的模式,也许仍然可能在中国起一定的作用,在其追求自身特色的政治现代性中扮演一个角色。

参考文献：

宝坻县档案。北京：第一历史档案馆，归顺天府；以卷号、年、农历月、日顺序引用。例如，宝坻县档案 87，1814，12.4。

顺义县档案。顺义县档案馆，依照目录号、卷号、年、阳历月、日（若有）顺序引用。例如，顺义县档案 3：42 和 50，1929，1—12。

从翰香编，1995，《近代冀鲁豫乡村》，北京：中国社会科学出版社。

董磊明，2006，《村将不村——湖北尚武村调查》第一到第三部分，见 www.snzg.net。

黄宗智，1986，《华北的小农经济与社会变迁》，北京：中华书局（重版 2000，2005）。

黄宗智，2001，《清代的法律、社会与文化：民法的表达与实践》，上海：上海书店。

黄宗智，2003，《中国的"公共领域"与"市民社会"？——国家与社会间的第三领域》，载《中国研究的范式问题讨论》260—285 页，北京：社会科学文献出版社（此文是我 1993a 英文原作的翻译稿，错误较多，在本集子中已适当改正）。

黄宗智，2007a，《中国民事判决的过去和现在》，载《清华法学》第十辑。

黄宗智，2007b，《中国法庭调解的过去和现在》，载《清华法学》第十辑。

教育部，2005，《教育部拟将农村教师四百亿工资列入预算》2005 年 12 月 9 日，载 www.edu.cn。

李梁、许桐珲，2005，《免费义务教育百年跋涉》，《南方周末》（11 月 24 日），见 http://hsyong.e-dublogs.org。

宋斌文、熊宇红、张强,2003,《当前农民医疗保险的现状分析》,载《当代中国研究》第83期(第四卷),见www.chinayj.net。

邹谠,1994,《二十世纪中国政治:从宏观历史与微观行动角度看》,香港:牛津大学出版社。

杨团,2006,《医疗卫生服务体系改革的第三条道路》,载《学习与实践》第5期,见www.cass.org.cn。

《中国统计年鉴》,1990,北京:中国统计出版社。

《中国统计年鉴》,2005,北京:中国统计出版社。

周飞舟,2006,《税费改革对国家与农民关系之影响》,载《社会学研究》第3期,见www.sachina.edu.cn。

Bodde, Derk and Clarence Morris, 1967, *Law in Imperial China, Exemplified by 190 Ch'ing Dynasty Cases*. Cambridge, Mass.: Harvard University Press.

Bol, Perter, 1993, "Government, Society, and State: On the Political Visions of Sima Kuang and Wang Anshi," in Robert P. Hymes and Conrad Schirokauer eds. *Ordering the World: Approaches to State and Society in Sung Dynasty China*, pp.129-193. Berkeley: University of California Press.

Chang Chung-li, 1955, *The Chinese Gentry: Studies on Their Role in Nineteenth Century Chinese Society*. Seattle: University of Washington Press.

Chang Chung-li, 1962, *The Income of the Chinese Gentry*. Seattle: University of Washington Press.

Ch'ü T'ung-tsu, 1961, *Law and Society in Traditional China*. Paris: Mouton.

Ch'ü T'ung-tsu, 1962, *Local Government in China under the Ch'ing*. Cambridge, Mass.: Harvard University Press.

Freedman, Maurice, 1966, *Chinese Lineage and Society: Fukien and Kwangtung*. London: University of London, The Athlone Press.

Hsiao Kung-ch'üan, 1960, *Rural China: Imperial Control in the Nineteenth Century*. Seattle: Universityof Washington Press.

Huang, Philip C.C., 1985, *The Peasant Economy and Social Change in North China*. Stanford: Stanford University Press.

Huang, Philip C.C., 1993a, "' Public Sphere'/' Civil Society' in China? The Third Realm between State and Society." *Modern China* 19, 2(April) : 216 -40.

Huang, Philip C. C., 1993b, "Between Informal Mediation and Formal Adjudication: The Third Realm of Qing Justice." *Modern China*, 19, 3(April) : 251-98.

Huang, Philip C. C., 1996, *Civil Justice in China: Representation and Practice in the Qing*. Stanford: Stanford University Press.

Huang, Philip C. C., 2001, Code, *Custom and Legal Practice in China: The Qing and the Republic Compared*. Stanford: Stanford University Press.

Huang, Philip C. C., 2006a) "Civil Adjudication in China, Past and Present." *Modern China*, 32, 2(April) : 135-80.

Huang, Philip C. C., 2006b, "Court Mediation in China, Past and Present." *Modern China*, 32, 3(July) : 275-314.

Kuhn, Philip A., 1990, *Soulstealers: The Chinese Sorcery Scare of 1768*. Cambridge, Mass.: Harvard University Press.

Li, Huaiyin, 2000, *State and Village in Late Qing and Republican North China: Local Administration and Land Taxation inHuailu County, Hebei Province. 1875 - 1936*. Ph. D. dissertation, University of California, Los

Angeles.

Li, Huaiyin, 2005, *Village Governance in North China. 1875-1936*. Stanford: Stanford University Press.

Mann, Michael, 1986, *The Sources of Social Power, I: A History of Power from the Beginning to A. D. 1760*. Cambridge, Eng.: Cambridge University Press.

Mann, Michael, 1984, "The Autonomous Power of the State: Its Origins, Mechanisms and Results." *Archives européennes de sociologie*, 25: 185-213.

Pei Minxin, 1997, "Citizens V. Mandarins-Administrative Litigation in China, "*China Quarterly*, pp. 832-862.

Pepper, Suzanne, 1996, *Radicalism and Education Reform in 20th Century China*. Cambridge, Eng.: Cambridge University Press.

Rankin, Mary Backus, 1986, *Elite Activism and Political Transformation in China: Zhejiang Province, 1865-1911*. Stanford: Stanford University Press.

Rankin, Mary Backus, 1993, "Some Observations on a Chinese Public Sphere."*Modern China*, 19, 2(April): 158-82.

Reed, Bardly W., 2000, *Talons and Teeth: County Clerks and Runners in the Qing Dynasty*. Stanford: Stanford University Press.

Rowe, William T., 1984, *Hankow: Conflict and Community in a Chinese City, 1796-1889*. Stanford: Stanford University Press.

Rowe, William T., 1989, *Hankow: Conflict and Community in a Chinese City, 1796-1895*. Stanford: Stanford University Press.

Rowe, William T., 1993, "The Problem of "Civil Society" in Late

Imperial China."*Modern China* 19, 2(April) : 139- 57.

Vanderven, Elizabeth, 2003, *Educational Reform and Village Society in Early Twentieth- Century Northeast China: Haicheng, County, 1905-1931*. Ph.D. dissertation, University of California, Los Angeles.

Vanderven, Elizabeth, 2005, "Village - State Cooperation: Modern Community Schools and Their Funding, Haicheng County, Fengtian, 1905-1931."*Modern China*, 31, 2(April) : 204-35.

Wang, Yeh-chien, 1973, *Land Taxation in Imperial China, 1750-1911*. Cambridge, Mass.: Harvard University Press.

Weber, Mam, 1978 (1968), *Economy and Society: An Outline of Interpretive Sociology*. Ed. GuentherRoth and Claus Wittich, trans. Ephraim Fischoff et al. 2 vols. Berkeley: Univ. of California Press.

第三章　国家与村社的二元合一治理：华北与江南地区的百年回顾与展望

回顾传统中国的治理意识形态，我们可以区别两个层面，一是其理念方面的道德主义，可以称作道德意识形态，二是其实践方面的实用主义，可以称作实用意识形态。这对概念既取自笔者自身关于中国传统正义体系的"实用道德主义"分析（黄宗智，2014b），也借助了舒尔曼 [Franz Schurmann, 1970 (1966)] 关于中国共产党的"纯粹意识形态"（pure ideology，指马列主义）和"实用意识形态"（practical ideology，指毛泽东思想）的划分。如此的划分有助于我们理解儒家和中国共产党治理思想中的道德主义和实用主义的二元性。同时，需要进一步强调的是，两者这样划分的用意并不是要把它们建构为非此即彼对立的二元，而是要强调两者间的二元合一与平衡，缺一不可，其间既有张力，也有互动和互补，更有应时的演变。

这就和现代西方,尤其是英美传统的思维方式十分不同。在英美主流的"古典自由主义"思想中,特别是在经典的亚当·斯密(Adam Smith,1976[1775-1776])的经济思想和约翰·斯图尔特·密尔(John Stuart Mill,1859)的政治思想中,国家与市场/经济、国家与个人/社会是对立的,据此思维而形成的"古典自由主义"(classical liberalism)经济思想的核心是,要求国家"干预"市场的最小化,尽可能让市场机制自我运作,让其充分发挥"看不见的手"的作用,认为那样才能促使生产资源的最佳配置。在政治领域,则特别偏重确立个人自由的权利,认为法律的主要功能是防范国家权力对其的侵犯(也要防范大众对个人的侵犯),从而延伸出保障个人思想、言论、组织自由等基本权利的法理。前后一贯的是,从国家与社会/经济、国家与个人的二元对立基本思维,得出偏重二元中的单一方的经济自由主义和法律自由主义,由此形成所谓的自由—民主(liberal democracy)治理传统。

更有进者,自由主义思想采取了同样的二元对立倾向来思考一系列其他的问题,不仅是国家vs.经济、国家vs.个人,还包括道德主义(实质主义)vs.形式主义、非理性主义vs.理性主义、特殊主义vs.普世主义等二元对立范畴(binary opposites)。在英美传统的斯密和密尔之外,特别突出的是德国的韦伯,他也是一位影响深远的自由主义思想家。他虽然提出了实质与形式、非理性与理性的二元划分,并据此演绎出交叉的四种法律理想类型(实质非理性、实质理性、形式非理性、形式理性),但实际上,他在法律历史叙述中,基本只采用了单一的二元对立,即实质非理性与形式理性的二元对立,把西方的法律演变历史叙述为趋向形式理性法律的历史,把非西方文明(包括中国、印度、伊斯兰)的法律传统则全都认作实质非理性的法律。对他来说,道德理念是实质主义的和非理性的,是特殊的而不是普世的,它们多是来自统治者一己的意愿,而不是依据不言自明的公理(个人权利),凭借普适的(演绎)逻辑而得出的普适法理。在他那里,现代西方法律的总体趋势是形式理性法律的逐步形成。(Weber,1978[1968]:viii,尤见第1章结尾部分的总体框架和第4—8章的论述)

与此相比,中华文明的传统则一贯没有如此把二元范畴对立起来建构成非此即彼的选择。一个突出的例子是,建立"帝国儒家主义"(imperial Confucianism)的董仲舒所采纳的阴阳学说的二元合一宇宙观。它是董仲舒结合偏重道德理念的儒家和偏重实用刑法的法家的"阳儒阴法"二元合一思想背后的基本思维。中国传统法律中道德主义与实用主义的长期并存,普适的理念与特殊的经验的二元合一等思维,也是基于同样的思路。在"帝国儒家主义"的治理理念中,拒绝国家与经济/市场、国家与社会/个人间的二元对立、非此即彼的建构,强烈倾向二元(乃至多元)合一的思维。(黄宗智,2014b.1;亦见黄宗智,2020c:"代后记")

当然,正如自由—民主思想者所指出,如此的思维欠缺针对国家权力的个人权利设定,倾向允许威权乃至于极权治理。它也拒绝严格要求法律在逻辑上的统一,允许普适理念和特殊经验、道德理念和实际运作之间的背离共存。但反过来说,我们也可以从二元合一的思维角度来批评二元对立思维中偏重理念无顾经验的反实际倾向,以及偏重个人权利而强烈抑制国家权力的自由主义思维。其中,缺乏平衡、结合二元的"过犹不及"的("中庸之道"的)思想。我们还可以说,无论是在人际关系层面、认知层面,还是治理层面上,二元对立、非此即彼的思维都很容易失之偏颇。譬如,它促使现代西方正义体系强烈倾向把几乎所有的纠纷都推向必分对错的框架,由此形成了过度对抗性的法律制度,缺乏中华文明中经过调解和互让来处理大部分纠纷的传统。(黄宗智,2016b)

具体到国家和基层社区间的关系,中国的治理体系从古代、近现代到当代,都展示了简约治理的倾向,高度依赖社区的道德化非正式民间调解机制,并且由此产生了多种多样的源自国家正式机构和民间非正式组织间的互动而形成的"半正式""第三领域"治理系统。后者和国家与社会二元合一而不是非此即彼对立的基本思维直接相关,也和道德意识形态与实用意识形态二元合一的思维直接相关。

以上固然是简单化了的,乃至于夸大了的中西对照,但是,本文将论证如此的划分有助于我们更清晰地思考中国的政法传统及其今后的出路。本文特别关注的是国家和村庄间关系的问题,从笔者深入调查研究的华北和江南地区近百年来的历史回顾出发来梳理、区别其历史演变中所展示的几种不同的国家与村庄关系的模式,据此来论析各种模式的优点和缺点,进而提出对中国未来发展的看法。

第三章　国家与村社的二元合一治理：华北与江南地区的百年回顾与展望

一、百年回顾

(一)现代之前

1.道德意识形态

儒家治理的道德意识形态的核心在于"仁政"的道德理念,即儒家经典四书中的《大学》所开宗明义的理念:"大学之道,在明明德,在亲民,在止于至善。"理想的统治者是道德修养(格物、致知、修身、齐家、治国、平天下)达到至高境界的贤者、"圣人"。而治理实践中的至理是孟子所言的"民为贵,社稷次之,君为轻"(《孟子·尽心下》),也是历代格言谚语"得民心者得天下"所表达的儒家道德意识形态。

固然,在实用层面上,历代的皇帝较少有达到"贤君"境界者,在一个数百年的朝代的历史中,不过有三两位"贤君",而达不到理想的"庸君""昏君"(乃至"暴君")则占大多数。在那样的历史实际中,儒家的仁君理念显得过度抽象,不仅缺乏对君主权力的有力制衡和对君主的制度化约束,而且缺乏凭民选来更替统治者的制度。在世袭君主的帝国制度之下,最终只能凭借民众的反叛来建立新皇朝而更替皇帝。

即便如此,我们也应该承认,中国古代的政治体制不能简单地总结为"专制"。在仁治理念的推动下,中国唐代以来便形成了典范性的科举制度,通过考试来选择全国在高度道德化的儒学中成就至高的人员为帝国的官员。在实际运作中,由这些官员所组成的行政体系已经带有一定程度的现代"科层制"特征,是个对皇帝的极权具有一定制约功能的制度。此外,根据仁政道德理念而形成的法律制度,在实际运作层面上,对皇权也形成一定的制度化约束(譬如,皇帝不能轻易、随意修改律法)。虽然如此,由于帝国皇帝近乎绝对的权力以及其世袭制度,并未能真正有效地排除历朝都多有权力过大的庸君和昏君的弊端(当然,西方的民选制度也多会产生昏庸的统治者,但其权力受到"三权分立"体制的制衡)。

至于国家与最基层社会的村庄的关系方面,中国自始便形成了一个依赖德治多于管制的传统。在儒家的理念中,道德高尚的统治者会促使庶民也遵从国家的道德意识形态,促使民众和谐共处,不需要国家的过分干预。有清一代,在县级政府以下村社以上,甚至一度设有专管道德教育的半正式"乡约"人员,由其负责庶民的道德教化。民间的纠纷多凭借由国家"仁"与"和"的道德意识形态而形成的社区非正式调解制度来处理;国家机构在民间调解不能解决纠纷的时候方才介入。在那样简约治理的实用意识形态中,把关乎"细事"的民间纠纷认定为应该优先让社区本身来处理的事务,不能解决时才由县衙介入,并且是由其"(州县)自理",不必上报。这就是道德意识形态下的无讼、厌讼治理理念的实用状态,更是(中央集权下的)"简约治理"实用意识形态的具体体现。(黄宗智,2007;亦见黄宗智,2015:第 18 章)

2.实用意识形态

这个治理体系的关键在崇高的道德理念与实用性治理的二元合一、互补与互动。在基层,尽可能依赖村庄人民的道德观念,以及不带薪的(非正式的)村社自生领导来处理村庄内部的问题,尽可能依赖社区自身的内在机制来解决纠纷。在村庄之上,县衙之下,则设置简约的半正式治理人员。有清一代,除了上述负责道德教育的乡约外,在理论上还设定管治安的不带薪酬的半正式保、甲长,以及管征税的同样是半正式的里、甲长(Hsiao,1960)。但实际上,伴随长期的安宁,这个乡约+保甲+里甲的基层治理制度蓝图则趋向比其设计要简约得多的实施。在19世纪的文献证据中,我们可以看到,已广泛演化为三者合而为一的"乡保"制度。所谓的乡保是个处于自然村之上,介于村庄和县衙之间的一个不带薪的半正式国家治理人员(在19世纪宝坻县平均20个村庄一名乡保——黄宗智,2014a.1:41),由地方上的士绅推荐,县衙认可,由他们来负责连接县衙和村庄的职务。(黄宗智,2014a.1:193—199;黄宗智,2007)

伴随如此的简约治理制度,村社内部多产生了自发的纠纷处理和治理体系。譬如,华北平原的村庄形成了村社内在的非正式"首事"(亦称"会首")制度,一村之中会有几位威信高的人士被公认为带领村务的首事。这些被村民公认的人士还参与村内的调解工作——由他们之中的一位或(在重大纠纷情况下)多位,与纠纷双方当事者分别会谈,凭"仁"与"和"的道德理念来劝诫双方,促使双方互让来解决纠纷,而后由双方"见面赔礼",由此"息事宁人"。这样,大部分的民间"细事"纠纷都通过社区本身来解决,既起到和谐的作用,也减轻了国家正式机构的负担。这一切在19世纪的县级诉讼档案及20世纪30年代和40年代在华北的(满铁)经济和社会人类学的实地调查研究中(主要是详细具体的对村民的按题访谈记录），都有详细的资料为凭据。（黄宗智，2014a.1：203—209；调解见黄宗智，2014b.1：49—57；亦见黄宗智，2014b.3：20—29）它较好地展示了崇高的道德理念和简约的实用运作的二元合一治理系统。

3.国家与村庄的二元合一

与现代西方(特别是英美的)政治思想传统相比，中国的基层治理没有设想国家和村庄(社会/个人)非此即彼的二元对立，一直坚持把国家和人民(村社)视作一个二元合一体。那样的基本观点的优点在于其比较崇高的道德理念，并由此形成了中国比较独特的简约正义体系，借助民间的非正式调解体系来辅助国家的正式法律制度，借此解决了大部分的民间"细事"纠纷，没有形成英美的过分对抗性的法律制度。

伴随"简约治理"实用意识形态而呈现的另一关键性实践方式是国家和社会在互动、互补中所形成的"第三领域"中的半正式治理制度。半正式的"乡保"可以从两个不同视角来理解：一是国家机构的权力凭借不带薪但由国家认可的半正式人员来延伸，是县衙权力伸向基层农村社区的具体体现；二是基层民间组织通过国家的认可而半国家化，向国家的正式机构延伸。半正式的"乡保"所代表的是国家和社会的互动、互补的交接点。

更具体而言，笔者之前详细论证了在诉讼案件进行的过程中，县衙常会榜示其对当事人的告状和之后呈禀的文件的批示，而当事人通过乡保或榜示，或通过衙役传达，会由此获知知县对一个案件进程的陆续反应。而那样的信息会直接影响社区由于诉讼而引发更为积极的调解或重新调解。而社区的非正式调解一旦成功，当事人便可以具呈县衙，要求撤诉。县衙则会在简约治理实用意识形态下（民间细事纠纷应该优先由社区本身来处理），几乎没有例外地批准销案。在这个国家与社区互动的"第三领域"中，乡保处于重要的衔接地位。（详细论证见黄宗智，2014b.1：第5章）

正是这样的国家和社会/社区的互动、互补，具体展示了国家和社会二元间的二元合一设想。它是国家以"仁"与"和"为主的道德意识形态，与其"简约治理"实用意识形态的搭配下所产生的非正式和半正式治理现象的具体体现。西方传统中的国家与社会二元对立的基本思维则不会产生这样的二元合一治理实践，而是会更多依赖非此即彼的国家与民间、正式与非正式的划分，也会更多依赖必分对错的方式来解决纠纷。这也是西方的中国研究大多忽视国家正式治理体系之外的非正式和半正式治理的根本原因。（黄宗智，2007）它堪称中国治理不同于西方的一个重要"特色"。

（二）民国时期

进入民国时期，上述的中国治理系统既有演变也有延续。首先，"现代"国家更为深入地渗透村庄，具体体现为在"县"级机构之下，组建了"区"级正式带薪的区长（其下设有武装人员）的正式政府机构（近似当代的"乡镇"行政阶层）。（黄宗智，2014a.1：235—237，243—245）其次，建立了村长制：之前最底层的半正式治理人员"乡保"是设置在村庄之上的，而村长则是设置在村庄本身的半正式人员。在华北平原一般是自然村，在江南松江地区则是在小型自然村(埭)之上,合并几个"埭"而组成的"行政村"。

"村长制"仍然是一种半正式的制度,村长由村社体面人士举荐,县政府批准,但不是一个带薪的正式国家人员。新村长的主要职责(像之前的乡保那样)在征税和治安,也包括(与村庄自生的其他领导人士一样)协助解决社区内的纠纷。在盗匪众多的淮北地区,不少村长还会领导、组织村庄自卫,如红枪会。(Perry,1980)河北、山东的村庄中也有那样的实例。(黄宗智,2014a.1:206—211,224—225)

这样,民国时期的中国一定程度上也步入了具有较强渗透力的"现代国家政权建设"(modern state-making)的过程。虽然如此,仍然维持了传统崇高的"和"的道德理念以及仍然是比较简约的基层实用治理,包括依赖非正式和半正式的人员以及民间的调解,与西方的"现代国家"仍然有一定的不同——无论是韦伯(Weber,1978[1968])所论析的现代"科层制"国家,还是迈克尔·曼(Michael Mann,1986)所论析的"高渗透力"(high infrastructural power)现代国家——它们都是高度正式化的治理体系。(黄宗智,2007)

在军阀战争频发和盗匪众多的民国时期中,有的村庄呈现了传统村社秩序的衰败乃至于崩溃,从而导致所谓的"土豪劣绅"或"恶霸"势力的兴起,显示了传统实用道德主义治理系统的衰败。在被调查的华北平原村庄中便有如此的实例。他们成为后来土地革命运动中的重要斗争对象之一。(黄宗智,2014a.1:225—230,230—233)

(三)集体化时期

在集体化时期,村庄经历了进一步的改组和演变。首先是在村级的行政组织之上,成立了村社的党支部,使得政党—国家的体制权力深入村社。这个新制度是伴随20世纪50年代中后期的"社会主义建设"运动而设定的。后者全面改组了村庄的一些最基本的制度,包括土地和生产资料的集体化、村庄劳动力的(集体)组织化以及村庄生产的计划化。其次,社区的调解制度被"干部化",不再是主要由村社内受村民尊敬的非正式威望人士来进行纠纷调解,而是主要由新设的村支书和村长来调解村庄内部的纠纷。伴之而来的是国家(政党—国家)权力深入每个村庄。这一切在笔者20世纪80年代在江南和华北所做的实地访谈研究和当地县法院诉讼档案的研究,以及笔者其后在20世纪90年代所做的聚焦于纠纷处理的访谈研究中,都有比较翔实的资料为证。(黄宗智,2014a.1:151—164;黄宗智,2014b.3:30—37)

在"大跃进"时期,政党—国家体制下的全能统治大趋势达到其顶峰。国家试图把农业完全产业化,使用类似工厂乃至于军队的组织,认定生产和组织规模越大越好,把村民完全纳入庞大的人民公社,甚至把一般生活组织化,一段时期中还设立了公共食堂来取代一家一户的分爨。同时,把人可胜天的革命意识推到了极端,要求完全克服自然条件的制约,要求把农业跃进到不可思议的高产水平。在政党—国家高度集权体制中,出现了由上到下的政策实施过程中的极端化和简单化("一刀切")。由于政策严重脱离实际,更引发了由下到上的作假现象,导致完全背离实际的浮夸和弄虚作假等恶劣的状态。加上自然灾害的影响,导致1959—1961三年困难期的严重危机。① 它是当时体制可能失衡的弱点的重要实例。在思维方式的层面上,"大跃进"更把国家和社会二元合一中的"合一"推到了"统一"的极端,实际上抛弃了二元共存互动、互补的传统。②

(四)改革时期

在去集体化的改革时期,先是一定程度上返回到类似于民国时期的状态:国家管制范围收缩到主要限于保安和征税(加上1980年后严格执行的计划生育政策),但较少管制生产,并把纠纷解决制度重新非正式化(从以村主任和支书为主降到越来越多依赖村社本身的其他威信高的人士的"调解委员会",乃至于完全非正式

---

① 在笔者调查的华阳桥村(和松江县),对中央的"大跃进"路线有一定的抵制,而因此被认作是反对毛泽东的"彭(德怀)主义"的一个据点。尤其是在种植业方面,华阳桥把极端的种植方式限定于少量的"卫星地"试验田(总共才6亩土地),其总体的粮食生产因此相对稳定,直到1961年、1962年的春季多雨和秋季旱寒气候的天灾时方才明显下降。虽然如此,我们也可以从华阳桥的经验证据看出当地大队干部(乃至于县领导)所面对的压力。在"大跃进"风暴的影响下,华阳桥也终止了自留地和家庭副业,一度执行了大食堂政策,对村庄生产起到破坏性的影响。虽然,在发展村(大队)级工业方面,做出了一定的正面成绩(黄宗智,2014a.1:230—236),但从全国范围来看,"大跃进"的结果无疑是灾难性的。

② 应该说,如此的"统一"和中国传统中对马列主义中的二元辩证对立统一的认识不无关系,与中华文明中的(变动中的)二元合一(持续的互动、互补)思维有一定的不同。后来的"文化大革命"则可以被视作相反的,由社会运动吞食国家的二元辩证对立统一的极端。

的人士来处理纠纷)。同时,借助新型的半正式化的国家机构,如乡镇政府下属的法律服务所和警察派出机构,来处理村社的(半正式化)民间"调解委员会"所不能解决的纠纷和问题。(黄宗智,2014b.1:37—51)一定程度上,这一切是对过去极端化治理的反应,返回到比较平衡的二元合一实用道德主义治理传统。

其后,在2006年正式完全废除农业税之后,更经历了重要的历史性变化:国家不再从村庄汲取税费,而转入越来越多地凭借"项目"和其他类型的"转移支付"来试图"发展"经济。2016年以后计划生育的全面松弛化也促使村庄"管制型"治理的收缩。如今的国家和村庄间的关系,已经成为一个"给"多于"取"、"放任"多于"管制"的关系。表面看来,这是国家从汲取到给予、从管制到服务村庄的"现代化"和根本性改变。

二、村庄社区的衰落

最新的状态对村庄来说应该是个划时代的大好事,国家不再汲取村庄资源,反之,将"反哺"农村,"以工补农",以政府的"转移支付"和"项目"来补农。但在实际运作中,却没有那么简单。

首先,废除税费——特别是农业税和之前的"三提五统"收费——的实际效果并不只是减轻了农民的负担,而同时也掏空了最接近村庄的乡镇政府的财政收入。周飞舟(2006)把这个过程称作乡镇政府财政的"空壳化"以及乡镇政府之成为"悬浮型政权"。由于村庄不再是他们的重要收入来源,乡镇政府不再十分关心村务,除了直接与项目和上级政策相关的事务外,很少介入村社的治理。其中的一个关键问题是村级的公共服务,包括村级水利维修、村级小道路和桥梁的建设和维修、村庄内部的垃圾和污水处理、医疗卫生以及环境保护的措施等诸多方面。

在这个层面上,国家的"转移支付"(主要是通过项目制)所起的作用是有限的,因为项目制的运作机制非常容易使政策实施偏离国家的原意,存在"形式主义"倾向的作风和问题,这也是目前中央所极力反对并要重点解决的问题之一。许多官员们真正关心的是自己的政绩。为此,不少乡镇政府倾向把项目经费拨给条件最优越的村庄,甚至把项目经费集中起来,"打包"给几个典型和示范的村庄,甚至打造"示范区"来应付上面的项目验收,证明自身施政的成绩。同时,国家农业政策实施中又特别强调扶持龙头企业、大户、大型专业合作社,以及成规模的"家庭农场",也存在相同的问题。(黄宗智,2014c;亦见黄宗智,2017a)

之所以如此的部分原因在于国家这些年来所采用的激励机制,即目标责任制,其对推进 GDP 的增长显示了一定的成效,但也导致公德价值方面的问题。(黄宗智、龚为纲、高原,2014;王汉生、王一鸽,2009)项目制的设想基本源自同一战略:依赖个人逐利机制来推动竞争和发展,推动乡村的现代化。但是,在那样的去道德化的逐利实用意识形态下,村庄公共服务几乎完全陷入真空状态,村民个体顾不上,乡镇政府也顾不上,因为村庄社区已经不再是其财政收入的重要来源,而村社本身则缺乏必须的财源(除非是村领导依赖自身的关系网从企业或大户筹借)。中华文明的"仁政"理念和政党—国家体制下的为人民服务的道德理念受到了个人逐利意识形态的冲击。

正因为村级公共服务面临危机,才会促使成都市 2009 年以来采用广受称道的、针对村级公共服务真空问题的新政策:由财源丰厚的市政府每年直接拨给每一个村庄一笔公共服务费用(开始是 20 万元,2016 年预期达到 60 万元)来填补上述空白,意图凭借那样的资源来带动村社和村民的公共性、民主性和参与性。(田莉,2016;亦见杜姣,2017)

根据城镇化及西方的视角和理论预期,小农户及其村社必然行将完全消失,要么转化为城镇居民、市民,要么转化为个体化的、类似于城镇产业的农业企业的工人。但社会实际则是,中国农村仍然主要是由亿万"半工半耕"的小农户所组成,在近期内不可能像理论意识的预期那样消失。

中国在基层治理的过程中也出现了一些反面的现象。一个例子是征地和拆迁中呈现的"征迁公司",堪称一种异化了的"半正式"行政机构。(耿羽,2013)另一个例子是近十年来兴起的"劳务派遣公司",其将一些国企、私企,乃至于事业单位的原有正规工人以及新雇全职职工(多是农民工)转化为非正规的(名义上是)"临时性、辅助性或者替代性"的"劳务派遣工",借此来减轻企业在福利和劳动保护方面的"负担"。(黄宗智,2017a、2017b)两者都该被视作异化了的营利性"半正式"机构,与本文重点论述的仁政和为民服务理念下的简约半正式机构性质十分不同。

"仁"与"和"道德理念主导下的国家与社会二元合一的传统已经再次陷于失衡的状态。在笔者看来,这是改革后中国今天面临的至为庞大、至为重要、至为紧迫的问题。

三、国家与村庄关系的三大模式

根据以上的百年回顾论述,除中国传统的实用道德主义治理模式之外,我们可以区别之后的两大不同农村治理模式:一是改革期间的市场经济和资本投入模式,二是其前的计划经济与集体化模式。以下先分别论析两大模式的得失,进而建议采纳既综合两者优点又承继古代和革命传统优点的第三模式。

(一)市场经济与资本投入模式

国家20世纪80年代以来对农村采用的战略基本是去计划经济化和去集体化,一定程度上也是去社区化,转而把农民视作在市场经济大环境中的一家一户的"个体"。这是联产承包责任制的基本精神,要从"集体"激励转为"个体"激励,从社区公益驱动机制转为个人私利驱动机制。这是伴随(古典和新)自由主义经济学理论而来的观点,其代表乃是舒尔茨(Theodore W. Schultz),他争论,在市场经济的环境中,每一家农户都会"理性"地追求自己利益的最大化,这是最基本、最高效的激励机制,能够导致资源的最佳配置。国家只需为小农提供适当的技术条件,便能够推进农业和农村的发展和现代化("改造传统农业"),但绝对不可干预市场"看不见的手"的运作,更不要说采用计划经济了。(Schultz, 1964)"专业合作社"的设想便是一个试图模仿美国的设想,无视村庄社区,试图以农业企业为基本单位,让其合作追逐其"专业"的市场利益。20

世纪90年代以来,主导国家政策的实用意识形态把上述的战略具体化为尽力扶持龙头企业、大户、专业合作社以及规模化(超过100亩的)"家庭农场",同时推动(扶持、补贴)现代投入(化肥、良种、机械),意图借此来发展中国农业。(黄宗智,2008;修改版见黄宗智,2020a:第3章——《舒尔茨〈改造传统农业〉理论的对错》)

在最近十多年"转移支付"的"项目制"实施下,这一切更体现为凭借地方各级政府以及农村各种实体之间的竞争来确定国家转移支付资本的投入,想借助"典型"和"示范"实体来带动农村的发展。正是这样的国家政策,促使相当比例的企业公司和农业大户"发展"的兴起。

但是,那样的村庄、企业和大户迄今明显仍然只是农村和农民中的少数,充其量最多可能达到总耕地面积的6%—10%。(黄宗智、高原、彭玉生,2012;黄宗智,2020a)伴随以上政策而来的是农村中逐渐呈现的一系列问题。这些事实的具体体现之一是城乡差别没有得到改善且日益显著:全球各国的基尼系数比较显示,中国已经从集体时代的全球较平等的国家之一转化为较不平等的国家之一。(黄宗智,2016a:23—26)说到底,这是在发展过程中逐渐丧失了中国古代和现代政党—国家本身的崇高道德理念。

这里,我们应该清楚区别中国之前的"典型"和如今的"典型"。之前的典型多是"劳动模范"型的,为的是借以拉动广大人民的积极性。如今的则是"让一部分人先富起来"战略下的少数人的"典型",存在过分逐利的道德偏差。

即便如此,我们仍然看到小农经济的强韧生命力。首先是近三十年来小规模"新农业"(高值农产品,主要是生鲜农产品,包括菜果、鱼肉禽、蛋奶)的发展,它凭借的主要是中国人民伴随国民经济发展和收入提高而来的食物消费的转型,从传统的粮食、蔬菜、肉食8∶1∶1的比例,朝向城市生活水平较高的人们(以及日本、韩国和中国台湾地区的食物消费结构)的4∶3∶3比例的转化,由此扩大了对高附加值农产品(菜果、鱼肉禽、蛋奶)的需求和其发展的市场机遇,推动了(一、三、五亩的拱棚蔬菜,几亩地的果园,乃至十几亩的种养结合)小农户这方面的发展。(黄宗智,2016a)而推动小农户从旧农业转向新农业的动力其实主要并不是国家偏重资本的资助,而是市场营利的激励以及农户自身的打工收入。(黄宗智、高原,2013)近三十年来,农业生产的产值(区别于某些作物的产量)一直以年均(可比价格的)约6%的速度增长。如今,小规模的高附加值"新农业"的产值已经达到(大)农业总产值的三分之二,其耕作面积为总耕地面积的三分之一。(黄宗智,2010;亦见黄宗智,2016a;黄宗智,2020a;第2章)

但是,我们也需要清醒地认识到,这一切是在没有小农户所必需的现代型"纵向一体化"物流服务体系来应对"大市场"情况下,必须依赖低效且昂贵的旧型商业资本获得的,包括千千万万的小商小贩来进入市场。结果是,即便是新农业的农户,也多处于广泛的"种菜赔、买菜贵"的困境。这是个既不利于小农生产者,也不利于城镇消费者的局面,这也导致部分新农业农民仍然需要依赖打工和农业的半工半耕兼业来维持生计。(黄宗智,2018;亦见黄宗智,2020a;第15章)

至于"旧农业"(大田农业,尤其是谷物种植)中的小农户,他们固然由于打工工资的上涨(农业劳动的机会成本的上涨),而国家又相当大力地支持机械化,如今已经越来越多借助自身的打工工资来雇用机器耕—播—收服务,由此而推动了那方面的农业现代化。(黄宗智、高原,2013)虽然如此,他们同样由于现有物流体系的缘故,相当广泛地处于(可以称作)"粮农贫、粮价贵"的困境。如今,中国的粮价已经高于国际市场的价格,但旧农业的小农仍然收入很低。(黄宗智,2020a:第15章,以及第8章的后记)

无论是新农业还是旧农业的小农户,其年轻的父母亲都需要靠打工来维持家庭生计。后果之一是他们大多要依赖孩子的爷爷奶奶来为他们把子女带大(因为孩子不能进入就业地的公立学校,除非交纳昂贵的"择校"费),从而造成了普遍的、大规模的"留守儿童"以及"隔代家庭"的现象。在那样的家庭中,孩子们自小便会形成一种源自父母亲缺席的深层不安全感,也会缺乏对村庄社区的认同,而且,祖父母不会和父母亲同样、同等、具有相似权力地来教养留守儿童。那样的留守儿童,等成年后进城打工而成为"新生代农民工",在城市也将同样缺乏安全感和认同感,因为他们大多无法获得大城市的市民身份,无法购置房屋,无法过上稳定体面的生活而真正融入城市,只能像他们的"农民工"父母亲那样以"流动人口"的身份在城市干最重和最脏的工作,其中大多数不享有基本的福利。(黄宗智,2017b:153—155;黄宗智,2020c)黄斌欢(2014)把这种现象称作"双重脱嵌"——留守儿童—新生代农民工是个既"脱嵌"于农村,也"脱嵌"于城市的群体。换言之,"新生代农民工"多是一种惯常性流动的群体,他们带着一种无根者和流浪者的心态在城市打工。他们既不会真正扎根于城市,也不会返回村庄,实际上组成了一整代持有"无家可归"心态的"迷失"群体。(黄宗智,2020c;亦见吕途,2013、2015)他们使"三农问题"和农民工问题变得更为严峻。也就是说,国家与农民间的关系再度失衡。

在那样的客观实际下,一再宣称农业已经越来越高度"现代化"实在无补于事。相对其逐年扩增的转移支付和各种补贴与资助的投入量而言,这种扶持对广大的农民影响并不大,其绩效大多只可见于"典型""示范"村庄和个别的大户。可以说,三农问题仍然是未来很长一段时期国家所必须重视和解决的问题。

(二)计划经济与集体化模式

改革前的计划经济和集体化模式确实失于过分控制农民、农村和农业,最终脱离、违背了小农的利益,导致了走向极端的"大跃进"("文化大革命")政策实施。总体而言,农村每工分的报酬久久停滞不前,农民生活久久不得改善。

但是,我们也要认识到,其中实际的失策并不在于早期的互助组和合作社,而是在于当时脱离民众利益的"越大越好"和国家过分控制农村的政策。早期的互助和合作无疑协助了占比不止一半的"贫下中农"解决其生产要素不足的问题(土地不足、牲畜不足、农资投入不足,甚至由于打短工而劳动力不足)。(高原,2017)而且,在"大跃进"高潮之后(1963—1978年)的"三级所有、队为基础"(生产小队平均才约30户)制度下,农村社区组织再次返回到比较合理的规模,比较贴近农民的切身利益。那样的制度,虽然仍附带着一定的依赖过分管制和僵硬的计划经济,但仍然在1952到1979年期间实现了粮食产量平均每年2.3%增长率的成绩(这是珀金斯的比较权威的研究的数字——Perkins and Yusulf,1984:第2章)。(黄宗智,2020a:第16章,第三节)其间,固然有失于压制农民在市场环境中营利的自我激励机制,但我们也不该无视适度规模的(相对较小的)小集体在许多方面的成就,不仅是农业持续的增长,还是水利以及其他公共服务(特别是村庄秩序和村级公共服务)的绩效,更包括普及("民办公助")教育("小学不出队")和医疗卫生(每村一名"赤脚医生")方面的显著成绩。后者是诺贝尔奖得主阿马蒂亚·森和他的合作者比较印度(同样是小农经济农业大国)和中国的专著研究中特别突出的优点。(Drèze and Sen,1995:第4章)那些成绩不该伴随"大跃进"的极端现象而被全盘否定。

到改革时期,在过去过分僵硬的计划经济和国家过分管制的体制下,全盘去集体化和去计划经济化的反动当然是可以理解的,这也在一定程度上释放了农民在市场经济中自我激励的积极性(如上述的"新农业")。但与此同时,我们也要问:完全依赖"资本"(实际上多是旧型的榨取性商业资本而不是新型的产业或物流资本——黄宗智,2018),抛弃社区组织的传统和其优越的贡献方面,是不是有点矫枉过正、再次失衡了? 如果是,今后有没有可能提出综合、再平衡这两大模式的优点而又避免其弱点的方案?

(三)社区合作社推动模式

要简单总结的话,集体时期国家更多关注国家计划,过分管制农村,未足够重视小农户个体,使其生活久久不得改善;而其后的改革时期,则过分关注资本,同样不够重视小农,导致村级公共服务不足、社区解体。相比之下,这正是日本、韩国与中国台湾地区所谓"东亚合作社模式"的优点所在。它既借助了市场经济来激发个体农户的生产积极性,又借助了社区整合性来组织新型的农产品公共服务,尤其是其在市场经济环境中所必须的纵向一体化(物流)服务。一方面,它借助了农民营利的自我激励机制;另一方面,它又借助了传统社区的凝聚性而组织了农民为其社区利益("公益化了的私利")服务的体系。国家则扮演了在社区基层之上的组织角色,特别是组建现代化的服务性批发市场,通过拍卖和大规模的批发交易来让农产品能够系统有序地进入大市场交易,为小农户提供了低成本的高效服务。

合作社与批发市场的搭配,成功地塑造了完整的新型物流体系,包括在原产地的规范化加工、分级、包装,以及其后的"供应链",更包括对生鲜农产品来说至为关键的具有冷冻条件的屠宰、加工、包装、储藏、运输、交易、配送中的完整的"冷链",大规模降低了生鲜农产品进入市场的损耗,为新农业提供了完整的新型物流服务,也包括为"旧"农业[大田作物,主要是粮食作物(谷物和豆类)]提供高效的加工、包装、运输、储藏、销售等条件。相比较而言,"社区合作社+国家"的批发市场提供了相对高效和廉价的物流服务,为小农户提供了较高收入的条件,成为全球国家中分配比较均匀(社会公平的基尼系数)的国家和地区。当然,上述的新型合作社的物流体系服务逻辑是一个不同于之前的互助组和初级合作社为了解决贫下中农要素不足问题的合作逻辑。(黄宗智,2018)

更有进者,东亚模式的综合型合作社农业现代化模式,较好地联结了传统的小农及其社区凝聚性与新型的市场化农业发展,较好地融合了国家由上而下的角色和农民由下而上的参与,体现了农民自身的主体性以及农村社区及其原有的公益价值观。(黄宗智,2018)同时,在日本和韩国,也较好地综合了社区的调解机制和新型的法律制度,以及其间的半正式型司法体系,由此组成了一个源自中华文明传统的多维正义体系,避免了西方国家的偏重私人、偏重私利、偏重必分对错的法律体系,较好地搭配了国家功能与民间组织,道德意识形态与实用意识形态。(黄宗智,2016b:20—21,16—19)

在更深层面上,它也是一个延续传统中华文明核心价值观和思维方式的模式。它拒绝简单和偏一方的非此即彼二元对立思维,而维护了长期以来中华文明倾向二元(乃至多元)合一的思维和价值观。在这个意义上,目前的过分个人私利化的"市场和资本推动模式",与其前身的过分国家威权化的"计划和集体化模式",同样不符合中华文明核心中的二元合一中庸价值观与思维模式。"社区合作+市场经济"模式实际上是一个更为符合中华文明基本"特色"的模式,也是一个原来来自中华文明基本治理哲学的模式。在这个框架下,我们还可以纳入二元互补的民间半正式化的调解组织,如村庄的调解委员会,以及官方的半非正式化的调解组织,如乡镇法律服务所以及公安局的调解。(黄宗智,2016b)

如今,农村社区的凝固性与农民的家庭和社区伦理观虽然受到一些私利价值观的冲击,但其核心仍然顽强、坚韧地存续,尤其是在人们深层的家庭和社区观念以及对待道德和实用二元的思维方式层面上。农村解决社区纠纷的调解制度仍然存在,其所依据的道德价值观完全可以取代追逐一己私利所导致的伦理真空和村级公共服务真空,可以取代在国家与村社二元之间非此即彼地偏重单一方的错误抉择。后者是对中国近现代百年国难的过度反应。如今,在恢复了国家与民族的尊严和自信之后,我们已经具备采取更为平衡、中庸的抉择的基本条件。如此的抉择所涉及的不仅是长远的经济效益问题,一定程度上更是中华文明延续还是断裂的问题,以及中国的未来是否真能具有优良的"中国特色"的问题。

四、新型的民众参与模式

更具体地来说,什么样的国家与农村关系的模式才能够连接传统与现代,才能够既不同于西方现代传统也不同于中国过去的皇帝专制体系?才能使国家和民众有效地平衡二元互补、形成良好互动?

笔者认为,要回答这样一个问题,我们首先需要梳理清楚现当代中国三大传统(古代中国、共产党革命、西式现代化)历史中的得失、优劣,借此来塑造一个新的综合性的前景。此中的关键问题是,怎样才能够避免过分依赖国家威权来强制执行不符实际或违反大多数民众利益的政策?怎样才能够防范过去趋向极端和脱离实际的政策倾向——特别是关乎民生的重大公共政策?显然,现当代中国不可能简单依赖西方的经验和选举制度,虽然目前的人民代表大会已经起到一定的代表民意的作用,但要更有效、更有力地纠正过去的错误决策,中国需要从共产党本身的执政历史和理论中来挖掘可用资源,其中,既有值得警惕的错误和失败的倾向,也有值得突出、强调和进一步制度化的资源。

(一)调查研究、试点和民意

在党内长期以来使用的重大公共政策决策和实施过程的传统中,向来有比较清晰的"调查研究""试点""推广""调整"等不同阶段的划分。首先是"调查研究"("没有调查就没有发言权")的传统,在最理想的状态中,甚至要求决策者深入民众进行"三同"(同住、同吃、同劳)。笔者认为,在维持这个调查研究传统的优良一面之上,可以更明确地要求决策者广泛虚心地聆听民意(如已有的个别访谈或小规模座谈的传统,或新型的半正式协商会议等),不仅是了解实际情况而后据之来拟定政策,更是虚心地深入了解民意——这是过去决策过程中没有被十分明确突出的一点。今天,应该特别突出以这样一个维度来作为对过去的"调查研究"传统的补充和改进,把深入了解民众的意愿也定为"调查研究"传统的一个关键部分,为的是体现真正的民主精神和为民服务的党性。

其次,一旦形成一个初步的政策思路,应该仍采纳过去传统中的"试点"方法来确定初步拟定的政策是否真正可行,通过实验来检视其实际效果并做出相应调整。(韩博天,2009)这里,同样应该加上民众的反应来作为试点的一个重要衡量维度,而不是简单依赖决策者自身的衡量,也不是简单依赖"目标责任制"下的"数字化"管理技术。

(二)民众参与和群众路线传统

更为关键的是,在实施关乎民生的重大公共政策的过程中,应该明确加上由下而上的民众参与,把其当作关乎民众切身利益的重大政策的必备条件,而不是简单依赖政府管制或党组织的"动员"和"宣传"来执行政策。这是因为,民众积极参与才是最实际可靠的民意表达,绝对不可以凭借官僚自身的形式化民意估计来替代实质性的民众参与,或以意识形态化的"理论"来推定和宣称民众的支持。毋庸说,其中的关键在于官员们真正尊重民众意愿的道德观念和党性,而不是官僚体制中存在的走形式、满足上级要求、追求自身政绩等行为。当然,在大众传媒高度发达的信息时代,媒体也是一个重要的民众意愿表达器和测量器。近年来一再被使用的广泛征求学者、专家意见的做法也是。新信息技术当然也可以用来鼓励更为广泛的民意表达。在经过试点后的推广阶段,民众的参与更为关键。好的关乎民生的重大公共政策是民众真正愿意参与实施的政策。

在党的历史中,最接近上述设想的是党的群众路线传统。(许耀桐,2013;张雪梅,2013;卫建林,2011)未来,也许应该把群众路线的优良面定位于"民众参与",处于形式化的选举制度和过度运动化的制度之间。不同于选举,它不是每几年一次性的、针对某些竞选人的选举,而是要求其成为每一个关乎民生重大公共政策的实施过程中的必备条件,要求借助民众参与的力量来进行政策的拟定和实施,尽可能把衡量政策优劣的标准定于是否真正受到民众积极参与所表达的欢迎。当然,也不同于"大跃进"和"文化大革命"那样的运动政治。

这样的话,不会像如今的西方国家那样把国家重大涉民公共政策设定主要依托于选举的形式,因为那样的选举只是多年一度的检测,而且多会取决于民众对某一竞选人的表面——如容貌、谈吐、风度、言词等——的反应,而不是真正对其实质性的人格和具体政策的反应。通过民众是否积极参与政策拟定和实施的检验,可以得知政策的成功与否不会简单取决于政党—国家体制下超级政党的"动员"能力,更不会取决于在西方常常是关键性的政党竞选经费数额,而是取决于实质性的民众参与。笔者认为,这才是中国革命的"群众路线"的至为优良的传统。此中,至为重大的实例也许是抗日战争和解放战争时期民众的积极参与和对共产党的积极支持,验证了"得民心者得天下"的传统治理道德理念。它是国家与人民二元合一的相互依赖、互动、互补的最佳体现。

(三)东亚合作社的实例

与本文议题直接相关的实例是东亚型合作社的历史。它自始便强调,参与合作社与否必须完全取决于每位社员的自愿。在那样的基本要求下,扎根于社区的、主要服务于小农户的东亚型综合合作社几乎做到了所有农民自愿参与,这就和中国 2007 年以来推动的"专业合作社"的经验形成极其鲜明的对照。(黄宗智,2017a:140—144)在东亚模式的经验中,合作社既由于政府把相当部分的支农资源让渡给了民主管理的合作社,也由于那些合作社成功地由社区农民自己为绝大多数的小农户提供了其所必需的"纵向一体化"新型物流服务而赢得了绝大多数农民的积极参与。(黄宗智,2015b、2018)

总体来说,群众路线的优良的一面,也可以说是其真髓,在于要求国家行为不只限于由上而下的民生决策和施行,而是要求广泛的由下而上的参与。那才是共产党群众路线传统中至为核心与优良的含义,才是值得我们今天发扬光大和进一步制度化的传统,也是防范、制约不顾民众意愿的威权政治和错误政策偏向的一个实用的方法,一个能够排除强加于民众的"瞎指挥"的方法。它可以成为结合崇高道德理念与实用性实施的一个关键方式,是促使国家与民众间的二元合一良性互动、互补的重要制度。

如此的设想其实是比较符合中华文明(包括中国共产党的执政)长期以来的治理传统和思维方式的一个方案,它把国家和人民设定为一个二元的合一体(也可以说,一个二元而又合一的系统工程),拒绝现代西方的二元对立、非此即彼的偏向。它不是一个抽象的、不顾实用的理念,而是一个结合道德理念和实用运作的方案。它要求的是,通过民众参与的基本要求来排除脱离实际、脱离民众意愿的重大公共政策的拟定和实施。它也是迥异于西方制度传统的一个真正具有中国特色的治理模式,更是针对帝国传统以及政党—国家体制传统中部分负面倾向的一种制度化约束。

参考文献:

杜姣,2017,《资源激活自治:农村公共品供给的民主实践——基于成都"村级公共服务"的分析》,载《中共宁波市委党校学报》第 4 期,第

100—106页。

高原,2017,《工业化与中国农业的发展》,载《中国乡村研究》第14辑,第196—217页,福州:福建教育出版社。

耿羽,2013,《当前"半正式行政"的异化与改进——以征地拆迁为例》,载《中国乡村研究》第12辑,第79—95页,福州:福建教育出版社。

韩博天(Heilmann, Sebastian),2009,《中国异乎常规的政策制定过程:不确定情况下的反复试验》,载《开放时代》第7期,第41—48页。

黄斌欢,2014,《双重脱嵌与新生代农民工的阶级形成》,载《社会学研究》第2期,第170—187页。

黄宗智,2020a,《中国的新型小农经济:实践与理论》,桂林:广西师范大学出版社。

黄宗智,2020b,《中国的新型正义体系:实践与理论》,桂林:广西师范大学出版社。

黄宗智,2020c,《中国的新型非正规经济:实践与理论》,桂林:广西师范大学出版社。

黄宗智,2018,《怎样推进中国农产品纵向一体化物流的发展——美国、中国和"东亚模式"的比较》,载《开放时代》第1期,第151—165页。

黄宗智,2017a,《中国农业发展三大模式的利与弊:行政、放任、合作的利与弊》,载《开放时代》第1期,第128—153页。

黄宗智,2017b,《中国的非正规经济再思考:一个来自社会经济史与法律史视角的导论》,载《开放时代》第2期,第153—163页。

黄宗智,2017c,《中国的劳务派遣:从诉讼档案出发的研究(之一)》,载《开放时代》第3期,第126—147页。

黄宗智,2017d,《中国的劳务派遣:从诉讼档案出发的研究(之二)》,载《开放时代》第4期,第152—176页。

黄宗智,2016a,《中国的隐性农业革命(1980—2010)——一个历史和比较的视野》,载《开放时代》第2期,第11—35页。

黄宗智,2016b,《中国古今的民、刑事正义体系:全球视野下的中华法系》,载《法学家》第1期,第1—27页。

黄宗智,2015a,《实践与理论:中国社会、经济与法律的历史与现实研究》,北京:法律出版社。

黄宗智,2015b,《农业合作化路径选择的两大盲点:东亚农业合作化历史经验的启示》,载《开放时代》第5期,第18—35页。

黄宗智,2014a,《明清以来的乡村社会经济变迁:历史、理论与现实》,三卷本,增订版。第一卷《华北的小农经济与社会变迁》(1986、2000、2004、2009);第二卷《长江三角洲的小农家庭与乡村发展》(1992、2000、2006);第三卷《超越左右:从实践历史探寻中国农村发展出路》(2014),北京:法律出版社。

黄宗智,2014b,《清代以来民事法律的表达与实践:历史、理论与现实》,三卷本,增订版。第一卷《清代的法律、社会与文化:民法的表达与实践》(2001、2007);第二卷《法典、习俗与司法实践:清代与民国的比较》(2003、2007);第三卷《过去和现在:中国民事法律实践的探索》(2009),北京:法律出版社。

黄宗智,2014c,《"家庭农场"是中国农业的发展出路吗?》,载《开放时代》第2期,第176—194页。

黄宗智,2010,《中国的隐性农业革命》,北京:法律出版社。

黄宗智,2008,《中国小农经济的过去和现在——舒尔茨理论的对错》,载《中国乡村研究》第6辑,第267—287页,福州:福建教育出版社。修改版见黄宗智,2020a,第2章,《舒尔茨〈改造传统农业〉理论的对错》。

黄宗智,2007,《集权的简约治理——中国以准官员和纠纷解决为主的半正式基层行政》,载《中国乡村研究》第5辑,第1—23页,福州:福建教育出版社。

黄宗智、高原,2013,《中国农业资本化的动力:公司、国家还是农户?》,载《中国乡村研究》第10辑,第28—50页。

黄宗智、高原、彭玉生,2012,《没有无产化的资本化:中国的农业发展》,载《开放时代》第3期,第10—30页。

黄宗智、龚为纲、高原,2014,《"项目制"的运作机制和结果是"合理化"吗?》,载《开放时代》第5期,第143—159页。

焦长权、周飞舟,2016,《"资本下乡"与村庄的再造》,载《中国社会科学》第1期,第100—116页。

吕途,2013,《中国新工人——迷失与崛起》,北京:法律出版社。

吕途,2015,《中国新工人——文化与命运》,北京:法律出版社。

田莉,2016,《成都市推进村级公共服务和社会管理改革的实践》,载《成都发展改革研究》第3期,转引自四川经济信息网,http://www.sc.cei.gov.cn/dir1009/223968.htm,2017年10月15日访问。

王汉生、王一鸽,2009,《目标管理责任制:农村基层政权的实践逻辑》,载《社会学研究》第2期,第61—92页。

卫建林,2011,《党的历史是形成和完善群众路线的历史》,载《中国社会科学》第4期,第11—19页。

许耀桐,2013,《关于党的群众路线形成和发展的认识》,载《理论探索》第4期,第5—10,13页。

张雪梅,2013,《群众路线面临的时代挑战与对策解析》,载《求实》第1期,第30—34页。

周飞舟,2006,《从汲取型政权到悬浮型政权:税费改革对国家和农民关系之影响》,载《社会学研究》第3期,第1—38页。

周雪光,2008,《基层政府间的"共谋现象":一个政府行为的制度逻辑》,载《社会学研究》第6期,第1—21页。

Drèze, Jean and Amartya Sen, 1995, *India: Economic Development and Social Opportunity*. New Delhi: Oxford University Press.

Hsiao Kung-ch'üan(萧公权), 1960, *Rural China: Imperial Control in the Nineteenth Century*. Seattle: University of Washington Press.

Mann, Michael, 1986, *The Sources of Social Power, I: A History of Power from the Beginning to A.D. 1760*. Cambridge, Eng.: Cambridge University Press.

Mill, John Stuart, 2000(1859), *On Liberty, in On Liberty and Other Writings, Cambridge Texts in the History of Political Thought*, edited by Stefan Collini. Cambridge, England: Cambridge University Press.

Perkins, Dwight and Shahid Yusuf, 1984, *Rural Development in China*. Baltimore, Maryland: The Johns Hopkins University Press.

Perry, Elizabeth J., 1980, *Rebels and Revolutionaries in North China, 1845-1945*. Stanford: Stanford University Press.

Schultz, Theodore, 1964, *Transforming Traditional Agriculture*. New Haven, Conn.: Yale University Press.

Schurmann, Franz, 1970 (1966), *Ideology and Organization in Communist China*. Berkeley and Los Angeles: University of California Press.

Smith, Adam, 1976(1775-1776), *An Inquiry into the Nature and Causes of the Wealth of Nations*, 4th ed. 3 Vols. London: n.p.

Weber, Max, 1978 (1968), *Economy and Society: An Outline of Interpretive Sociology*, ed. Guenther Roth and Claus Wittich, trans. Ephraim Fischoff et al., 2 Vols. Berkeley: University of California Press.

第四章　国有企业与中国发展经验："国家资本主义"还是"社会主义市场经济"？*

国家不应该进入市场盈利——这个基本认识前提在西方现代经济和政治思想中根深蒂固。本章将论证，它深深影响了人们对中国改革时期发展经验的理解，把其重要的动力解释为其严重的不足；它也排除了关于国有企业如何能够为中国的社会和经济发展做出贡献的新思考。本章从一些关于中国政府（中央以及地方）在改革中所扮演的角色的基本事实的总结出发，回顾中西方"主流"经济学对它们的理解，然后论证政府及其下属的国有企业乃是中国经济发展的重要动力。

同时，政府的作为也是中国日益加剧的社会不公的来源之一，主要由于其在庞大的"非正规经济"中有意无意地绕过自己关于劳

---

* 感谢崔之元、塞勒尼（Ivan Szelenyi）、彭玉生、李放春和汪晖的建设性评论，特别感谢张家炎和白凯的详细阅读和建议。

动的法规。这里所谓的非正规经济所指的是1.45亿的(城关镇以上的城市)农民工、0.5亿的下岗工人、1.56亿的"乡镇企业"职工、2.60亿的农业从业人员①,以及0.23亿的乡村"个体户"(其中不少人部分时间从事农业生产)和0.30亿的乡村"私营企业"职工,亦即总数达到6.64亿的从业人员,占全国7.80亿从业人员总数的足足85%(《中国统计年鉴》,2010:表4—2、4—3)。大多数人的相对贫穷当然既是一个社会问题也是一个经济问题:它严重遏制内需,迫使中国经济继续依赖不可持续的出口来推动发展。

今天中国面对的大问题是:继续沿着看似是"国家资本主义"的道路往前走,允许国家和其官员、企业家以及其他"精英"分子继续致富,一如"国富民不富"那句话所表达的那样?还是在发展市场化经济的同时照顾到社会主义的公平理念(但排除计划经济),就像国家话语中的"社会主义市场经济"所提倡的那样?本章最后将探讨一个属于后一条道路的地方上的新近的实验。它所指向的是凭借国有企业来为社会发展提供资金,借以扩大内需,推动可持续的经济发展。

一、一些基本事实

在国家不应该参与市场盈利的基本认识前提下,中国经济发

---

① 2010年的《中国统计年鉴》表4—3给出的"第一产业"人员总数是2.97亿,但其表4—2则显示,其中许多人是兼业的,而兼业人员中共有0.37亿人在统计中被纳入"个体户"或"私营企业"范畴。这里的2.60亿数字得自乡村从业人员总数的4.69亿减去1.56亿乡镇企业职工、0.30亿私营企业职工和0.23亿个体户。(《中国统计年鉴》,2010:表4—2、4—3)

第四章　国有企业与中国发展经验:"国家资本主义"还是"社会主义市场经济"?

展最突出的一个特点(尤其是从西方资本主义国家的人的视角来说)是政府和国有企业进入市场而积极盈利。它从20世纪80年代乡镇政府所积极创办的盈利企业开始,到90年代发展为高一级的地方政府(县、市、省)利用廉价土地、政府补贴、税收优惠以及"非正规"(既没有法律保护也没有社会保障)的劳动力来"招商引资",而后是2000年以来在"抓大放小"政策下进行国企改制,使之成为在市场上盈利的国有企业(小的则要么私有化要么由其破产)。

截至2011年7月,中国共有61家公司进入了《财富》杂志的世界500强公司行列(2001年只有12家),其中59家是国有企业(包括国有控股公司)。根据《财富》的报道,其营业额达到全国"国内生产总值"(GDP)的47.8%("61 Chinese companies make the Fortune 500 list," 2011)。在59家国有企业中,有38家隶属中央政府,21家隶属地方政府。38家中央级的国有企业("央企")在2006年到2010年的五年中,营业额和纯利润都翻了一番,也就是说每年增长14%(邵宁,2012)。以如此的绩效跨过2008年的金融危机,中国的国有企业已经在全球资本主义经济中占据相当稳固的地位。

在整个改革时期中,中国一直都悖论地结合了高度的中央集权和高度的地方分权。前者尤其可见于人事权力方面的高度集中,后者则可见于各地方政府为促进经济发展的各种积极性。两者的结合是"悖论"的,因为它们虽然似乎是矛盾的,但实际上是并存的。

在国内外的市场竞争中,中央和地方政府下属的公司享有私营企业所不可能具备的有利条件,在经济发展中起了重要的作用。这首先是因为,即便是在中国今天的制度环境里,政府的许可也依然起着关键的作用。最明显的例子是为城市建设而征用农村土地,其程度和规模远远超出在西方的所谓"政府征用土地权利"(right of eminent domain)下所可能想象的范围。更毋庸说 20 世纪 80 年代创办乡镇企业时所克服的众多体制性障碍和所组织的多种资源,90 年代在各地"招商引资"竞争中所组织的补贴、贷款、税收优惠等,以及 2000 年以来政府在大型国有企业转化为盈利公司过程中所起的关键作用。

在经验层面上,以上的简单总结是没有什么可争议的。这些事实在现有的学术研究中已被充分证实。我个人也已撰写多篇论文对它们作出详细的论证或讨论(黄宗智,2008,2009a,2009b,2010b,2011b)。在国外的研究中,可以特别一提的是两篇最新的、专为美国国会的美中经济与安全审查委员会写的报告。赫什(Adam Hersh)的一篇特别强调中国地方政府在中国经济发展中所起的关键作用(但没有讨论地方和中央"两个积极性"的微妙组合与悖论关系)。萨摩塞吉(Andrew Szamosszegi)和凯尔(Cole Kyle)写的另一篇则主要论证,国有和国有控股企业占到非农业 GDP 的至少 40%,可能高达 50%(Hersh,2012;Szamosszegi and Kyle,2012)。

萨摩塞吉和凯尔更向该委员会报告说,中国在 2009 年名义上只有 120 家中央级国有企业,但它们拥有许多子公司,加起来总数可能达到 1.2 万家,而地方政府的国有企业总数则共约 10 万家。现有数据中没有根据 GDP 比例划分中央和地方国有企业的数据,但有按地方区分国有和非国有职工人员比例的数据。① 它们显示，国有企业所占比例在浙江（14%）、江苏（15%）和广东（16%）等省较低，在湖南（32%）、四川（33%）、广西（38%）、江西（38%）等地较高，而在上海（20%）和北京（20%）、重庆（24%）、天津（26%）等直辖市则位于中等。（Szamosszegi and Kyle，2012：27，表4-1）

二、霸权话语

具有争议的不是上述事实而是对它们的理解。在中国（更甚于美国）占据主流地位的理论是所谓的"新制度经济学"。那是源自一组诺贝尔经济学奖得主——尤其是科斯（Ronald H.Coase）和诺斯（Douglass North）——的理论。他们强调，唯有清晰的私有产权才可能导致市场经济的高效运作，而唯有市场经济才可能推动经济发展。[Coase，(1988) 1990，1991；North，1981，1993] 这已经成为这个自我表述为"硬"性"科学"的经济学学科的核心前提，几乎占有数学公理一般的强势地位（虽然经济学学科实际上完全没有能够预测，也没有能够很好地应对20世纪30年代的经济大萧条和2008年的金融海啸）。

在那个公理背后是西方现代以来长时期的话语结构，包括一系列被认作理所当然而不用加以解释的认识前提。尤其突出的是源自"古典自由主义"（classical liberalism）及其后的"新古典经济学"（neo-classical economics）中的市场和国家、私人和公共的二元

---

① 也有固定资产投资数。

对立,坚持在市场"看不见的手"的运作中,国家绝对不该掺和。

在当代的经济学学科中,市场和国家的二元对立在哈耶克那里获得特别强有力的卫护。他首先从一个内部人的位置来批评新古典经济学,指出其常常把理念等同于现实,并且过分依赖数学公式。他特别突出他所谓的"伪个人主义",认为新古典经济学错误地假设完全理性和具有完全信息的个人,而人们实际上并不完全理性,也不具备完全的信息。他认为,直面如此的现实,才是真正的个人主义(true individualism)。这是个强有力的批评,但在哈耶克那里,其最终目的不是真要推翻或修正新古典经济学,而是要攻击(苏联的)计划经济。他强调,计划经济的错误正来自其对理性的不符实际的科学主义迷信。他真正的核心论点是,由众多个人所组成的自由市场,其因子虽然不完全理性也不具备完全信息,但仍然是最佳的资源配置机制。[Hayek,(1948)1980:尤见第1、6章;亦见 Hayek,1974]哈耶克认为自己说到底其实是个"古典自由主义者"("Friedrich Hayek,"引自 Ebenstein,2001:305 及各处)。

对科斯来说,关键点在于过去被忽视的公司(the firm)"黑箱",以及清晰的私有产权对降低其"交易成本"之必要[Coase,(1940)1990,1991]。至于诺斯,其核心论点同样是清晰的私有产权。他认为,这是市场经济和经济发展不可或缺的基本条件,也是发达国家和欠发达国家之间的关键差别(North,1981,1993)。

以上三人虽然都从批判新古典经济学的姿态出发,但他们实际上都极力反对国家干预市场"看不见的手"的运作。在最近的三十年中,哈耶克等人的古典和新古典经济学以及新制度经济学获得了(英美)新保守主义意识形态的强有力支持。尤其是哈耶克,

第四章　国有企业与中国发展经验:"国家资本主义"还是"社会主义市场经济"?

他成为美国前总统里根、英国前首相撒切尔夫人和美国前总统（老）布什所最为认可的经济学家("Friedrich Hayek," www.wikipedia.com,引自 Ebenstein,2001:305 及各处)。结果是,他们的经济学理论获得了霸权话语的强势——不仅成为有政权支持和宣传的意识形态,而且是人们不加质问而使用的语言和修辞。

　　国家和市场、公共和私人的二元对立是如此的根深蒂固,美国的共和党和民主党同样认为国家绝对不该参与任何牟利性行为。市场盈利应该限定于私有公司,国家可以为公共服务而征税或贷款,但绝对不可盈利,更不用说经营牟利性公司。这个信念被认作是如此的理所当然,它几乎从来没有受到质疑。美国共和党和民主党的理念区别不在于国家可否经营企业,而在于市场的私人行为需不需要受到监督,以及国家该不该采用凯恩斯型的对货币供应量和就业量的宏观调控。共和党人一般认为国家干预越少越好,应该任由市场的"看不见的手"自我运作,而民主党人则认为应该有凯恩斯型的干预。但两者都不会认真考虑国家或国有公司参与盈利。一个具体的例证是美国国家社会保障基金,虽然已经接近破产困境,但人们一般仍然认为基金不该被投入私有公司的股票,只能限于国债证券,虽然前者的回报率历来都高于后者。

　　在近代英国和美国的历史上,这个基本原则只有在帝国主义时期才被置于一旁,并且主要在殖民地如此[例如大不列颠的"东印度公司"(East India Company),起始时获得国王给予的垄断专权,其后成为统治印度的机构,也成为贩运、走私绝大部分鸦片至中国的公司,并为大英帝国政府提供了高额的税收],但在话语层面上当时所引用的仍然是"自由放任"和"自由贸易"等口号。在美国,今天的一个属于政府牟利行为的例子是在1971年创办的(鲜为人知的)政府所有的海外私营投资公司(Overseas Private Investment Corporation),其目的是促进美国私营公司在所谓的"新兴市场"投资。它主要提供贷款、担保和保险服务,一直是个有利润的公司,但这只是个例外,在美国庞大的经济整体中微不足道。(黄宗智,2011b:14)另一个例子是美国的田纳西河流域管理公司(Tennesse Valley Authority,TVA),其目的是在该地建设水坝防洪并借用水力发电而提供公共用电,但它同样是个例外,并受到前总统里根(在其政治生涯起始阶段)的猛烈攻击,指控TVA为"社会主义"失误。(黄宗智,2011b:14)

在西方观察家中,新保守主义(新自由主义)所导致的是对中国盈利性国企的如下看法:它们是失误或最多是不理想的暂时性"转型"现象,从来不会是经济发展的重要动力。经济发展的动力非私营企业莫属。"主流"新制度经济学的论点是,要达到资源的最佳配置,中国必须进一步私有化,树立更完全清晰的私有产权,最终要消除国有企业。

他们认为,国有企业只可能是低效率的。它们的经营者是官僚而不是企业家。和垄断企业一样,它们不需要面对市场竞争。它们其实是自由市场竞争的障碍,妨碍资源配置的优化。它们绝对不能解释中国的强势经济发展,相反,盈利性国企只可能是计划经济遗留下来的渣滓,只可能妨碍中国向真正发达的西式资本主义市场经济转型。"转型"一词本身被人们所广泛理解的隐含意义正是从落后的计划经济向发达的、私有的资本主义经济的转化。

和以上思路紧密关联的是当前的霸权话语的基本结构:即资

第四章　国有企业与中国发展经验:"国家资本主义"还是"社会主义市场经济"?

本主义和社会主义、私有和公有、市场和国家的二元对立。科尔奈(János Kornai)便强烈并极具影响力地争论,资本主义和社会主义是两个完全对立的经济体系,各自具有其独自的整合性与逻辑。社会主义体系是个基于官僚管理的体系,资本主义则是基于私有财产和市场信号的体系。前者依据官僚的抉择和决策而运作,后者依据的则是企业家和消费者的抉择。前者的制度结构导致的是"预算软约束"——国家为了意识形态和非经济理由,会继续拨款支撑一个亏本的企业;后者则遵循"预算硬约束"——一个亏本的企业将会因"市场纪律"而失败、消失。前者依赖官僚歪曲的决策来进行生产,因此导致惯常性的("横向")"短缺"——人们需要的商品经常短缺,而不需要的则可能十分充裕。后者则通过市场信号来决定供应与需求,因此会生产人们真正想要的商品。正因为两者都是一个整合的、逻辑上一贯的体系,任何混合都会导致体系的"不协调"以及沉重的成本。(Kornai,1991:尤见第11、15章)

正是这样的思路导致一方只可能完全向另一方转型的观点。貌似中立的"转型"一词的隐喻正是这样的逻辑。两者不可能混合,不可能有"第三条道路"[关于这方面最新的讨论见Szelenyi,2011,以及黄宗智(2011c)的回应]。这样,根据科尔奈的逻辑,以及哈耶克—科斯—诺斯等的观点,国有企业不可能是中国经济发展的重要动力。上述赫什、萨摩塞吉和凯尔的报告中,未曾明确表述的其实是美中经济与安全审查委员会所真正关心的问题,即中国有没有违反世界贸易组织的基于古典和新古典经济学的规则,而绝不是中国经济发展的成功秘诀。

在反计划经济的大潮流下,上述的意识形态在中国其实要比在新保守主义的美国被人们更完全、强烈地接受。20世纪80年代兴起的乡镇企业后来相当广泛地被私有化,其部分原因正来自这个霸权话语的影响。90年代的"招商引资"则是在私有企业推动发展的意识形态下实施的,并且是在中央采用GDP增长数值作为地方官员目标责任衡量标准的政策下进行的。(王汉生、王一鸽,2009;亦见黄宗智,2009b)最近十年"抓大放小"政策下小型国有企业被私有化也同样如此。

三、不同的理论

在美国的中国研究中,有的学者曾经试图纳入国家扮演的角色,尤其是地方政府在中国发展中所起的关键作用。我在另文中已经比较详细地讨论,其中一条思路来自政治学家戴慕珍(Jean Oi, 1992, 1999)和社会学家魏昂德(Andrew Walder, 1995)的"地方政府公司主义"(local state corporatism)论点,其主要经验证据是20世纪80年代兴起的乡镇企业。在他们的概念中,地方政府几乎等于是一个一般经济学意义中的盈利公司,其行为几乎和资本主义公司相同。根据魏昂德后来的进一步阐释,在中国的行政体系中,越贴近基层管辖范围,其政府行为的性质越像一个私营企业公司,即福利负担越轻,独立权越大,预算约束越硬。乡镇企业的成功正源于这样的原因。另一条思路则来自经济学家钱颖一。他加上了地方政府间的竞争动力因素,使用"中国式联邦主义"一词来把中国经验纳入西方话语之中,把其地方分权类比美国的联邦政府制度(Qian and Roland, 1998; Qian and Weingast, 1997; Montinola,

第四章 国有企业与中国发展经验:"国家资本主义"还是"社会主义市场经济"?

Qian and Weingast, 1995)。

戴—魏和钱的贡献是用西方观察者所习惯的概念,亦即新自由主义的话语来说明中国的发展经验。用一句话来表达,他们的观点是,中国之所以发展是因为其地方政府的行为变得和西方市场化的私营企业基本相似。

戴—魏和钱完全没有提到国有企业在中国的制度环境中所享有的比私营企业优越的竞争条件。我认为,在现有的语境中,难以说明的要点不是它们酷似私营企业,而是在一个混合的市场化经济中,它们具有私营企业所不具备的有利竞争条件。戴—魏和钱的论点其实是被占据霸权地位、认为唯有私营企业才可能推动经济发展的新自由主义话语所摆布的,因此才会特别强调中国地方政府行为其实和私营企业行为相似。实际上,私营企业固然在中国改革期间起到了非常重要的作用,但同样重要的是,政府和其国有企业也是中国发展的一个重要动力,而这并不仅是因为它们酷似私营企业,而且也是因为它们具有私营公司所不可能具备的有利竞争条件。不然的话,出发点是国有经济而且至今仍然将近一半是国有的中国经济整体,怎么可能发展如此强劲?后者才是在新自由主义霸权话语下思考的西方观察者所特别难掌握的实际。在我看来,要跨越中西方理解间的鸿沟,后者才是真正需要阐释明白的道理。

此外,我在另文中已经论证,戴—魏和钱的理论分析不能说明20世纪90年代以来地方政府相互竞争的"招商引资"行为,它们并没有像80年代那样直接经营乡镇企业,而是主要起到了支持和推进国内外私营企业的作用。(黄宗智,2010b)至于2000年以来被改制为盈利型的国有企业则更在其解释范围之外。

至于来自应用经济学的研究,它们与戴—魏和钱的研究不同,一般只关心"是什么"的问题(中国国有企业所占比例是什么),而不是"为什么"的问题(它们为什么成功或不成功)。这在上述赫什和萨摩塞吉—凯尔为美国国会的美中经济与安全审查委员会所作的政策研究中尤其明显。在"为什么"问题的学术探讨方面,戴—魏和钱的研究依然是最好的例子。

四、中国的政治和社会环境

吊诡的是,一方面,新自由主义经济学理论教条使人们较难理解国有企业所起的正面作用,另一方面,中国政府对经济的全能控制的历史背景,又使国家能够比较容易地介入市场而牟利,至少在实践层面上如此。计划经济部分确实已被抛弃,为市场所取代。在中国的语境中,计划经济的抛弃意味着(起码暂时)放弃中国革命经济的平均分配原则,由市场自由竞争理念取而代之。而"市场"这个词则长期以来都会使人们立即联想到"商人"、逐利和追求富裕。邓小平常被人们引用的"让一部分人先富起来"所表述的正是这个意思。在这个过程中,国家的角色当然会有所收缩,但鉴于其全能的历史背景,即便是收缩了的角色仍然要远远大于英—美古典和新古典自由主义传统的想象。在中国的观念架构中,国家应该干预经济——无论是否市场化的经济——实在是个再明显不过的道理,而从那里到盈利性国有企业则只需要跨出小小的一步。

在中国,新自由主义固然一定程度上也起了遏制国家干预经济的作用,但它同时更多地赋予了国家盈利行为一定的正当性。古典和新古典经济学假设个人逐利乃是发展经济整体的最佳办法,因此也是为全民谋幸福的最佳途径,其实一定程度上为人们的利己行为提供了理性化说词。结果是,在改革时期的中国,不仅是商人甚至是官员们的逐利行为获得了一定程度的正当性,而发展经济则成为其主要借口。

同时,即便教条化的新自由主义经济学家们不能真正了解中国改革时期的经济运作实际,比较实在的人们则完全可以看到其真相,理解到国有企业相对私营企业在市场竞争中所享有的有利条件——诸如克服"体制"/制度性障碍(尤其是层层叠叠的官僚程序,不然便完全不可能启动和运作),组织所需要的资本和资源,更不用说获得特殊的保护和优惠,以及绕过有关法规的特权等。如此的运作实际,也许不太容易被教条化的学者所认识,但对实干的官员和商人/企业家们来说则是很明显的事。正如一位在近二十多年中成为"大款"的企业家对我解释说,他做生意成功的秘诀很简单,就是"跟着国家走"。

正是在上述的环境中,贪污成为普遍现象,包括乡镇干部从乡镇企业获取私利,地方官员从招商引资获取佣金,或受贿或靠地方GDP 增长的"政绩"实现快速的官位提升,以及管理人员从国有企业的私有化中获取私利。在国企的私有化过程中,管理人员由此致富其实具有一定的正当性。一个具有比较翔实证据的例子是西南部的一家国营酒厂(其高端产品价格已经达到 1000 元/瓶)的私有化,总经理在转型过程中获得公司 20% 的股份加上(截至 2009年)9700 万元的股息(Chan and Unger, 2009;亦见黄宗智, 2011b;

12—13)。这一切都是在遵循国家法规和政策的条件下实现的。

对国家劳动法规的滥用和无视,也是在新自由主义意识形态下进行的。中国农村是自然资源和廉价劳动力的所在地。在众多的借口下,农村劳动力被置于国家劳动法规保护的范围之外,基本无视其自身关于劳动时间、最低工资以及福利等的规定。正是这种做法促使中国处于国家法规保护范围之外的非正规经济惊人地扩张,其增长速度远远超过GDP增长。

根据国家统计局最权威的《农民工调查监测报告》(2009年),中国1.45亿农民工每周平均工作58.4小时,其中89%的工作时间要超过国家规定的44小时,而其人员中只有12.2%拥有医疗保险,7.6%拥有退休保障(国家统计局农村司,2010;亦见黄宗智,2011a:92)。[最近三年(2009—2011年)的医疗改革,虽然已把基本的低度保障覆盖面扩大到大多数——95%——的农民,但农民和城市居民医疗保障间的差别仍然十分悬殊——具体见下面关于重庆经验的讨论。]在这些方面,2009年的监测报告和之前2006年的另一个系统的报告基本一致(《中国农民工问题研究总报告》,2006)。

但2009年的《监测调查报告》没有系统比较农民工收入和正规经济中职工收入间的差别。在这个问题上,我们仍然要依赖2006年的《研究总报告》。它证明,农民工的平均工作时间是正规职工的1.5倍,但其每月平均收入只有正规职工的60%。(同上;亦见黄宗智,2009a:53)另一个与之并行的、由国际学者组成的调查报告同样证明,农民工的平均收入只有正规职工的一半(Gustafsson, Li and Sicular, 2008:12, 29; Huang, 2009a:53—54)。而两个研究的结论都没有把福利差别计算在内。我们可以说,许多地方官员和私营商人之所以能够致富,正是借助于如此廉价的劳动力。

毋庸置疑,廉价劳动力和廉价农村土地乃是外来资本之所以能够获得超额回报的关键,也是一些地方官员赖以致富的关键。在这样的环境中,可以预料的是,部分官员、商人和新自由主义经济学家们会相互联合来给予自己的行为一定的正当性。人们把这样的现象称为"政、商、学(的)铁三角"(洛山愚士,2012)。

严重的贪污行为同时受到左派和右派的抨击,而集体性的抗议事件则是左派的关注和评论尤多。前一种现象可以鲜明地见于众多高级官员因贪污而被判刑的案件,也可见于地方上的非理性形象工程以及对 GDP 增长的盲目追求。后者则可见于群体性抗议事件——根据官方统计,2007、2008、2009 年连续三年每年超过 9 万件,主要是源于对征地和拆迁的抗议(于建嵘,2010)。

世界银行历次对全球各国的收入分配不平等度的衡量是关于这些现象的社会背景的比较中立的研究。他们采用的是所谓的基尼系数(Gini coefficient,意大利经济学家基尼发明的方法,0.00 标示绝对平等,1.00 标示绝对不平等)。大部分发达国家处于 0.30 到 0.40 之间,而中国在改革初期(1982 年)的系数是 0.30,乃是全球比较平等的国家。到了 2005 年,该系数已经升到 0.45,在 131 个国家中排行第 90,成为世界上较不平等的国家之一(China Development Research Foundation, 2005: 13)。城乡差别则从 1985 年的 1.8∶1 跳到 2007 年的 3.3∶1(World Bank, 2009: 34, and fig. 2.36;亦见黄宗智、高原、彭玉生,2012:25)。

廉价劳动力是中国之所以能够吸引这么多的外来投资的关

键。根据美国著名的布鲁金斯智库的一个近期研究,外来投资回报率在近二三十年中一直都维持在 20% 以上。(Bai, Hsieh and Qian, 2006: 62;亦见黄宗智,2010b:145)在如此的资本回报率下,难怪联合国贸易与发展会议的一项对相关专家和跨国公司的调查发现,中国作为投资目的地在全世界排名第一,分数远高于其他国家。(高柏,2006:表7;亦见黄宗智,2010b:145)这也是中国 GDP 增长率如此之高的重要原因。

显然,中国社会的贫富不均正是来自以上的因素。劳动力廉价是 1.45 亿"离土离乡"农民工没有得到公平对待的根本原因。它一定程度上也是农村持续贫穷的原因。

同时,农民工报酬被压到如此之低的水平的一个重要组织性"秘诀"是家庭作为农村基本经济单位的顽强持续至今。来自农村的农民工,即便能够凭薪酬在城市维持生活,但很容易被逼依赖其家乡的家庭农场来替代其退休、医疗、失业、教育等"福利"。同理,政府可以把农产品价格和农业报酬控制在较低的水平。近年来的做法是国家大规模(高达年总产的20%)储备粮食、棉花、猪肉等基本农产品,在价格低时收购,高时抛出,借以平抑价格波动,将其控制于一定范围之内,一如历史上的国家"常平仓"那样。而农产品的相对低廉价格之所以能够维持,部分原因正是因为农民可以被迫部分依赖其在城镇打工的家庭成员的收入来维持家庭生计。(黄宗智,2011a,2012a,2012b)

五、中国的新自由主义论析

国内的"主流"新自由主义经济学的出发点不是上述的基本事实,而是关于自由市场和私有产权的理论假设。在他们的原教旨市场主义信念下,认为唯有在市场的自由平等竞争下才可能做到资源配置最优化。国有企业违反这个基本规律,因为它们滥用"公权力"来获得特殊的优势,例如无偿的土地和自然资源的使用、特殊的贷款条件、特殊的税收优惠等,等于是一个垄断企业所占据的特别有利条件。他们认为,如果把这些"不公平"的因素计算在内,就会发现国有企业的效率其实远低于私营企业,其成本远高于私营企业。国有企业实际上要么是没有利润的,要么是低利润的,其实是不可持续的。因此,中国必须进一步完全私有化和市场化(这里的循环逻辑显而易见)。这正是国内今天影响最大的"新制度经济学"机构天则经济研究所关于国企的最新研究的基本论点。(天则经济研究所,2011)其所长盛洪教授最近更在凤凰卫视的"世纪大讲堂"总结了如此的观点(盛洪,2012)。

与上述论点略有不同的是林毅夫(此前在世界银行的中国代表、副行长和首席经济学家)的"比较优势"论点。对林毅夫来说,制度经济学家们过分强调私有产权的决定性作用。林认为,更加基本的因素是理性的资源配置。中国"资源禀赋"中的"比较优势"是充裕的劳动力。毛泽东时代无视这个基本经济现实,优先发展了资本密集的重工业,而不是劳动密集的轻工业。正因为违反了基本资源配置经济规律,国有企业只可能是亏本的,只可能依赖国家拨款而不是企业的市场利润来维持,由此导致科尔奈所指出的"预算软约束"。因此,最关键的改革不是树立私有产权,而是遵循比较优势的基本经济规律——也就是说,国家要优先发展劳动力密集、非资本密集的轻工业,而不是重工业。(林毅夫、李志赟,2005)

显然,林毅夫的论析其实仍然完全来自新自由主义的理论框架。它要比盛洪和天则经济研究所的论析更"古典"。它使我们更多联想到哈耶克的"古典自由主义",而不是科斯或诺斯,而盛洪与天则经济研究所则更多源自科斯—诺斯的理论。显然,对拒绝原教旨市场主义信念的学者们来说,林毅夫和制度经济学学者们间的差别只不过是主旋律的变奏,类似于基督教中的不同宗派。两者都不会质疑最优化市场的基本前提。两者都强烈反对任何违反自由市场"规律"的行为。

我之所以反对中国新自由主义经济学家们的论析首先是因为他们对国有企业的估计。当然,在国企的公司化过程中出现了不少贪污、腐败行为,如此的例子很多,说明亟需更严密的监管。但是,国有企业的运作并不是像他们所说的那样没有竞争力;它们其实必须在全球化经济中进行竞争并且已经在那样的竞争中显示了一定的活力。实际上,与发达国家的全球化公司相比,中国的企业和其他发展中国家的一样,是比较欠缺资本和落后的。正因为如此,唯有在国家的积极扶助和参与下,它们才有可能和发达国家的跨国公司竞争。在21世纪的第一个10年中,它们实际上已经成为中国经济发展的重要动力。不然的话,它们不会如此快速地进入《财富》500强的行列,也不会展示如此成功的利润绩效(下面还要讨论)。

国有企业必然是垄断公司的理论假设其实并不适用于改革时期中国的混合经济。正如戴慕珍、魏昂德和钱颖一等已经论证的，20世纪80年代的乡镇企业和90年代的地方政府，都是在与其他企业和其他地方竞争的环境中运作的，之后大型企业则更要与境外的企业和国家竞争。2000年以来的大型国有企业显然也如此。

此外更要指出，国家所有和国家经营本身绝对不是官员贪污和逐利的缘由。显而易见，毛泽东时代的完全国有的企业几乎没有贪污。腐败贪污普遍是在国有企业改制为盈利性国有企业过程的空隙中出现的。其实，更进一步的私有化只可能导致更多的腐败，正如在俄罗斯和东欧所显示的那样(Hamm, King and Stuckler, 2012)。

新自由主义经济学家之所以拒绝盈利性国有企业，部分原因是他们所依赖的理论的出发点是个完全私有的市场经济。由此才会认为国有企业乃是对经济的一种侵入，所导致的是滥用"公权力"的"不公平"竞争。但中国在改革期经济的起点实际上不是私有经济而是国有经济，而且今天依然是个将近一半是国有经济的混合经济体。我们如果从现实出发，就会得出不同的看法：正因为国有企业乃是"全民所有"，它们的利润和资源可以不侵犯私有经济和利益而被用于公益，远远超出一个私有经济体系所能想象的地步。这样，问题就不是国有盈利公司应否存在，而是怎样把它们变为服务于公益的公司。

所以，中国当前正确的经济政策不是新自由主义学者们所提倡的方案。消除国有和国有企业只可能严重削弱而不是强化中国在全球市场中的竞争力。当前需要的不是消除它们,而是要更完全更好地遏制贪污腐败,并把国有企业引导向比盈利更崇高的公共服务价值目标和使命。

六、中国银行的案例

在进一步分析之前,我们应该讨论一下国有企业转变为国有盈利公司在微观层面上,即在企业内部到底意味着什么样的变化?这是一般的经济学家们不会关注的问题,因为他们注意的主要是理论"规律"和宏观数据。而我们这里要问的是,在公司的微观运作层面,市场化行为是否真的像科尔奈说的那样不可能和国家所有以及国家经营相结合?是否唯有私有化才可能破除官僚行为?如此的问题亟需一位具有洞见能力的经济人类学家来系统深入研究。

在那之前,我们要感谢新近发表的中国银行董事长(和党委书记)肖钢(2011)关于自己近年来领导中行改革的比较细致的回顾和论述,我们可以据此做一些初步的分析。中国银行是一个好的案例,因为它是个官僚化比较高的单位,也是较晚被执行市场化改革的单位。而且,肖钢的追述不是抽象的理论性探索,而是具有一定说服力的实践回顾。

首先,此书说明的是,国有企业公司化的关键并不简单是,或者不主要是产权的改革,而更主要是该单位人员价值观的改革。肖称之为从"官本位"的态度/文化转化为"民本位"。要体会肖钢所表达的道理,我们只需稍微回忆之前国内银行职员的官僚态

第四章 国有企业与中国发展经验:"国家资本主义"还是"社会主义市场经济"?

度——在等待了一个多小时之后,"顾客"所面对的是一个说话像官员对小民发话的办事员。新的理念是要破除如此的"文化"而建立一个为顾客服务的态度("民本位")。

肖钢的论述会使我们联想到科尔奈理论的某些部分。旧的运作"文化"源自中行的官僚人事制度,其领导职员拥有官僚职位,诸如处长、副处长、科长、副科长,是庞大的官僚等级体制中的一部分。我们可以补充说,如此的管理人员所继承的是传统的官僚文化——人们要经过长年的苦读和考试才有可能成为一名官员,因此很自然地会把自己的官职当作某种报偿,并自然地期待一定的特权和报酬。从而导致肖钢所描述的现象:"员工对企业的'索取'和'依赖'思想,大于对企业的'贡献'和'发展'思想。"(第31页及其后)

同时,"官本位"的企业文化意味着非常稀少的晋升机会。唯一的途径是官职的提升——唯有升官才能获得更高的报酬、更大的权力、更高的荣誉。在肖钢的描述中,这个制度等于是"千军万马挤独木桥"(第41—42页)。这里我们可以再加补充,中华人民共和国的政党—国家体系更僵化了如此的官僚制度,在烦琐的等级中,从中央往下每一层对下一层进行紧密的控制。升官意味着要获得上一层官员的认可,因此而促使层层官员的一定程度的媚上和任人唯亲。

正如肖钢所说,类似单位的改革关键在于其运作文化。他特别强调需要重视专业技能(第5章),为此,中行努力建立了凭专业技能晋升的途径,使专业人员的薪酬挂钩于专业知识、技术和表现,使其和管理人员能够达到同等甚至更高的薪酬。同时,尽可能

165

促使审核制度专业化,对人员的顾客服务或新业务开发表现进行"科学的"评估。在肖看来,不能像高校审核制度那样只走形式。

肖钢提到几个其他的次级措施。一是尽可能引进青年人才。另一个是在中行内部创办专业培训班,借以提高现有人员的专业水平。再则是聘雇外国顾问公司来协助改造银行的"人力资源",特别是英国的一家翰维特公司(Hewitt Associates),到 2011 年已经持续八年,对中行的改革仍然起着重要的作用(第 34 页)。最后是从国外以数百万元人民币的(按照中国水准来说)高薪聘请总行的信贷风险总监。这里,肖特地提到一位这方面具有丰富经验的美国专家 Lonnie Dounn(董乐明)。显然,这是为了更好地避免重犯过去(因关系或政策而导致的)众多坏债的失误。

和以上的一系列措施相比,中行资产的私有化显然并不那么关键。这里肖钢的叙述直接挑战科尔奈的理论。中行固然引进了四家外资伙伴,即苏格兰皇家银行(Royal Bank of Scotland)、瑞士银行(Swiss Bank)、亚洲开发银行(Asian Development Bank)和新加坡淡马锡控股公司(Temasek Holdings, Singapore),但四家的股份加起来总共才 16.85%,而作为中行控股股东的中央汇金公司所持股权则仍然占到 83.15%。显然,引进外资的目的并不是要终止国有产权,而主要是为了更好地在香港上市(2006 年)——一个具有知名国际机构投资的公司对可能的投资者来说,要比中国国家独资公司更有吸引力。对四个外来银行/投资公司来说,其目的其实主要是上市的利润,而不是为了成为中行真正的伙伴。事实上,中行和这四家银行/投资公司的协议中包括中行无条件保证三年之内每年年终每股净资产值不会低于 2004 年年终签约时候的资产值,并且,如果在这个固定期间上市失败,这些外来机构可以撤回其所投资本(第75—77页)。

从一个"国有企业"转化为一个上市公司(虽然仍然是国有绝对控股的公司)意味着一系列的变化。之后中行的管理层必须以公司的股票市价为重,因此也必须关注利润和效率。同时,股市的法则规定公司在关键信息方面必须要做到一定的透明。由此,也意味着一定程度的投资者的"监督"。私人投资者通过市场而掌握到一定的影响力,哪怕只是非常有限的权力。综合起来,正如肖钢所说,这些是改变中行内部"文化"的重要因素。

但是,中行在其他方面仍然维持了中国国家单位的一系列特征。在其28万职工中,足足有10万党员,共分成6000多个小组、支部(第95页)。银行内部具有完全的党组织,包括其最高权力机关的党委,以及宣传、纪律、组织等各部门(第75页)。作为党委书记和董事长,肖钢无疑是全行的"第一把手"。

显然,这家国有公司的支配权是由共产党的国家组织所掌握的。银行的董事会固然包含外国投资机构的代表,但控股的中央汇金公司有权委任六名董事。同时,董事会只有权力委任全行行长和副行长,无权委任十分关键的25个组成部门的领导人员。国家政策和银行利益间如果出现矛盾,作为董事长和党委书记,肖钢占据协调和斡旋其间的关键位置。

在科尔奈等新自由主义经济学家的眼里,这一切肯定是过分的国家控制和干预,何况从产权角度考虑,中行仍然处于不可接受的企业基本国有的状态。但是,虽然如此,中行在肖钢的领导下,其实绩效累累。在2004年到2009的五年间,其资产值翻了一番,净利润则增加了三倍(第28页)。2008年的金融危机对"保守"(即具有相对高比例的资金储备而且完全不涉足金融衍生产品)的中行来说实际上是好机遇。在世界众多银行亏本的背景下,中国的银行大多仍然赚钱,因此占到全球银行所得利润的高比例。在金融海啸之前的2007年,中国银行业的(税前)利润才是全球1000大银行的4.6%,到2008年这个比例上升到10%,2009年更高达74%,2010年仍然居高于26%(第23页,表1—2)。凭借如此的绩效,中行以及中国的银行业可以说已经稳稳站定于全球经济中。①

这样,肖钢的书为我们说明,国有企业的改革并不简单是私有对国有、私营对国营的二元对立问题,更重要的是"企业"人员在市场化经济中的目的、价值观和工作伦理。这些才是国有的中国银行改革"转型"为国有盈利公司的真正关键要点。更重要的是,共产党的参与和支配看来和一个要在国内外竞争的盈利公司并不相互排斥,这与新自由主义的预期不同,中国的国有企业似乎完全有能力成为资本主义游戏的赢家。

当前最需要的可能是进一步明确类似单位的使命。如果银行的利润只被少数权贵(例如银行经理和国家股权公司的关键人员)或公司本身所占有,改变单位运作文化而为公共服务只可能是空谈。真正的考验是银行的利润是否真为实现人民的利益所用。

---

① 《财富》500强上列名的四家中国银行是中国工商银行(第170名)、中国银行(第215名)、中国建设银行(第230名)和中国农业银行(第277名)。("List of the Largest Companies of China," 2012)

七、社会不公

新自由主义学术的最严重的失误是在对社会问题的思考方面。在当今中国的城市中,确实已经兴起了一个足可比拟西方和日本"中产阶级"收入水平的阶层。他们拥有西式的公寓型"房子",开的是昂贵的(常是进口的)轿车,并出入于价格上连一个美国"中产阶级"都觉得太贵的百货商店。

这个精英阶层的绝对数固然足可使跨国公司对中国市场的潜力感到兴奋。具体多少人主要看对"中产阶级"如何定义。国家统计局在2005年的一项研究中采用的定义是,家庭年收入6万到50万元人民币(即当时的约7500美元到62500美元——按照美国的收入水平来说,其实才处于中下层),凭借那个定义,中国的中产阶级只占到其全人口的5.04%。2007年这个数字上升到6.15%(《国家统计局称中国有八千万中产,专家不同意》,2007;亦见黄宗智,2010a:198)。今天,我们如果用5%的数字,那就意味这个所谓"中产阶级"的总人数是7千万人左右,用10%的数字,就是1.35亿人,15%的话则超过2亿人。对全球化的跨国公司来说,正是根据中国"中产阶级"行将快速增长到类似美国中产阶级所占比例的想象,认为中国将会成为全球最大的中产阶级商品市场。

但是,应该明确,这个被误称为"中产阶级"的中国新兴阶层实际上只占到全国人口的较小比例,并且将在相当长的时期内仍然如此。上面已经说过,我们只需要提醒自己,今天全国就业人员中,共有1.45亿(城关镇以上的)城镇农民工、1.56亿(城关镇以下的)乡镇企业的农民和非农民职工、0.5亿的下岗工人、2.60亿的务农农民、0.23亿从事乡村"服务业"的"个体户",以及0.3亿的乡村"私营企业"职工。显而易见,低收入人群的总数是6.64亿,占到全国总从业人员中的绝大多数——85%。

新自由主义学者一般拒绝承认以上的事实,试图借用一些源自新古典经济学理论的模式来争论这些低收入人群只占少数甚至并不存在。譬如,新自由主义学者借用刘易斯(W. Arthur Lewis)的二元经济模式的预测——现代经济部门和具有"劳动力无限供应"并因此工资远低于现代部门的传统经济部门,伴随经济发展,将会进入一个"转折点"而整合为单一的劳动市场——来论证中国已经进入了刘易斯拐点。(蔡昉,2007;亦见黄宗智,2009a:57)其目的是要我们想象一个已经整合于城市"中产阶级"水平的劳动力市场。另一个同样影响很大的新自由主义社会学家们的论点是,中国社会已经形成类似于美国的中间宽阔的"橄榄型"而不是"金字塔型"结构。(陆学艺,2002,2003,2007;亦见黄宗智,2009a:58)与"拐点"理论同样,它是要我们想象一个和美国相同的、占到人口大多数的"中产阶级"。这些学者都非常认真地坚持这样的论点,基本无视中国85%的劳动力是在非正规经济中工作和生活的现实。

后者正是中国发展经验最令人担忧的一面。正是如此幅度的非正规经济使得中国虽然已经成为全球第二大经济体(并且可能行将成为第一),但同时(根据世界银行的测量)也是世界上较不平等的国家之一。以人数来计算,全国13.5亿人中有足足11.5亿是在非正规经济中生活和工作的。而且,总人口中有15.9%,亦即2.15亿人处于世界银行采用的日用1.25元美元(约8元人民币)的

贫困线以下。(World Bank,2008;亦见黄宗智,2010a:13—14)

社会不公是中国发展经验不可持续的关键原因。大多数人民的相对贫穷是遏制内需和迫使中国经济依赖出口的理由。这个问题之所以特别严重和紧迫是因为中国革命传统的核心理念是社会公平,其自我定义是为劳动人民谋求幸福。在近三十年的改革经济实践之中,这个革命传统在实践层面上固然不具有太多实在的意义,但在话语层面上则一直被中国共产党继续沿用(虽然已不谈阶级斗争),而且时不时特别强调社会公平(例如"科学发展观"和"和谐社会")。社会公平理念虽然和社会实际相去很远,但作为一个理念,它仍然被民众广泛认可。

不可持续不仅是个社会问题,也是个经济问题。这是因为中国迄今主要依赖的是出口主导的经济增长,通过其廉价劳动力而为世界各地提供廉价商品。但是,经过2008年的金融危机,人们已经几乎都认识到,如果中国要维持其高速的发展,必须更多地依赖国内的需求和消费。而要扩大内需,必须提高其非正规经济中的工农收入和消费——因为他们占据人口的绝大多数,并且是把收入最大比例用于消费的人群。

至于环境污染问题,地方政府的积极招商引资不仅导致了对国家劳动法规的无视,也导致了对国家环境法规的无视。(Economy,2004;张玉林,2007,2009;亦见黄宗智,2009b:81)无论中央的用意和修辞如何,地方政府在运作中的实践乃是中国今天环境污染危机的一个关键原因。这方面显然同样不可持续。

八、重庆的实验

有的读者可能会觉得本章所隐含的关于社会公正的倡议只是没有实际根据的凭空臆想。为此,我们下面要转入关于重庆市(人口3300万,在籍农民2300万)最近几年实验的简短讨论。那里,地方政府依赖的正是国有企业的特长来推动快速的GDP增长,五年(2007—2011年)平均年增长率16%[见屈宏斌(2012)的详细研究],同时,也借助于国有企业的利润而做到特别出色的社会(公平)发展。在重庆,国有企业的利润被称作税收(第一财政)和(城市建设)土地"出让"(给开发商)收入(第二财政)之外的"第三财政"(黄宗智,2011b)。

首先,第三财政的收入被用于为在城市打工的农民工提供与市民相等的福利。改变户籍的农民可以在五年期间保留其土地权益(下面还要讨论)。正如国务院发展研究中心2012年的系统的研究报告显示,此项工程在2010年8月启动,到2012年3月,才一年半的时间里便已经为322万农民工改变了户籍,提前完成了原来计划要三年时间的工程。(于至善,2012;亦见黄宗智,2011b)这个数目基本包括所有在主城区工作五年以上及在其他各区城镇工作三年以上的农民工。转为市民身份意味着他们现在享有和城镇居民同等的医疗、退休、教育等福利。

正如时任市长黄奇帆所说,之前重庆的福利制度含有两个不同等级。其间的差别鲜明地体现于因交通事故而死亡的赔偿费:一个城市居民是20万到30万元,而一个农民则只有8万到10万元。至于普通的福利,按照重庆市的规定,在主城区的单位要为其市民职工的退休福利支付其工资的 20%,但为农民工则只需要支付 12%;要为其市民职工的医疗保险支付 1400 元/年,而为农民工则只支付 480 元/年。(上文指出,近三年的医改把 95%的农民纳入基本低等医疗保险,但绝对没有能够做到城乡同等的医疗保险和服务。)要整合为同一标准,光是这两项福利市政府便需要在 15 年期间为每个农民工支出约 2 万元。此外,对许多农民工来说,更关键的是教育费:城市居民基本免费,但一个农民工家庭如果要让其子女在城市上学,必须支付数千元/年或更高的"择校费"。(九年免费普及教育只在户籍所在地生效。)要为农民工提供与城市居民同等的教育、卫生和住处等服务,还需要大约 1 万元/人。(黄奇帆,2010)

另一项为农民工(以及新生代大学生和城市低收入群体)建造廉价公租房的工程同样感人。市政府正在建 4 千万平方米的公租房,计划人均约 15—20 平方米,租价每月约 10 元/平方米,也就是说,一家三口一套的 50—60 平方米的两室一厅房子月租价约 500—600 元(远远低于一个北京年轻讲师为一个一室一厅所必须支付的起码 3000 元/月的租金)。这样,可以为 200 万—300 万人提供住房。按照规定租户可以在五年之后购买其所住的房子,但不能在市场上盈利出售,只能返售给市房管部门。(黄宗智,2011b:17 及其后)截至 2011 年底,已有 8.2 万套主城区房子以及 3 万套散布其他各区的房子,经过公开和透明的摇号配租程序,被分配给总共 30 多万人。(《增投资促消费 重庆公租房已惠及 30 万人》,2011)在主城区,新盖的公租房被分布于 21 个不同的商品房

大组团,这样,避免形成公租房贫民区,让公租房和一般商品房享有同等的社区公共设备和服务。(黄宗智,2011b:17)

资金的主要来源是政府所储备的土地的市场增值以及国有企业的利润。2012年始,重庆的国有企业需要为公共利益上缴其利润的30%给市政府(于至善,2012),而重庆市政府则从2008年开始每年把其总支出的50%以上用于类似上述的民生工程(《国企托底重庆发展　国资成政府第三财政》,2010;黄宗智,2011b:17)。

对新自由主义经济学家们来说,这样的国家福利开销和计划经济时代不可持续的政策是相同的。但重庆的战略不是像(土改、集体化和社会主义建设的)革命经济时代那样的为公平而公平,而是借助社会发展来推动经济发展。显然,把农民工转化为城市居民,并大幅度提高其生活水平,定然会扩大国内需求和消费。

此外应该明确,把国有企业的利润用于民生绝对不是什么"不公平"的措施,因为国企自始便是"全民所有"。把国有企业的利润用于提高为中国经济发展付出最多的劳动人民的生活水平,而不是成为少数权贵的私利,乃是再公平不过的事情。这里隐含的设想是把国有企业建设为真正意义的"公共公司"。这样的举措可以有不同的理论根据:譬如,以城市来扶助农村,或以富裕来扶助贫穷,有点像发达国家为发展中国家提供援助那样。但我认为更强有力的论据是促使"全民所有"单位为全民公益做出贡献。

在如此发展战略下的重庆,其经济状况显然相当健康。这个事实的最好见证也许是重庆的房地产业和市场十分不同于中国其他大城市。重庆市政府对住房这个中国头号民生问题采用的是分三个层次的做法,一是占据30%比例的廉价公租房(相对于其他地方的才3%—5%),二是60%的商品房,三是10%要交纳特别物业税的高档奢侈房。此外,政府一直严格控制房产地价,规定不能超过楼盘价格的1/3。结果是,截至2011年底,政府仍然把市区新盖房子均价控制在2010年的6000—7000元/平方米。这是一个中等收入阶层能够支撑得起的价格(相对于北京和上海等地市区的起码30000元/平方米)。(黄宗智,2011b:18,2011c;亦见《2011年主城九区新建商品住房均价及2012年高档住房应税价格标准》,2011)这样的情况显示的不是"房地产泡沫",而是一个可持续的、结合私营和国有企业的房地产业和市场。

此外,重庆的国有企业大多数(虽然不是全部)是基础设施建设和公共服务公司,诸如高速公路建设、能源提供、城市交通、水务、公租房建设等。整体来说,这些国有企业并没有妨碍私营公司的引进和发展,其实一定程度上还为其提供了必须条件。事实是,2001年到2009年重庆非国有企业在GDP中所占比例从40%上升到了60%。(王绍光,2011:图5;亦见黄宗智,2011b:22)这是和全国基本平行的发展趋势。(胡鞍钢,2012)

重庆市的例子证明,用国有企业的利润来促进公平发展是条可行的道路。也就是说,超越西方现代经济思想的私与公、资本主义与社会主义的二元对立,而采用一个在中国实际情况下比较实用的做法,即把在官僚经营和再分配政策下不堪重负的国有企业转化为生气蓬勃的市场化国有盈利公司,但不是为盈利而盈利(或为管理层、地方政府或公司本身而盈利),而是为了公共利益而盈利。而整个经济体系则是个国企与私营公司的混合体。

在经营公司以外,政府在其他方面的积极举措也是这一切之所以成为可能的关键。一个特别能说明问题的是渝新欧铁路运输。它创建的目的是把位于内地的重庆建立为一个"口岸",打通它与庞大的欧洲市场的连接。首先是与哈萨克斯坦和俄罗斯,而后是与波兰、白俄罗斯和德国达成协议,让货物在重庆一次性过关,然后通过上列国家直达德国的杜伊斯堡(Duisburg)。全程共需14天①,要比通过上海或深圳而后海运到欧洲快二十来天。2011年5月,距原来和哈萨克斯坦与俄罗斯签订协议还不到一年,黄奇帆报告说铁路已经开通。到了2012年4月,已经每周通行两个班次,预计年终将会达到一周三个班次。同时,成立渝新欧物流公司,由重庆市控股,哈、俄、德等参股。目前,每40英尺的集装箱运价不过8900美元,预期还可以进一步减低。(《渝新欧铁路:重庆向西,穿越世界心脏》,2012;《渝新欧(重庆)物流公司成立　重庆将成欧亚货物集散中心》,2012;黄宗智,2011b:8)

正是那样的物流条件的预期,促使重庆能在与其他地方政府竞争之下,吸引到惠普(Hewlett-Packard)、富士康(Foxconn)、宏碁(Acer)、广达(Quanta)、英业达(Inventec)等公司,借以创建其新的信息产业园区。2012年4月,仅仅在和惠普与富士康在2009年8月签订协议的两年半之后,重庆已经达到年生产不止5千万台笔记本电脑的地步,预期在2014年可能达到1亿台/年,相当于原来预测的全世界3亿台总销售量的1/3。那样的话,重庆将会成为全世界最大的笔记本电脑生产地。(《重庆今年拟生产5千万至6千万台笔记本电脑》,2012;黄宗智,2011c:7)

---

① 目标是12天。预期完成重庆—兰州铁路(现在的路线是重庆经西安到新疆)以及哈萨克斯坦新建的铁路之后便能做到。

第四章　国有企业与中国发展经验:"国家资本主义"还是"社会主义市场经济"?

毋庸说,这样和欧洲的物流连接对其他产业也起了关键作用,例如天然气和 MDI [是生产被广泛用于冷热保温的聚氨酯(polyurethane)的主要原料]生产,由德国的化工产业巨头巴斯夫(BASF)公司的 350 亿元投资带头;以及汽车产业,主要是长安汽车公司和其伙伴美国福特(Ford)公司。显然,一个私营企业,甚或一个国有企业都不可能推动如此的投资和发展。只有政府(中央和地方)才有这样的能力(更详细的讨论见黄宗智,2011b:7—9)。

可以见得,重庆的发展战略明智地借助/利用跨国公司,依赖它们来推动产业的"集聚效应"。同时,它广泛使用"土地财政",在这点上和中国其他地方基本相似(详细讨论见黄宗智,2011b:9—10)。另外,和其他地方一样,它必须和私营企业、其他地方政府以及国外的企业竞争。

它和中国其他地方的不同是它特别突出社会公正,而且不仅是为公正而公正,而是借以推动经济发展。这个发展战略非常清晰地显示于重庆政府处理土地的方法。土地收入在全国各处都是政府预算外收入的主要来源,但重庆没有让土地的市场增值(我们可以理解为一个三阶段的过程:从原来的征地到具备基础建设的"熟"地,到最终盖好楼盘的地)完全归属于开发商和政府机关,而是把其用于公共服务和社会公平。最好的例子是廉价公租房——这里,政府的"投资"主要是其所储备的土地及其增值,而后用楼盘的租金(包括出租给商店的租金)来支付贷款利息,本金则用楼盘出售收入来支付。其经济战略,正如时任市长黄奇帆所说,是借助社会发展来推动经济发展,借助提高社会低收入人员的生活水平来扩大内需。他们的目标不仅是 GDP 发展,也是公平意义上的社

会发展,其衡量标准则是世界银行所用的基尼系数和城乡收入差别。(黄宗智,2011b:16—19)

此外,市政府大力推动"微型"私营企业的发展,借以扩大就业。一个自身投资10万元、解决7个人就业的私营企业,可以获得政府5万元的资助,另加15万元的贷款,由此形成30万元的启动资本。这项工程的计划是到2015年发展总共15万家如此的微型企业,预期为100万人提供就业。(国务院发展研究中心,2012)2011年年底,此项工程已经促成5万个这样的新兴企业,职工共35万多人。(崔之元,2012)

至于农村,市政府发起了"三权三证"的工程,目的是让农民可以用自己的土地权益作为抵押来向国家正式金融机构贷款,而此前农民都只能向亲邻朋友(或高利贷商人)非正规地贷款。每亩被复垦的农村宅基地,经过证明可以换取一亩地的"地票",而在现有的土地制度下,这样的地票可以允许地方政府在中央严格维持"18亿亩(耕地)红线"的政策下增加一亩城市建设用地,而那些建设用地必然会增值。我们可以用形式化的价格如1万元/亩的未开发的土地、10万元/亩的具备基础设施的熟地和100万元/亩的最终具有楼盘的地来概括。因此,对地方政府和开发商来说,每亩地票都具有一定的市场价值。重庆市政府的政策是,让农民用其地权的85%的市值作为抵押向银行贷款。2010年年底,1亩地"地票"(在政府创办的地票交易所)的市价已经达到10万元,2011年7月更增至15.5万元。对农民的其他两种地权,即承包地权和林地权,市政府采取同样的做法(当然,其市场价格要比宅基地低得多)。此项工程在2011年4月启动,计划到2015年将贷款1000亿元给农民。2011年年底,当地银行已经贷出57亿元。这是个创新性的举措,也许能够为不少农民提供融资的机会。(洪偌馨,2012;黄宗智、高原、彭玉生,2012:26—27;亦见黄宗智,2011b)

重庆的实验固然也遭受了一定的挫折,但是,从长远的视角来看,那并不意味着它的经验因此就不重要了。中国过去的发展经验中的社会不公和内需贫乏(也包括环境污染)显然是不可持续的。重庆的实验提供的是一条新的比较公平的发展道路。它与过去经验的不同在于用公平发展来推动内需和消费,并借助国有企业的利润来为其提供必要的资金。

九、"国家资本主义"还是"社会主义市场经济"?

我们可以用人们惯常用来描述中国改革时期经济的两个对立词——"国家资本主义"和"社会主义市场经济"——来突出重庆实验所提出的问题。

"国家资本主义"一词所看到的是中国今天的经济具有一系列的资本主义经济特征——资本占到主导地位、以盈利为主的经济体系、资本家和其雇用的职工收入悬殊等,只不过国家依然扮演较大的角色,尤其是国家对经济的干预及其国有企业的分量。与计划经济时代主要的不同是市场和盈利道德观取代了计划和革命再分配道德观。此词所突出的是国家所扮演的角色及其资本主义实质。

另一个常用词是"社会主义市场经济"。这是中国官方自1993年前后开始使用的正式表达。基本概念是这个经济体系是市场主导和市场推动的,在这方面和资本主义经济相同,但其目标则是社会主义的。当然,"社会主义"这个词可以有多种不同的理解,包括计划经济和国有经济,但在本章的使用及在重庆的实验中,它主要代表的是一个带有社会公正的"国有+私营"公司的混合经济体,其理念是"共同富裕"。此词的含义是经济发展("致富"),但是这是带有社会公正的发展,而不是没有社会公正的发展。

本章的讨论说明的是,中国改革时期表现出来的似乎是"国家资本主义"多于"社会主义市场经济"。这正是为什么带有社会公正感的进步知识分子会对改革提出这么多的批评和抗议。他们不反对市场经济,但他们认为,中国的革命的社会公正理念很大程度上已经被私人逐利所取代。

正是在如此的背景之下,重庆实验对大多数的民众来说具有特别强烈的吸引力。因为他们知道,在目前的情况下自己没有太大希望能够达到在城市买房、买车的"中产阶级"精英的收入水平。该人群包括农民工和下岗工人的绝大多数,也包括在城市从事各种销售或服务的个体户,以及农村的务农农民和服务业农民,甚至包括一定比例的"中等收入"的城市白领,亦即全部从业人员的大多数。

重庆实验的基本概念简单明了。在城市化过程中资产尤其是城市建设用地的市场增值,不应该只归属开发商和地方政府(官员私囊或其个人的官位爬升,或政府的形象工程和办公室等),而应该归属人民公益("民生")。例如,为城市30%的低收入人群提供廉价公租房、为农民工提供与市民同等的福利,以及为农民提供把其土地权益"资本化"(即用作抵押来贷款)的途径。正是那样的具体措施获得当地人民广泛的欢迎。对许多人来说,重庆经验代表的是,占人口大多数的低收入人群能够分享到中国惊人GDP增长所附带的利益的一条道路。

上述两词的对立所捕获的正是中国今天面临的中心问题:如何赋予"社会主义市场经济"更多实实在在的内容?邓小平的改革思路"让一部分人先富起来"所隐喻的最终目标还是"共同富裕",但是,社会公正的问题被暂时搁置到未来。但在最近的几年中,正因为重庆实验赋予了"社会主义市场经济"具体和真实的内容,社会公正问题再次被提到了人们的面前。在我看来,这才是重庆实验对未来的史学家们来说所具有的真正意义。

十、结论

简言之,以上对三十年来中国发展经验的回顾指出,中央政府和地方政府及其所经营的国有企业,在中国快速的GDP增长中起了很重要的作用。理由是,在中国市场化的和混合的经济之中,国家显然比私营企业具备更有利的竞争条件,诸如克服官僚制度的重重障碍,组织和动员资源,获取补贴和税收优惠,乃至规避国家自身的劳动和环境法规等,借以扩大公司的利润。我们甚至可以把这些条件称作一种制度性的"比较优势"。和中国的廉价劳动力同样,它们是中国过去发展动力的一个重要组成部分。

这个比较明显的经验叙述之所以如此充满争议是因为新自由主义意识形态和话语在国内外的强大影响。那套话语享有(英国和美国)新保守主义意识形态的支持,也享有自我表述为一门科学的经济学学科主流的拥护,结果是几乎所有的观察者都坚持突出国有企业的短处并夸大私有产权与私营企业所起的作用。事实则是,中国的国家机器在整个改革时期都起了关键性的作用,而国有企业则已经证实自己能够成功地进入全球市场的盈利竞争。这个事实见证于59家国有企业成功进入《财富》500强行列(非国有企业则只有2个)。对中国来说,和其他发展中国家同样,在和具有更充裕的资本和先进的技术的跨国公司的竞争中,如果没有国家的积极参与,如此的成绩是完全不可想象的——这是因为国家是唯一具有如此强劲势力的实体。

新自由主义经济霸权话语所坚持的论点,即唯有私有公司才可能促进经济发展,其实把我们的注意力导向了一个伪命题。真正关键的问题不是国有企业应否扮演重要角色,更不是它们应否存在,而是它们的利润的用途和目的为何。迄今为止,其很大比例的利润被资本家、官员和国家机器本身所吞噬,而不是被用于全社会和公共利益,因此导致了严重的社会不公。新自由主义的经济学和社会学研究试图争论社会不公的现实并不存在,借助的是抽象的所谓"刘易斯拐点"模式,试图论证中国已经进入那样的拐点,其劳动力市场已经整合于城市的"中产阶级"。同时,也借助美国的"橄榄型"社会结构模式,争论中国的中产阶级已经像美国那样占到总人口的大多数。但实际是,总从业人员和人口的85%仍然在非正规经济中工作和生活,被迫接受低等的报酬,超常的工作时间,没有或少有国家劳动法规的保护,没有或只有不完善的医疗、退休等福利,以及没有在城市学校受教育的权利。只要如此的社会现实依然存在,中国的经济就不可能具有可靠的内需依据。

第四章 国有企业与中国发展经验:"国家资本主义"还是"社会主义市场经济"?

新自由主义经济学家不能理解国家和国有企业在中国经济发展中所起的作用,意味着他们也不能理解今天中国的社会—经济(和环境)危机的真正根源。国家之所以能够在经济发展方面达到如此绩效,部分秘诀是其有意无意地凭借绕过甚至违反自己所设立的法规来扩大企业利润。这才是今天严峻的社会不公的真正根源。而这个问题在人民眼中之所以如此惹人注目,部分理由正是因为党和国家在其话语中一直都在继续沿用社会主义的公平理念,同时也是因为今天和过去毛泽东时代在这方面的差别极其鲜明。而严峻的社会不公正是中国经济结构脆弱的原因:它不具备稳固的内需和消费基础。

上文强调的因此不仅是(暂时还占据着霸权的)新自由主义经济理论的严重失误,也是中国调整方向的紧迫必要。当前要做的绝对不是新自由主义经济学家所一再提倡的消除盈利性国有企业,而是要改变他们存在的目的——从赋利给开发商和官员转到造福全人民。鉴于中国经济改革的起点是国有经济,而今天的国有企业依然占据到国民经济的将近一半,国有企业在中国发展经验中的重要性实在再明显不过了。同时,鉴于国有企业在理论上依然是"全民所有",它们的利润应该被用于全体人民而不是少数权贵也再明显不过。再则是这也是唯一可以有效扩大内需而促使经济可持续发展的道路。

要调整其方向,国家可以从严格控制贪污腐败着手,并明确规定国有企业的利润必须被用于公共利益来改正当前严峻的社会不公。那样的话,既可以帮助推进国有企业运作文化的改造也可以为国有企业所享有的一些特殊有利条件提供正当性。关键不在消除国有企业而在促使他们服务于全社会。

最近的重庆经验让我们初步窥见这种做法的潜力。(即便是中国银行的例子也证实,树立比盈利高尚的理念对改革银行的运作文化是多么的重要。)这是现有"主流"经济思想所不能理解的要点,也是重新塑造中国未来的要点。它是一条真正能够结合中国革命的社会公正理念和中国改革的经济发展"奇迹"的道路,也是一条能够超越传统资本主义和社会主义、结合私营和国有企业、结合市场经济和社会公正的新道路。

参考文献:

《2011年主城九区新建商品住房均价及2012年高档住房应税价格标准》,2011,重庆市国土资源和房屋管理局公众信息网,http://www.cqgtfw.gov.cn/ztgz/fdcszt/201112/t20111231_181736.html,12月31日。

蔡昉,2007,《中国经济面临的转折及其对发展和改革的挑战》,载《中国社会科学》第3期,第4—12页。

崔之元,2012,《独家专访崔之元:肯定重庆经验而非重庆模式》,搜狐网,http://business.sohu.com/20120118/n332512019.shtml,1月18日。

高柏,2006,《新发展主义与古典发展主义——中国模式与日本模式的比较分析》,载《社会学研究》第1期,第114—138页。

《国家统计局称中国有8千万中产,专家不同意》,2007,星岛环球网,http://www.stnn.cc:82/china/200712/t20071227_702070.html,12月27日

国家统计局农村司,2010,《2009年农民工监测调查报告》,国家统计局网站,http://www.stats.gov.cn/tjfx/fxbg/t20100319_402628281.htm,3月19日。

《国企托底重庆发展　国资成政府第三财政》,2010,载《重庆日报》12月10日。

洪偌馨,2012,《2015年重庆农村"三权"抵押贷款达到1000亿元》,求是理论网,http://www.qstheory.cn/jj/jsshzyxnc/201203/t20120322_147269.htm,3月22日。

胡鞍钢,2012,《"国进民退"现象的证伪》,中国华能集团公司网站,http://www.chng.com.cn/n31531/n647245/n805672/c829547/content.html,4月20日。

黄奇帆,2010,《重庆市户籍制度改革的政策体系、政策措施以及三个月的实践情况》,第1、2部分,中宏网,http://mcrp.macrochina.com.cn/u/60/archives/2010/2083.html,11月14日。

黄宗智,2008,《中国的小资产阶级和中间阶层:悖论的社会形态》,载《中国乡村研究》第6辑,福州:福建教育出版社,第1—14页。

黄宗智,2009a,《中国被忽视的非正规经济:现实与理论》,载《开放时代》第2期,第51—73页。

黄宗智,2009b,《跨越左右分歧:从实践历史来探寻改革》,载《开放时代》第12期,第78—88页。

黄宗智,2010a,《中国的隐性农业革命》,北京:法律出版社。

黄宗智,2010b,《中国发展经验的理论与实用含义——非正规经济实践》,载《开放时代》第10期,第134—158页。

黄宗智,2011a,《中国的现代家庭:来自经济史和法律史的视角》,载《开放时代》第5期,第82—105页。

黄宗智,2011b,《重庆:"第三只手"推动的公平发展?》,载《开放时代》第9期,第6—32页。

黄宗智,2011c,《对塞勒尼点评的简短点评》,载《开放时代》第9期,第80—82页。

黄宗智,2012a,《小农户与大商业资本的不平等交易:中国现代农业的特色》,载《开放时代》,第3期:第89—99页。

黄宗智,2012b,《中国过去和现在的基本经济单位:家庭还是个人?》,载《人民论坛·学术前沿》第1期(创刊号),第76—93页。

黄宗智、高原、彭玉生,2012,《没有无产化的资本化:中国的农业发展》,载《开放时代》第3期,第10—30页。

林毅夫、李志赟,2005,《中国的国有企业与金融体制改革》,载《经济学》第4卷第4期。

陆学艺(编),2002,《当代中国社会阶层研究报告》,北京:社会科学文献出版社。

陆学艺,2003,《当代中国的社会阶层分化与流动》,载《江苏社会科学》第4期,第1—9页。

陆学艺,2007,《2020年三成中国人是中产》,载《共产党员》第16期,第12页。

洛山愚士,2011,《中国的精英铁三角与腐败》,文学城网站,http://bbs.wenxuecity.com/currentevent/423347.html,9月20日。

屈宏斌,2012,《广东模式与重庆模式比较》,财经网,http://comments.caijing.com.cn/2012-05-04/111837075.html,5月4日。

邵宁,2012,《珍惜"来之不易" 稳步推进改革》,人民网,http://cq.people.com.cn/news/2012417/20124171355358783918.htm,4月17日。

盛洪,2012,《市场经济与"国进民退"》,凤凰卫视,"世纪大讲堂",4月21日。

天则经济研究所,2011,《国有企业的性质,表现与改革(最新修订稿)》,www.unirule.org.cn(2012年1月查阅)原文见http://www.usc.cuhk.

edu.hk/PaperCollection/Details.aspx? id=8067。

王汉生、王一鸽,2009,《目标管理责任制:农村基层政权的实践逻辑》,载《社会学研究》第2期,第61—92页。

王绍光,2011,《探索中国式社会主义3.0:重庆经验》,载《马克思主义研究》第2期。

肖钢,2011,《百年中行新变革:市场化与人本化的人力资源管理》,北京:中信出版社。

于建嵘,2010,《维权抗争与压力维稳》,凤凰网,http://media.ifeng.com/huodong/special/fenghuangzhoukanshinian/shixuezhezonglunzhoukan/detail_2010_10/13/2771369_0.shtml,10月13日。

于至善,2012,《统筹城乡的若干工作方法》,中国改革论坛网,http://www.chinareform.org.cn/area/city/Report/201203/t20120321_137271.htm,3月21日。

《渝新欧(重庆)物流公司成立 重庆将成欧亚货物集散中心》,2012,中国经济网,http://www.ce.cn/macro/more/201204/13/t20120413_23239625.shtml,4月20日。

《渝新欧铁路:重庆向西,穿越世界心脏》,2012,观察者网,3月29日(2012年4月查阅)。原文见http://www.douban.com/group/topic/28586545/。

《增投资促消费 重庆公租房已惠及30万人》,2011,华龙网,http://house.cqnews.net/html/2011-12/30/content_11602870.htm,12月30日。

张玉林,2007,《中国农村环境恶化与冲突加剧的动力机制——从三起"群体性事件"看"政经一体化"》,载《洪范评论》第9期,北京:中国法制出版社。

《中国农民工问题研究总报告》,2006,载《改革》第5期。

《中国统计年鉴》,2010,北京:中国统计出版社。

《重庆今年拟生产5千万至6千万台笔记本电脑》,2012,新浪网,http://news.sina.com.cn/c/2012-03-23/192524164939.shtml,3月23日。

Bai, Chong-En, Chang-Tai Hsieh, and Yingyi Qian, 2006, "The return to capital in China," *Brookings Papers on Economic Activity*, Vol. 2006, No. 2, Washington, DC: Brookings Institution, pp. 61-88.

Chan, Anita and Jonathan Unger, 2009, "A Chinese state enterprise under the reforms: what model of capitalism?" *China J.* 62 (July), pp. 1-26.

China Development Research Foundation, 2005, *China Human Development Report*, United Nations Development Programme, China Country Office.

Coase, Ronald H., 1990(1988), *The Firm, the Market, and the Law*, Chicago: Univ. of Chicago Press.

Coase, Ronald H., 1991, "Ronald Coase Nobel lecture," http://www.nobelprize.org.

Ebenstein, Alan, 2001, *Friedrich Hayek, a Biography*, Chicago: Univ. of Chicago Press.

Economy, Elizabeth C., 2004, *The River Runs Black: The Environmental Challenge to China's Future*, Ithaca, NY: Cornell Univ. Press.

"Friedrich Hayek," http://www.wikipedia.com, citing Alan Ebenstein, 2001, *Friedrich Hayek, a Biography*, Chicago: Univ. of Chicago Press, p. 305.

Gustafasson, Bjorn A., Li Shi, and Terry Sicular (eds.), 2008, *Inequality and Public Policy in China*, New York: Cambridge University

Press.

Hamm, Patrick, Lawrence P. King and David Stuckler, 2012, "Mass privatization, state capacity, and economic growth in post-communist countries,"*American Sociological Review*, Vol. 77, No. 2, pp. 295-324.

Hayek, Friedrich A., 1980(1948), *Individualism and Economic Order*, Chicago: Univ. of Chicago Press.

Hayek, Friedrich A., 1974, "Friedrich Hayek Nobel lecture," http://www.nobelprize.org.

Hersh, Adam, 2012, "Chinese State-Owned and State-Controlled Enterprises," Testimony before the U.S. - China Economic and Security Review Commission on Feb. 15, http://www.americanprogress.org/issues/2012/02/hersh_testimony.html.

Kornai, János, 1992, *The Socialist System: The Political Economy of Communism*, Princeton, N.J.: Princeton Univ. Press.

"List of the Largest Companies of China," 2012, Wikipedia, http://en.wikipedia.org/wiki/List_of_the_largest_companies_of_China.

Montinola, Gariella, Yingyi Qian, and Barry R. Weingast, 1995, "Federalism Chinese style: The political basis for economic success in China,"*World Politics* 48 (Oct.), pp. 50-81.

North Douglass C., 1981, *Structure and Change in Economic History*, New York: W. W. Norton.

North Douglass C., 1993, "Douglass North Nobel lecture," http://www.nobelprize.org.

Oi, Jean C., 1992, "Fiscal reform and the economic foundations of local state corporatism in China,"*World Politics* 45, 1 (Oct.), pp. 99-126.

Oi, Jean C., 1999, *Rural China Takes Off: Institutional Foundations of Economic Reform*, Berkeley: Univ. of California Press.

Qian, Yingyi and Gérard Roland, 1998, "Federalism and the soft budget constraint," *American Economic Rev.* Vol. 88, No. 5 (Dec.), pp. 1143-1162.

Qian, Yingyi and Barry R. Weingast, 1997, "Federalism as a commitment to preserving market incentives," *J. of Economic Perspectives* Vol. 11, No. 4 (Fall): pp. 83-92.

"61 Chinese companies make Fortune 500 List," 2011, *China Times*, July 9.

Szamosszegi, Andrew and Cole Kyle, 2011, "An analysis of state-owned enterprises and state capitalism in China," for the U.S.-China Economic and Security Review Commission, Oct. 26, pp. 1-116, http://www.uscc.gov/researchpapers/2011/10_26_11_CapitalTradeSOEStudy.pdf.

Szelenyi, Ivan, 2011, "Third ways," *Modern China*, Vol. 37, No. 6 (Nov.), pp. 672-683.

Walder, Andrew, 1995, "Local governments as industrial firms: An organizational analysis of China's transitional economy," *American J. of Sociology*, Vol. 101, No. 2 (Sept.), pp. 263-301.

World Bank, 2008, "World Bank updates poverty estimates for the developing world," http://econ.worldbank.org/WBSITE/EXTERNAL/EXTDEC/EXTRESEARCH/0,, contentMDK: 21882162 ~ pagePK: 64165401 ~ piPK: 64165026 ~ theSitePK: 469382, 00.html; see also www.globalissues.org/article/26/poverty-facts-and-stats#src3.

World Bank, 2009, China: From Poor Areas to Poor People: China's

Evolving Poverty Reduction Agenda, Report No. 47349 – CN. www. wds. worldbank. org/external/default/WDSContentServer/WDSP/IB/2009/04/08/000334955_20090408062432/Rendered/PDF/473490SR0CN0P010Disclosed0041061091.pdf.

Zhang, Yulin, 2009, "China's war on its environment and farmers' rights: a study of Shanxi province," In Errol P. Mendes and Sakunthala Srighonthan (eds.), *Confronting Discrimination and Inequality in China: Chinese and Canadian Perspectives*, Ottawa: Univ. of Ottawa Press.

第五章　重新思考"第三领域":中国古今国家与社会的二元合一*

　　历史演变中,中国的"国家"和"社会"无疑是紧密缠结、互动、相互塑造的既"二元"又"合一"的体系。这里首先要说明,"国家"政权——从皇帝和中央的六部到省、县等层级的官僚体系,无疑是个实体,而"社会"——包括村庄和城镇社区,无疑也是个实体。我们不该因为其两者互动合一而拒绝将那样的实体概括为"国家"和"社会",但我们同时要明确,在中国的思维中,"国家"和"社会"从来就不是一个像现代西方主要理论所设定的那样的二元对立、非此即彼的实体。在西方,譬如古典和新古典自由主义经济学,它要求的是国家"干预"最小化,让市场经济的"看不见的手"自然运作,毫无疑问的是将国家和社会—经济二元对立起来。马克思主义则

---

* 感谢佩里・安德森(Perry Anderson)、高原、白德瑞(Bardly Reed)和白凯(Kathryn Bernhardt)的批评与修改建议。

把国家视作仅仅是"下层建筑"中的阶级关系的"上层建筑",明显偏向将生产关系视作基本实际,在概念上基本将国家吸纳入社会结构。但是,它又强烈倾向在社会主义革命之后,将国家政权扩大到近乎笼罩社会的地步,却同时对未来的远景提出了国家消亡的终极性理念。① 总体来说,其隐含的逻辑也是国家和社会的二元对立,非此即彼。我们要质疑的是那样的思维,论证的是需要关注到两者间的互动合一,而不是拒绝国家机器或民间社会存在的历史实际。

我们需要认识到国家与社会间的并存、拉锯、矛盾、互动、相互渗透、相互塑造。对中国来说,由于其具有悠久的二元互动合一思维传统,实际上比西方现代主流社科理论更能理解国家—社会间的关系,更能掌握其全面,而不是像西方两大理论那样,偏向其单一维度的"理想类型"理论建构。后者的初衷虽然可能是要突出其单一面以便更清晰地聚焦于一方,但后续的思考则多将那样的片面化进一步依赖演绎逻辑来建构为一个整体模式,继而将其理想化,甚或等同于实际。

譬如,我们可以在韦伯的理论中看到,作为历史学家的他虽然偶尔超越了自己作为理论家构建的单一面的"形式理性""理想类型",将中国的法律体系认定为一个(可以被理解为)"悖论统一"的"实质理性"体,但是在他对全球各大类型的法律体系的历史叙

---

① 这样的逻辑固然可以凭借命题、对偶和综合的辩证理论来理解,但即便如此,其基本出发点仍然是先设定了国家和社会的二元对立、非此即彼,与中国的既对立又合一的阴阳、乾坤宇宙观很不一样。前者的具体实例是从资本主义到无产阶级革命再到社会主义新生产方式的演变,后者则是延续不断的二元互动关系,虽然可能此消彼长,但谈不上什么辩证对立与综合。

述中,最终还是简单地将西方和非西方概括为二元对立的"形式理性"和"实质非理性"两大"理想类型"。(Weber,1978:第8章)正因为如此,他的理论思想不仅显示了强烈的主观主义倾向,也显示了深层的西方中心主义。(黄宗智,2014b,第1卷:总序,亦见第9章)

在思考传统中国的政治体系上,韦伯展示了同样的倾向。作为历史学家的他,曾经提出可以被理解为悖论统一的"世袭君主科层制"(patrimonial bureaucracy)来概括中国的政治体系。但是,最终他同样简单地将现代西方的行政体系概括为"科层制",而将传统中国概括为"世袭君主主义"(patrimonialism),再次展示了深层的偏向二元的单一方,以及偏向西方的倾向。(黄宗智,2014b,第1卷:第9章,亦见总序)古典和新古典经济学理论在对待"国家 vs. 社会/经济"二元上,也类似于韦伯将现代西方建构为真正的"理想类型",将中国(和其他非西方国家)建构为其对立面。那样的倾向在近几十年中,更被"新保守主义"政权意识形态化。

如此的倾向应该被视作如今我们建构关于实际,尤其是关于中国实际的理论概括的主要障碍之一。本文从这样的基本思路来梳理中国国家与社会关系的实际,以及其对中国实际的恰当和不恰当的概括,试图由此来建构一个比西方主流理论更符合中国实际/实践的理论概括——重点在国家和社会之间的互动,目的是要更精准地认识中国古代、现代和当代的国家—社会关系。

首先,我们要澄清一些关于国家和社会的实际——多是被西方主要理论和研究所混淆的实际,进而梳理关于国家和社会之间的关系的误解,目的是要更好、更精确、更强有力地对之进行理论概括。这里论析的重点是国家和社会互动中所产生的政法和政经体系,包括其治理体系,成文法律中道德化的"律"和实用性的"例",国家正式法律体系和社会非正式民间调解体系两者间的互动和相互塑造,以及国家和经济体系之间的二元合一。

正是在正式和非正式正义体系的长期互动之中,形成了作为本文主题的"第三领域"。它既非简单的国家正式体系,也非简单的社会/民间非正式体系,而是在两者互动合一的过程中所形成的中间领域,具有其特殊的逻辑和型式。文章将论证:由国家和社会互动所组成的第三领域之所以在中国特别庞大,是由于中国比较独特的"集权的简约治理"传统——一个高度集权的中央帝国政权和一个庞大的小农经济的长期结合,既避免了分割(封建)的政权,又维护了低成本的简约治理。本文将借此来突出一些中国社会—经济—法律中容易被忽视的实际和逻辑。同时,文章将指向一个对理解西方本身也带有一定意义的"另类"认识和研究进路。

一、中国历史中的"第三领域"

晚清和民国时期的历史资料与其之前的有很大的不同,譬如在法律方面,之前的史料多局限于"表达"("话语"和条文)层面,偶尔有一些关乎(可以称作)"典型"的案例,但缺乏"法庭"实际操作中的记录(诉讼案件档案)。更有进者,还可以将那些关乎实际运作的史料和20世纪兴起的现代社会学、人类学、经济学的实地调查资料和研究来对比和认识。借此,能够比其之前任何历史时期都更精准地掌握真实的实际运作。此中,除了诉讼档案,最好的资料乃是日本"满铁"("南满洲铁道株式会社")研究部门在20世纪30年代后期和40年代初期的"经济与社会人类学"调查,它们包括使用系统的马克思主义生产力(土地资源、农具、牲畜、肥料、技术、人口等)和生产关系(自耕以及租佃和雇佣关系)的框架仔细调查当时诸多村庄一家一户的生产情况,列入16个系统大表。据此,我们可以看到比一般历史资料要翔实得多的基层社会实际生活状态。它们也含有细致的关于当时的商品交换(市场)的调查资料。此外,还有比较详尽的关于村庄治理、纠纷解决以及各种各样的社会组织的翔实材料。我们可以根据这些资料来形成对基层社会比较全面和可靠的认识。笔者几十年来的研究所特别关注的,先是关乎农业经济的方方面面以及村庄的治理体系,之后逐渐纳入了关乎国家法律的司法实践和村庄处理纠纷的民间调解。

1983年笔者(通过美中学术交流委员会)获批准到农村基层做第一手研究,十多年中一直坚持在村庄(松江县华阳桥大队)做实地调查——1983年、1984年、1985年、1988年、1990年、1991年、1993年、1995年总共八次,每次两到三周,采用的主要是("满铁"最好的调查资料所用的)聚焦于单个课题(但随时追踪在意料之外的发现)与几位最了解情况的村民座谈的方法,每天两节,上午从8点到11点半,下午从2点到5点,总共不止200节,借之与晚清和民国时期的历史资料对接、核实,并探究其演变。这是笔者进入不惑之年后的两本主要专著《华北的小农经济与社会变迁》[黄宗智,2014a(1986),第1卷]和《长江三角洲小农家庭与乡村发展》[黄宗智,2014a(1992),第2卷],以及其后关乎正义体系的三卷本《清代的法律、社会与文化:民法的表达与实践》[黄宗智,2014b(2001),

第1卷]、《法典、习俗与司法实践:清代与民国的比较》[黄宗智,2014b(2003),第2卷]、《过去和现在:中国民事法律实践的探索》[黄宗智,2014b(2009),第3卷]的主要研究资料和方法。下面总结的首先是5本专著中所论证的关乎本文主题的基本认识。

(一)村庄自治情况以及纠纷处理

在村庄的治理和纠纷解决机制的实际运作方面,笔者认识到,在华北平原,基本所有的村庄都有一定程度的村庄自治制度。几乎每个村庄都具有被同村村民所公认的数位有威望的人士,多称"会首"或"首事",由他们来主持村庄一般的公共事务,包括社区服务和治安、季节活动、宗教仪式(如果有的话,包括村庄的"庙会",有的拥有寺庙和"庙地"),有的时候还涉及纳税和自卫(在盗匪众多的民国时期,有的被调查的村庄甚至设有自卫的"红枪会")。遇到村民间的纠纷,也由这些首事中的一位或多位(遇到重大纠纷或案情时)来主持村庄的调解。(黄宗智,2014a[1986],第1卷:203—213)江南的小村落(如松江地区的"埭"),更多是以宗族为主的聚居,以及在其上跨越一个个小"埭"的较大的自然村或行政村,不具有与华北同样的首事制度,而是由宗族自生或特别受尊重的个别村民来主持村务,包括社区内部纠纷的调解。总体来说,华北和江南两地的相当高度自治的村社,都包含具有一定"中国特色"的民间调解组织和机制。

在此之上,还有基层社会和国家政权互动间所产生的"半正式"治理和正义体系。譬如,19世纪在华北平原普遍存在的"乡保"制度。所谓"乡保",是由地方显要向县衙推荐的、不带薪但经县衙批准的半正式准官员。譬如,19世纪,在具有详细涉及乡保委任或乡保执行任务而产生纠纷的档案资料的直隶宝坻县,平均每20个自然村有一名乡保,他们是县衙与村庄社区的关键连接人物,协助(县衙户房)征税、传达官府谕令和处理纠纷等事务。他们是官府原先设计的三维制度蓝图——治安的"保甲"、征税的"里甲"以及说教的"乡约"三个体系(Hsiao,1960)——在实际运作中逐步合并而形成的单一简约体系的主要人员,是处于村庄社区自生的治理体系之上的协调社区和政府的关键人物。(黄宗智,2014a[1986],第1卷:193—199)以上的基本情况组成了笔者所说的"集权的简约治理"体系,即在高度集中的中央政权和官僚体系之下,实行了非常简约的基层治理(下面还要讨论)。

1990年之后,由于中国地方政府档案材料的开放,笔者转入了以清代(主要是被保留下来的1800年之后的档案)县衙门诉讼档案为主的研究,并结合实地调查,试图进一步了解中国基层社会及其治理和正义体系的基本情况。在之后的20年中,完成了上述的另外三本以法律和司法实践为主的专著。

其中一个重要的相关发现是,清代有相当高比例(不少于三分之一)的诉讼案件是由县衙门和村庄社区的互动来解决的。当事人一旦告上法庭,社区的民间调解体系便会(因为纠纷激化)重新或加劲调解;而在那样的过程中,县官对案件的初步反应和后续的批词(当事人和调解人经过榜示、衙役传达或其他途径获知)会直接影响社区调解的过程,包括促使当事人某一方或双方退让,从而达成协议。然后,要么由当事人或村首事具呈撤诉(双方已经"见面赔礼""俱愿息讼"),要么不再配合诉讼进展或提交"催呈"。在那样的情况下,县衙门几乎没有例外地会允许销案或任其自然终结。在司法层面上,清代法律体系的基本原则是民间的"细事"(清政府对民间"民事"纠纷的总称谓)应该优先由社区自身来处理。因此,面对当事人(或调解人)具呈要求销案的情况时,县衙几乎没有例外地(除非涉及官府认作犯法的严重"刑事"案情)都会批准。在笔者研究的来自三个县的1800年之后的628件诉讼案件档案中,有不止三分之一的案件是这样终结的。正是根据那样的经验证据,笔者提出了正式和非正式正义体系之间的"第三领域"概括,借以描述通过国家机构和社会调解之间的互动来解决纠纷的机制。(黄宗智,2014b[2001],第1卷:第5章)

此外,根据19世纪宝坻县的99起涉及乡保的案件档案,我们看到,在基层治理的实际运作中,县衙一般要在乡保由于执行任务而产生了纠纷时,或需要更替乡保人员时方才介入,不然基本任凭半正式的乡保来适当执行其任务。这也是通过第三领域来进行非常简约的基层治理的经验证据。(黄宗智,2014a[1986],第1卷:193—199;亦见黄宗智,2007:11—13)

(二)"集权的简约治理"

基于以上总结的实际,笔者建构了"集权的简约治理"的理论概括(黄宗智,2007)。所表达的关乎治理实际的是:一方面是中央高度集权,另一方面是基层极其"简约"的治理。国家将村社的大部分事务,包括纠纷,认定为"细事"。县政府除了征收一定的税额，尽可能避免介入村庄事务。而且，其所征收的税额比较低，19世纪后期和20世纪初期才相当于农业产值的2%—4%，区别于西方和日本封建制度下的10%或更多（Wang，1973a，1973b）。这是中国进入"现代国家政权建设"之前的基本制度。它与迈克尔·曼所概括的关于西方现代政府的"低度中央集权，高度基层渗透"特征正好相反，是个"高度中央集权，低度基层渗透"的体系（Mann，1984，1986）；当然，它也和韦伯建构的现代带薪专业官僚制度、高度规则化和程序化的"科层制"（bureaucracy）治理体系很不一样（下面还要讨论）。

"集权"和"简约"的帝国治理体系自始便与中国小农社会经济特早兴起，特早成熟，特早支撑高密度人口，特别强韧持续至今紧密相关。两者的结合稳定了中央集权（区别于封建分权），包括基于由民众步兵组成的庞大的军队（区别于封建主义制度下的由贵族组成的骑士军队）。高密度人口也导致了紧密聚居的村庄，以及其自治和纠纷解决机制的形成。两者相辅相成，形成与西方的封建分权（和后来的中央低度集权）十分不同但更具基层渗透力的政经体系。中国在汉代便已形成的"帝国儒家主义"，所表达的正是如此的集权的简约治理意识形态。

集权的简约治理正是第三领域半正式治理广泛兴起的基本制度框架——依赖的不简单是正规的带薪人员（韦伯型官僚体系），因为他们对国家来说既负担过重也威胁到中央集权，而是不带薪的、低成本的来自社会的半正式人员。

二、20世纪的演变

(一)村庄治理

进入民国时期,我们可以看到国家权力向基层农村的延伸:首先是在县行政级以下设立了"区"政府(有正式官员和武装——直隶顺义县被划分为8个区,每个区公所管辖40个村,1928年每个区平均有14名保卫团员和13名警察)[黄宗智,2014a(1986),第1卷:234—237]。同时,建立了半正式村长制,即不带薪酬但具有半正式身份(县政府认可)的村长(有的村庄还有村副)。与此并行的是,添加了新的征收,特别是新设的"摊款"(包括"村摊警款""村摊学款"等新型征收),20世纪30年代华北平原总税额从之前占农业产值的2%—4%上升到农户总收入的3%—6%[黄宗智,2014a(1986),第1卷:238—243]。这些是类似于"西方的(现代民族)国家建设"(Western state-making)(Tilly,1975)的变化,由此将基本分为3个层级的正式政府组织(中央、省、县)改为4个层级(中央、省、县、区)。同时,把之前非常简约的、最基层的半正式乡保(平均负责20个村庄)改为在每个行政村设立半正式村长的制度,加强了国家对村庄的渗透力。虽然如此,后者的性质仍然是一种国家权力机构和乡村民间组织结合的第三领域体系——依赖的是由村庄推荐、县政府批准的不带薪的半正式人员。[黄宗智,2014a(1986),第1卷:203—211]

同时,我们还看到,伴随"现代国家建设"和更多的征收而来的还有不少变质和"腐化"的现象,主要是民国时期基层社会中"土豪劣绅"和"恶霸"的兴起。由于国家征税力度的加大,有的社区原有的有威望的人士拒绝承担吃力不讨好的新型征收任务,拒绝出任那样高压下的村长。在有的村庄,"土豪劣绅"和流氓型的"恶霸"趁机出来掌握村务——在"满铁"调查的村庄中便有关乎此类现象的基于对村民访谈的详细记录。有的恶霸成功获得官府的认可,成为鱼肉村民的"半正式"势力。(黄宗智,2014a[1986],第1卷:229,245—247)这是"现代国家政权建设"的另一面,是伴随战乱(军阀战争和日本侵略)而呈现的现象,更是由于国家政策和村庄社区利益冲突所导致的现象。这应该被视作第三领域的一种反面类型。他们后来成为中国农村土地革命重点打击的对象之一。

(二)商会

中国自明代以来便有会馆组织,但主要是基于地域关系的组织。(何炳棣,1966)伴随20世纪的工商业而来的是更多、更大规模的(主要是在大城市,如北平、上海、天津、苏州、厦门、汉口等)新型"商会"组织。它们不是纯粹非正式的民间组织("市民社会"),而是得到官府认可和支持的,甚至于由其协助组建的半正式机构。在处理商务纠纷时,它们起到重要的作用,要么通过说理和传统的和谐道德理念对纠纷进行妥协性的调解,要么根据新法规或正义的"公断"("理断")来处理商业领域中的纠纷。必要的时候,商会还会借助官府的强制权力,甚或由商会转交政府正式机构(警察署或法院等)来处理。它们是20世纪上半期伴随新的社会经济情况和新型政府商业政策而兴起的新型第三领域组织。它们也起到协助政府推行新商务法规的作用。(章开沅、马敏、朱英[主编],2000;马敏、朱英,1993;赵珊,2018,2019)

它们与之前的乡村组织的相似之处在于,仍然具有基于人际关系(一般是一种同业半熟人社会而不是熟人社会)的调解功能;不同之处在于具有更多政权的直接或间接参与——商会在对纠纷提出"理断"之后,若不被遵从,可以要求政府权力机关直接介入。它们是国家与社会二元合一的比较突出的正面实例。

如今,晚清和民国时期的商会已经积累了较大量的研究。其中,一个主要倾向是借助哈贝马斯(Jürgen Habermas)的"公共领域"概括以及20世纪90年代以后极其流行的"市民社会"概念来认识中国的商会。(马敏、付海晏,2010)此点将于本文第五节的第二部分再讨论。

(三)其他第三领域组织

在民国时期我们还可以看到另外几种国家与社会互动而形成的第三领域治理模式。首先是清末和民国时期由官府和民间协同创建和管理的新型学校。一方面,国家借助基层半正式"劝学所"——由政府认可和民间领导的不带薪半正式人员组成——来推动并监督基层社区所设立的新型学校。另一方面,村庄社区自身筹款建立新校舍(或利用原有的庙宇)和聘雇新老师来取代之前的私塾。辽宁省海城县(今海城市)有这方面的比较详细的档案资料,足以说明晚清"新政"时期开启的这样的第三领域中国家和社会协同办学的显著成绩。截至1908年,仅海城县便建立了333所新型学校。它是国家和社会协同追求推广新型教育的成功实例,由国家制定目标,社会积极参与。(Vanderven,2003,2005,2013;亦见樊德雯,2006)

白德瑞(Bradly Reed)根据巴县档案(他在四川省档案馆"蹲"了一年半)的细致研究证明,清代县政府的大部分人员是半正式的"吏役"——他们多不是"在册"的正式人员,收入多源自一种"惯例"性(而不是正式官定)的服务报酬。其中,县衙各房中刑房收入最多,主要是诉讼费用方面的收入,包括诉讼"挂号费"、传票费("出票费""唤案费")、勘察土地费("踏勘费")、"结案费"、"和息费"等。(Reed,2000:附录D;Ch'ü,1962:47—48)(户房人员数量最多,刑房次之。)正因为如此,各房当领导的"典吏"在就职之前要交纳比较昂贵的"参费"(100两到1000两)。之后,每位进入该房的常在书吏要交一定的参费给这位典吏。这样,每位典吏等于是"承包"了该房的职务。遇到房内的纠纷,县令会要求该房自行解决(一如其对待村庄纠纷那样),不能解决,方才介入。这些是巴县档案中涉及各房纠纷的诉讼档案所展示的县衙实际运作模式,其简约运作原理和上述的乡保体系基本一样。总体来说,各房吏役存在于官府和社会的中间灰色地带,其大部分实际人员并非在册的正规人员,但仍然工作于衙门之内。他们绝对不是正规体系中的"官僚",其社会身份毋庸说也迥异于县官。(Reed,2000,尤见第2章)白德瑞借此推进了瞿同祖之前关于地方政府的研究。瞿同祖早已证明,县令不是简单的科层制官员,因为他上任之初便会带有非正式的、从属于他私人的"幕友"和"长随",而且他从官职所得的收入,大多远高于在册的薪俸。(Ch'ü, 1962)因此,即便是县官本人,也带有起码部分"半正式"第三领域的性质,不简单是现代"科层制"类型的人员(下面还要讨论)。

三、当代中国计划经济时期的演变

以上这一切都随着共产党领导下的集体化和计划经济体系的建立而改变。首先,国家在县以下设立正式的乡镇政府,对社会基层的渗透力要远高于帝国时期。然后,通过新型革命政党的组织,在村级设立党支部,更加强了政党—国家渗透基层的权力。19世纪帝国时期的中央、省、县三级正式机构加半正式的乡保制度,以及民国时期的中央、省、县、区四级加半正式村长的制度,被改为中央、省(直辖市)、地区(市)、县、公社(乡、镇)加大队(行政村)的制度。后者由于计划经济的建立和土地产权的集体化,对基层村庄实施了前所未见的近乎"全能"的管理。虽然如此,村级的大队长和支部书记并不是国家正式的领薪官员("吃国家饭"的"国家干部"),而是"吃集体饭"的"集体干部",他们几乎全都来自社区本身并代表社区利益,一定程度上也延续了传统的国家—社会在最基层的第三领域的互动关系。

其次,这一时期国家还通过计划经济体系,基本把民国时期第三领域的商业部分(商会)吸纳进国家治理体系,完全由国家的工商部门来管理,对最基本的产品(粮、棉等)实施"统购统销",既终止了之前的市场经济的绝大部分(农村集市除外)功能,也终止了其前的半正式商会治理和纠纷解决体系。

在以上的政治体制之下,虽然出现了部分问题,特别是国家对社会—经济的过分管控,但必须承认这一时期也取得了一些成就。譬如,在工业发展上,1952—1980年间,取得了年均增长11%的成绩(这是根据美国比较敌视共产主义的珀金斯教授的权威性计量研究得出的结论,见 Perkins and Yusuf,1984),为后来改革时期的经济发展奠定了重工业的基础。同时,在美国"遏制和孤立"(containment and isolation)中国的外交政策下,中国短期内"两弹一星"事业取得了辉煌的成绩,确立了共和国的安全。此外,在公共卫生和民众教育方面,通过群众动员,包括"文革"时期在每村设立一名"赤脚医生",基本控制了流行性传染病,人均预期寿命接近发达国家水平。在"民办官助"的"小学不出队,中学不出社"的国家和社会第三领域协作下(详细论证见 Pepper,1996,它是美国的中国研究中经验证据至为翔实的专著之一),识字率也接近发达国家的水平。以上两点正是诺贝尔经济学奖得主阿玛蒂亚·森和其合作者在关于印度和中国经济之比较的专著中特别突出的结论。(Drèze and Sen,1995:第4章)

四、改革时期的演变

今天回顾,那个时期的计划经济乃是相对短暂的现象。首先,由于改革中农业返回到由一家一户为主体的"承包制",取代过去土地由集体所有和管理(小额的自留地除外)的体系,将土地使用和管理权划归一家一户,基本取消了农业中的计划经济。其次,大规模压缩"统购统销"农产品所占比例,除了一定程度的粮棉收购,国家基本放开了占比愈来愈高的经济作物,任由市场机制来运作。因此,国家相对农村基层经济的权力大规模收缩,逐步转向占比越来越大的市场经济。再次,国家虽然从1980年开始实行计划生育,一段时期也坚持从农村提取税费,但在2006年废除了之前的税费,并在2015年之后,放松了原先的"计划生育政策"。如今,基层农村治理已经从"全能"转化为"放任"多于"管控"的局面。(黄宗智,2017a)

在治理体制层面上,改革时期最关键的变化也许是,中央在追求经济发展目标(被数字化为GDP增长)中实施了发挥中央和地方"两个积极性"的战略(毛泽东在1956年便已提出,2018年的十九届三中全会上又特别突出。参考《人民网评:更好发挥中央和地方两个积极性》,2018):一方面是中央统一策划、定方针、定指标、定人员,并牢牢控制人事权力(地方官员的选拔,以及"目标责任制"的考核)和财政权;另一方面则是地方政府在既定指标之外具有较大的自主权,在财政收入的支配上也如此(无论是在1980年之后的"包干"制下,还是在1994年之后比较偏重中央的"分税"制下),并允许招商引资灵活决策,以及在GDP增长考核中的对企业宽免或减轻税收,放松对环境的保护,允许企业雇员的"非正规"或"半正规"行为。(黄宗智,2010)

(一)关于今天的"行政发包制"

笔者最近偶然拜读了周黎安教授关于"行政发包制"的几篇关键文章以及他2017年出版的著作《转型中的地方政府:官员激励

与治理》，深感他对笔者以上论述的"集权的简约治理"和其所引发的"第三领域"的一些关键部分做了贴切而又深具洞察力的论析。周黎安的"行政发包制"是对"集权的简约治理"国家所采用的一个重要机制的很好的论析；他对"内包"和"外包"的鉴别很好地区别了行政体系内部的发包关系以及其和外部社会间的发包关系；他的"官场+市场"论析很好地纳入了国家和社会经济间的互动、互补、互塑关系。

"行政发包制"包括"内包"和"外包"，既突出了改革期间治理体系的最基本实际，即同时依赖中央和地方、国家和社会来推进经济发展，又重构了极具影响力的委托—代理理论来协助阐明中央—地方、国家—社会经济两对行为主体间的关系和运作逻辑。（周黎安，2018）周黎安的理论既照顾到中国的特殊实践，又考虑到两对主体间的信息不对称、利益不同、激励机制不同等委托代理理论所特别关注的问题。近年来委托代理理论更被用于政府治理的分析，虽然大多仍然局限于借用市场经济的合同理论，但周黎安率先将政府和社会—经济视作一个二元合一的互动互塑体，真正超越了新古典经济学长期以来所设定的国家与市场之间壁垒森严的非此即彼、二元对立的思维。

根据周黎安的论析，一方面是在中国特有的"行政发包制"下，中央政府一层层地委托/发包给地方政府来推动经济发展（地方政府具有比中央更完全的地方信息乃是这对委托—代理关系的一个重要成因），又以地方官员仕途的晋升竞争为激励机制，来推动以GDP增长挂帅的地方官员间的"锦标赛"。地方政府及其官员积极运作的是，向新兴且占比越来越大的民营企业伸出"帮助的手"（区别于有的政经体系中的"无为的手"或"掠夺的手"),提供基础设施、资源(特别是土地)和税收优惠等,有的还出台具有战略性远见的各种关键措施,借此来推进辖区内工商企业的发展。① 另一方面则是社会/经济体中的民营企业家们在市场竞争环境中创业和发展,借助官方的扶持和优惠政策,取得了比在一般市场经济中更显著的成绩。

双方行为主体是相互依赖的,也是相互塑造的,共同推动了改革期间中国举世瞩目的 GDP 增长。这个见解精准贴切地捕获了改革时期经济发展中一个至为基本的事实,也是一个关于"集权的简约治理"和第三领域的强有力的理论概括。它既突破了一般委托—代理理论主要聚焦于市场中个体/公司间横向契约关系的局限而聚焦于垂直的"行政发包制",又借助了其重要的问题意识——委托—代理二元双方间的互动和不同信息、不同利益、不同激励机制等问题——来拧出中国实际的特点和机制,可以说是个重要的学术理论贡献。

与周黎安之前提出的"锦标赛"论析相比(周黎安,2007;亦见周飞舟,2009),其新"政场"(行政体系中的官员们的竞争类似于市场经济中的竞争机制)+"市场"理论明确加上了国家与经济/社会间的互动,与其之前主要关注行政体系的论析颇不一样。新的理论的视野更加宽阔,聚焦点不仅在行政体系内部的层级关系和激励机制,而且在行政体系与社会—经济体系间的关系,强调两者间的相互激励,由此形成强有力的论析。譬如,民营企业高度依赖国

---

① 一个具体实例是重庆市,见黄宗智(2011)。

家的扶持,国家的行为则受到市场经济的检验和约束。

这样的论析不同于新古典教科书经济学的论析。正如周黎安指出,一种理论(Lin, Cai, and Li, 2003)争论改革时期的中国政府选择了适合中国(劳动力特别丰富的)"比较优势"的资源禀赋的政策,从重工业转向了轻工业,从资本密集型产业转向了劳动密集型产业,通过市场机制进行了更优的资源配置,由此推进了中国经济发展。那是一个完全接受市场机制决定一切的西方(古典和新古典)自由主义经济学的理论,同时也是单一地突出"政策"的观点,乃是对中国政经体系的特殊运作缺乏了解的论点。笔者这里还要补充指出,中国的"官场+市场"机制的形成有一定的历史背景和偶然性,不简单是某种经济决策的结果(下面还要讨论)。(黄宗智,2015a)

周黎安又指出,另一种理论(张维迎等)则将中国的发展完全归于政府的退出以及市场"看不见的手"的资源配置和营利机制所起的作用(即古典自由主义经济学的核心观点,也是英美"新保守主义"的核心观点),进而争论中国今天的发展中所存在的不足是由于政府"干预"市场过多。它同样完全没有照顾到中国转型和改革中通过政府和民企、国家和市场的协作来推动经济发展的实际,更不用说关乎其政经体系的实际运作的特殊形式和逻辑了。另外,在我看来,它(和上述林毅夫等理论同样)也没有考虑到计划经济时代的贡献,尤其是重工业基础的建立以及超乎一般发展中国家的教育和卫生水平,为后来的发展做了重要铺垫。(Drèze and Sen, 1995)

周黎安的"行政发包制"理论也不同于魏昂德(Andrew

Walder)和戴慕珍(Jean C. Oi)等的"公司型国家"(corporatist state)理论。后者根据改革早期的乡镇企业而把基层政府定位为一个类似于企业的单位,受制于"硬预算约束"(不挣钱便要倒闭)的机制,同时又具有资产所有权和管理权力合一的类似于私企的灵活性和激励机制。也就是说,地方政府成了一个类似于市场经济中的公司的实体。魏昂德等人固然是要拓宽新古典经济学关于市场机制和私营企业乃是经济发展关键动力的理论,但他们一定程度上也协助维护了主流市场主义观点,只不过再次申明了新古典经济学关于市场的核心信条。(Oi,1992;Walder,1995)

实际上,20世纪90年代以来,中国经济发展的主要内容不再是魏昂德等人的理论所依据的80年代乡镇政府主导的乡村工业化,而是以省(直辖市)、市和县政府为主的招商引资;动力不再来自地方政府兴办和拥有的类似于私企的乡镇企业,而是来自地方政府招引和推动的国内外企业资本。新经济局面的运作机制和之前有一定的不同,因为它的关键在于周黎安所说明的政府与企业协同组成的逻辑,不简单是市场经济竞争的逻辑。笔者还会加上地方政府采用诸如低于成本的地价、税收优惠,以及"非正规工人"的使用,放松环境保护等行为——促使中国成为全球资本回报率最高的去处,借此吸引资本和推动GDP增长。(黄宗智,2010)周黎安的理论对后者论述不多,可能也正视不足。

和魏昂德、戴慕珍相似,钱颖一等也聚焦于解释为何改革期间的中国没有像计划经济时代那样受困于科尔奈所强调的"软预算约束"问题,借用了"中国的联邦主义"范畴来说明,中国的地方政府由于自身的税收激励,对其属地的企业施加了"硬预算约束"。

他们的行为等于是"保护市场的联邦主义"（market protecting federalism），或称"保存市场激励"（preserving market incentives），凭此推进了中国的经济发展。（Montinola, Qian and Weingast, 1995; Qian and Weingast, 1997）

再则是查默斯·约翰森（Chalmers Johnson）、艾丽丝·阿姆斯登（Alice Amsden）和罗伯特·维德（Robert Wade）等论析的"发展型国家"（developmental state）理论（Johnson, 1982, 1999）。他们突出了行政部门在"东亚"（日本、韩国、中国台湾）的发展中国家和地区所起的关键作用，其理论敌手主要是主流古典和新古典自由主义经济学理论——要求国家"干预"市场的最小化，论证的是"东亚"国家和地区积极参与、协助市场经济和发展的成功经验。在这点上，他们和周黎安的论析有一定的交搭之处。但是，他们并没有考虑到中国在"政场"（区别于"市场"）中所采用的比较特殊和关键的"行政发包制"，也没有关注到中国社会—经济的特殊组合（在国内非农经济生产总值中，国企如今占到将近一半。参见黄宗智，2018:160—162）以及国家和社会相互塑造的"第三领域"的特征和机制。

同时，周黎安的理论还有助于我们理解上述机制所附带的一些不良后果。一是由于国家采用的"GDP挂帅"目标责任制下的（地方官员们之间的）"锦标赛"，使得他们在一段时期内相对忽视社会公正和民生、公共服务、环境保护等领域；二是造成了一种相当强烈的"地方主义"倾向（周黎安称作"属地化"效果），各自只关心其管辖的地方，并且导致了各省（直辖市）、市、县间的显著差异和隔离（尤见周黎安，2017:第10章）。另外，我们还可以看到，由于政府和地方经济配合不良而导致的反面或变质现象,譬如部分存在的"形象工程",不符合地方实际资源禀赋条件的决策,甚至是社会经济发展中的有些地方官员的逐利和贪污行为等。

关键在于,要看到政府和市场关系之间的协调与不协调,良好结合与不良结合。那样的话,既可以认识到其成功的秘诀,也可以认识到其采用的逐利机制的反面后果——解释一些由于官方GDP锦标赛政策所引发的无顾福利(社会保障)、劳动权利以及环境污染等诸多反面现象。至为重要的是,中央和地方("政场"),以及国家和社会—经济("市场")是较好地相互支撑,还是由于相悖或偏向而导致了反面效果。

从以上的讨论我们应该可以看到,周黎安所谓"行政发包制",其"内包"与"外包",以及"官场+市场"的机制也可以从"集权的简约治理"和"第三领域"来认识和理解:"行政发包制"是中国长期以来在中央集权体制下所采用的一个重要的简约治理方式,而国家与社会—经济体系间的二元合一则是中国长期以来的"第三领域"中的一个基本特色。

(二)传统中国的"行政发包制"

用于传统中国,周黎安以上的论析既有其洞见,也有其不足。周黎安并没有将中国的官员体系与韦伯的现代"科层制"简单画上等号。他没有像有的理论争论那样(周雪光,2016),简单将地方官员等同于西方和韦伯型的科层制,仅将"吏治"划归(周黎安的)"行政发包制"理论,与正式官员相对立。正如周黎安论证的那样,实际上地方的"官治"和"吏治"两者都属于他论析的"行政发包制"。需要区别的是,处于官僚体系整体之中(包括晋升激励和监督机制)的"内包"地方官员,和处于其外的"外包"地方吏役。因为前者也是"行政发包制"的人员,譬如,在行政体系职位固定的收入外,还掌控一定的"额外"资源和收入("陋规"),并享有相当的自主权,但他们仍然受到行政体系的晋升激励与较严密的监督和管控,乃是"政场"中"内包"的人员,区别于没有受到那样管控和激励的,工作于国家和社会边界中的"外包"吏役。正如周雪光和周黎安共同指出的,前者——由于其在官场的晋升机会——是从地方到地方、从层级到层级流动性较高的人员,后者则一般主要是当地社会的人员,是长远任职于同一地方的基层人员,不具有官员的流动性和晋升机会。(周黎安,2016,2014)

周黎安虽然没有明确具体说明,但我们需要认识到,清代的县官不仅仅是个韦伯意义上的领薪科层制官员。一般来说,他们来自其职位的"半正式"收入要远超过其正规收入,而且他们上任之初便会带有非正式的私人"体制外"的幕友和长随,尤其关键的是"刑名"和"钱谷"两大幕友。他们实质上是县令私人的从属,不可简单从正式的(科层制)官僚体系来理解。这一切瞿同祖早已详细论证。(Ch'ü,1962)也就是说,县官虽然无疑部分属于正规的官僚体系,即像韦伯意义上的"科层制"内的"官僚"/公务员,但是我们也需要看到他们同时也属于中国式的"行政发包制",是其"内包"的人员。

至于"吏役",我们同样也不可以像周雪光(2016)那样,将其简单理解为和科层制内的官僚对立的"行政发包制"人员,而应该像周黎安论证的那样,辨别行政体系中的"内包"县官和"外包"吏役。[见周雪光(2016)和周黎安(2016)之间的论争]吏役和县官不同,他们不受同等的官僚体系内部监督和晋升激励。吏役一般是来自社会的不带薪人员,或仅带有小额"工资"(远低于其职位所能为其提供的收益),主要是(可以称作)"体制外"的、来自社会的、但处于国家和社会间的第三领域人员。

虽然如此,在其洞见之外,周黎安理论的一个可能弱点是,在比较有限的经验依据上,基本完全接纳了传统儒家意识形态所建构的关于胥吏和衙役的话语的定论(周黎安,2016:51—54;亦见周黎安,2017,第2章第3节简短得多的讨论,没有再次重复之前的论点)。笔者过去已经详细论证,在帝国儒家道德主义官方话语中,建构了高度道德化的"父母官"以及高度不道德的"吏役"两种对立形象,将前者理想化为仁治的代表,将后者则丑恶化为"衙蠹"(或"爪牙"),一如同一话语体系将县官建构为凭道德说教息讼的人员,将"讼棍"和"讼师"丑化为唆使民众兴讼的人员。这些古代官方所采用的话语建构并不符合实际,只是一种话语惯习和策略,将好的治理完全归功于被认定为具有崇高道德的、通过科举选拔的县官,而将治理体系中的腐败和不足,完全怪罪于与其相反的恶毒吏役和讼棍。这是笔者论证的道德主义话语和实用主义运作,即"表达和实践"相悖的一个侧面。[黄宗智,2014b(2001),第1卷:112—114,123—128,151—154,171—176]

周黎安之所以接纳了官方的建构,可能部分是由于对帝国官方话语缺乏反思,部分也是由于将"逐利"型道德真空化的社会投射于传统中国,认为如果缺乏处于中央的行政体系之内设定的"内包"管控和自利激励机制,便会导致完全由逐利机制主导的"衙蠹"现象。笔者这里要指出,正如上述白德瑞的专著所详细论证的,即便是巴县的胥吏和衙役,实际上也主要将自身视作准官员,并试图向关乎正式官员的道德准则看齐。他们一般都只按照人们可以接纳的惯例来收费,和官方话语表达中那样的"衙蠹"很不一样。他们的实际行为在一定程度上受到传统仁政理念的影响,也受到传统人际/社区关系网络的约束。固然,由于官府监督比较松散,吏役自主空间较大,也难免会有一些恶劣的案例,但整体来说,正如白德瑞所概括的,吏役的实际性质主要乃是一种正式与非正式二元合一的"法外的正当性"(illicit legitimacy)或"法外的(韦伯意义上的)科层制人员"(illicit bureaucrats),当然也可以称作"半正当"(semi-legitimate)的第三领域人员,区别于韦伯建构的"科层制"理想类型中的公务员。古代吏役果真都简单像官方话语建构的"衙蠹"那样,不可能会有被多个朝代所持续援的用那样强韧的生命力。(Reed,2000;亦见 Ch'ü,1962:第3章,第4章;黄宗智,2007;周保明,2009,尤见第8章)这也许是周黎安理论所需要修正的一点。

(三)国家与村庄的关系

至于今天的国家与社区间的关系,在2006年免除税费之后,国家政权一定程度上从村庄退出。税费一旦免去,便意味着村庄不再是乡镇政府税收的重要来源。因此,对乡镇政府来说,村庄的治理任务已经成为一种无酬的负担。在 GDP 增长挂帅的"行政发包制"("内包")治理体系下,农村对于官员们的"锦标赛"和政绩已经无关要紧。在既无税收也无政绩激励的实际下,乡镇政府已经成为周飞舟所谓"悬浮型"政府,无意管理村务或提供公共服务,不再是之前的具有高度基层渗透力的政府。(周飞舟,2006)结果是,村级公共服务在中央政府设立的医保和教育体系之外,较普遍地出现了危机(在广大中西部地区尤其如此,苏南集体资源比较丰厚的地区以及山东省具有集体"机动地"的地区等除外,见黄宗智,2019)。

此外,还导致了其他的反面现象。一种是近年来的"富人治村"现象——唯有本村的富户(或经商致富,或由于土地征收补偿而致富)才有资源和"本事"来办理村务,其中固然有出于为家乡服务动机者,但也难免会有不少借此追逐一己私利者。另一种则是使我们联想到土地革命前的村庄"恶霸"的"混混"(陈柏峰,2011):在税费减免之前,他们源自类似于之前由于不堪"摊款"重负而引发的混混掌权现象;在免除税费之后,则是源自村庄政权真空而衍生的腐化现象。

更有进者,在第三领域的变质反面运作中,我们还应该纳入诸如"拆迁公司"兴起的实际,它们强制甚或借助其他社会势力来对付反对拆迁者或"钉子户"。(耿羽,2015)另一种实例是城乡"劳务派遣公司"的兴起。它们受国企或民企委托来代理聘用没有或少有社会保障的"劳务派遣关系"员工("临时性、辅助性或者替代性"的"劳务关系"人员,区别于带有劳动法律保护的"劳动关系"),或对原本具有劳动关系的员工进行"改制"。在那样的国家目标和劳工利益相悖的情况下,难免会呈现压制性治理和司法现象。(黄宗智,2017b,2017c)

周黎安概括为"政场"中的"行政发包"的"内包"和"外包"治理体系和机制,一定程度上也使人联想到农村土地制度中实施的"承包制"。固然,后者不是主要为了推进GDP发展,而是从计划经济到市场经济的转型中采用的一种制度,但从土地产权最终所有者的国家与集体和农户之间的关系来看,它也是一种"内包型"的"发包"制度。原先是(等于是)国家有限地"发包"给村集体,改革后则由集体再转包("外包")给小农农户,但国家实际上仍然一直保有最终所有权(村庄土地买卖必须经过国家的批准),包括其征用权。原先的承包集体便具有一些自主权,而后来的承包农户则享有相当高度的自主权,基本可以自己确定生产什么、销售什么、吃什么,结果推进了("资本和劳动投入双密集化的")高附加值"新农业"([高档]菜果、肉禽鱼等)的发展,其所得利益基本全归农户自身。那是个既像市场经济中的发包和承包,又像行政外包的安排。此点也许更进一步说明,中国的政经体系中的"第三领域"是多么强烈地倾向发包与承包的运作模式,包括不完全的产权以及不简单是韦伯型科层制的实际运作。①

至于中央和地方政府间的"行政发包"关系,当然也使我们联想到革命根据地时期的中央和根据地间的关系。后者具有相当大

---

① 20世纪80年代以来,中央政策虽然一直没有给予"新农业"的小农主体应有的支持,而是一直偏重规模化的农业企业,但是由于小农户在市场经济环境中追求自身利益的激励机制,结果仍然导致了可观的"新农业"的快速发展,其产值在1980年到2010年间,一直以年平均6%(可比价格)的比率快速增长(远高于历史上其他的农业革命),到2010年"新农业"占到农业总产值的将近60%,远比(占地约56%的)旧农业的"谷物"所占的农业总产值比例16%高。这是个需要分别详细论析的问题,这里只点到为止。(黄宗智,2016a,2017a;黄宗智,2014a:第3卷)

的独立性,既是革命策略的有意抉择,也是当时历史环境(革命和抗日战争之中一再被"围剿",联络机会和通讯技术比较有限等)中无可避免的结果,同时无疑也是"两个积极性"的历史经验的重要来源,与一般委托—代理研究的西方市场经济和法律体系下的合同关系环境十分不同。如今的"行政发包制"也许也不能脱离那样的历史背景来认识。

最后,在当前的"项目制"治理的体制下,要么中央"内包"给地方政府,要么政府外包给社会的承包实体,给予项目承包者一定程度的自主和自理空间(即便没有"内包"的监控机制和晋升激励,仍然有"外包"的验收监督)。即便是学术研究人员承包的"项目",也从属于那样的"外包"逻辑。如今,构建"发包"与"承包"关系(以及其所涉及的各种各样复杂的委托—代理关系)确实已经成为中国政法和政经体系中的一个关键的运作方式。而且,它和"行政内包制"同样既具有正面也具有反面的实例,既可能形成结合国家提倡和奖励,承包者积极推进的互补,也可能导致个人弄虚作假的逐利、走形式等欺骗性行为。

其中关键的差别是,国家所发包的项目在目标设定以及激励机制层面上是否真正符合社会及个人的良性目标的实际需要和追求,而不是行政体制中可能呈现的脱离实际的意识形态化或形式化决策。后者一个突出的实例是国家"狭隘"地追求"粮食安全"而将种植双季稻(早稻+晚稻+越冬作物)"发包"强加于粮农,但粮农明确知道那样做是不划算的(由于过分密集的投入而导致的边际效应递减,其他投入的高价等),实际上两季稻谷种植的净收入还不如一季单季稻,从而导致作假和不满。(黄宗智、龚为纲、高原,

2014:145—150)另一个实例是国家推行美国模式的企业型"专业合作社",以奖励和税收优惠为激励,但因为完全不符合中国强韧持续的"新农业"小农经济实际,从而导致部分"虚""假"合作社的兴起。(黄宗智,2017a)在学术领域中则呈现为,学术官僚们设定的形式化和数量化目标和管理/监督,导致大规模的脱离实质的走形式,赶时髦理论或赶时髦计量技术,以及"剥削"研究生劳动等非实质性学术的恶劣现象。其中的关键仍是发包的决策者所采用的目标、激励和管理机制是否和承包者所追求的良性价值和实质性学术一致。

五、"第三领域"司法和治理

(一)政法体系中的典型"第三领域"

在中国的政法体系整体中,正义体系部分具有至为清晰和完整的关于第三领域的统计数据,因为司法体系中有比较明确的划分和按之统计的数据,而行政体系则并不具有同等明确的划分,因此也没有相关的统计数据。我们可以通过正义体系的资料,更清楚地掌握整个非正式到半正式再到正式的连续体的图像,并比较精准地区别民间的和高度政府机构化的两端之间的各种不同处理纠纷的渠道,对中国的政法和政经体系中的第三领域的整体形成一个比较全面和附带有"量"的概念的认识。

表1:2005—2009年各种主要类型调解的总数(单位:万起)

	人民调解	行政调解		司法调解		
	村、居民调解委员会	基层司法服务[a]	消费者协会(工商管理部门)	公安部门	民事法院(一审结案)	总数
每年平均处理纠纷/案件数	1030	70	75	840	492	2507
调解结案数	530	63	67	247	168	1075
调解结案比例	52%	90%	89%	29%	34%	43%

数据来源:朱景文(编):《中国法律发展报告2011:走向多元化的法律实施》,北京:中国人民大学出版社,2011年,第303—304页,表4-2;第334—335页,表4-4;第372—373页,表4-13;第374页,表4-15;第376页,表4-16。

a 该项没有2006年数据。

表1列出的是2005—2009年全国每年(平均)约2500万起纠纷的不同处理渠道,从左侧相对最为非正式的"村、居民调解委员会"("人民调解")处理的约1000万起,到至为正式化的法院体系的调解和审结的将近500万起。中间各渠道所处理的近1000万起则主要包含(乡镇级的)半正式"法律服务所"处理的70万起,工商管理部门指导下的半正式"消费者协会"处理的75万起,以及公安部门处理的840万起。

固然,即便是至为"非正规"的村庄"人民调解",一般也有村干部参与[但如今已不像1978—1983年改革初期那样是以村支书和大队长领导或亲自处理为主,而是主要依赖一般干部和本村社区的民间有威望的人士。参见黄宗智,2014b(2009),第3卷,尤见第2章;18—55],堪称主要是非正式和半正式第三领域的处理渠道。至为正式化的法院所处理的500万起,也包括一定比例(34%)的(非正式的或第三领域的半正式的)由调解机制来结案而不是审结结案的案例。我们因此需要清楚认识,整个正义体系所代表的是一个从非正式到半正式再到正式的连续体。表1左侧和中间的相对非正式和半正式渠道调解结案数,占到所有案件中的不止80%。

与西方的正义体系相比,中国的正义体系具有两大特色:一是高度依赖非正式的民间调解——西方法庭则基本不调解,在法庭体系之外进行的真正的调解只占很低比例(美国不到2%,即便是被认作典范的荷兰也大致如此);二是庞大的中间领域——非正式和半正式渠道占到所有纠纷解决渠道的80%,在2500万起纠纷中,成功解决纠纷的妥协性、部分妥协性的调解和行政调处结案的数量则达到1000万起。在西方,由于缺乏非正式调解体系,也就根本谈不上由其与正式法庭体系互动而产生的第三领域纠纷处理。正如上文已经说明,与西方的正义体系不同,中国的正义体系长期以来一直是高度依赖非正式的民间调解机制,以及由其和正式法院判案结合而形成的中间的第三领域(这也是承继"中华法系"传统的"东亚"国家和地区——尤其是日本和韩国——与西方的主要不同,见黄宗智,2016b)。我们可以据此分析其中所包含的逻辑和机制。

从中国和西方的比较我们可以看到,第三领域形成的基本条件是儒家治理传统所长期和广泛依赖的民间调解,缺此便不会有由其与正式审判机制互动而产生的第三领域的纠纷调解和治理。

正因为中华法系具备西方所没有的庞大的社会—民间非正式"民事"纠纷处理传统,才可能形成古代的"以刑为主"的正式法律体系;正因为其庞大的非正式纠纷调解制度,才会形成由其与正式法律系统互动而产生的半正式体系。而在"现代化"(包括现代工商业、市场经济和城镇化)的客观环境下,由于原来的村庄熟人社会逐渐转化为半熟人社会,甚至类似于大城市中的陌生人社会,不可能再仅仅依赖社会在儒家道德理念的塑造下所形成的完全基于人际关系(由大家认识的有威望的人士出面主持调解,依靠和谐和互让的道德理念来调解纠纷,以及通过赔礼道歉的方式来维护社区的人际关系)来解决纠纷的调解机制,而必须不同程度上依赖政府威权,遂形成了众多的半正式渠道。在"转型"的剧变过程中,社会矛盾特别尖锐,数量也特多,尤其需要那样的纠纷解决机制。

西方的经验则很不一样。从20世纪70年代以来逐步兴起的,常被等同于中国的调解体系的"非诉讼纠纷解决"(Alternative Dispute Resolution, ADR)制度的起源和逻辑完全不同。因为法庭制度的费用过高,达到了一般人无法承受的程度,而采纳了一些较低成本的制度。譬如,花费低一些的"仲裁",由退休法官使用会议室或课室而不是正式法庭来"仲裁",但实质上仍然是必分胜负的审判,败诉方必须承担(仍然是较昂贵的)仲裁诉讼费用。又譬如,由当事人及其律师,出于对胜负概率的计算而在庭审前由双方达成的"庭外协定"。两者实质上都和中国以妥协为主并由在任法官带头实施的调解性质十分不同。西方真正的调解,由于必须完全脱离法庭制度和不带任何强制性,只可能是成效很低的纠纷解决方式。(黄宗智,2016,尤见第16—21页)

长期以来,中国的非正式与半正式的治理/政法体系都源自传统的"简约治理"。一方面,它是儒家传统的一个重要治理理念——尽可能让社会本身凭借其道德价值观来处理纠纷;另一方面,它也是(韦伯所谓的)"世袭君主制"(patrimonialism)下中央集权政权组织的结构性需要:集权的中央政法体系至为担心的是回归封建制度下的领主分权分地。集权的皇帝依赖的是官员对其自身(和皇朝)的忠诚,其治理方式又是一层层地依赖同样集权的地方官员,而每多隔一层便会加大失去那种个人化忠诚的风险。因此,十分需要尽可能简化官僚层级结构,尽可能使其与皇帝的中央权力的隔离最小化。这是正式官员基本截止于县一级(在19世纪平均约25万人口)的"低基层渗透力"的肇因之一,也是"简约治理"的一个重要起源。集权和简约治理实际上乃是相互关联、相辅相成的一个二元合一体制。(黄宗智,2007;亦见黄宗智,2014b[2001],第1卷:183—184,185—188)

同时,国库的有限收入也和其直接相关。上面我们已经看到,相比西方的前现代封建主义制度,中国在"简约治理"的理念下从社会所抽取的税收一直都较低——占农业产值的2%—4%,相对于西方和日本封建制度下的10%或更多。(Wang,1973a,1973b)那样的"简约"税收正是简约治理的一个基本动机,也是其反映,两者是相辅相成的统一体。在农耕社会中,国家收入相比工业社会要少得多,促使政权趋向依赖最简约的、最低成本的非正式和半正式治理机制。

当然,这一切并不是说第三领域的司法完全是正面的。我们知道,行政和公安"调解"都很容易变质为仅仅是形式上的调解和妥协,实质上容易成为只是名义上的调解,基本由权力方说了算。在那样的实际运作情况下,所谓"调解"可能成为剥夺当事人提出诉讼权利的借口。20世纪90年代后期的(中小)国企工人"下岗"过程中,国家规定法院不受理涉及国企员工福利的争执,由企业方来处理,其目的是让中小国企"甩包袱",推进经济发展。那样的措施也许可以视作转型中迫不得已的抉择,但无疑带有一定的压制性。在未来的远景之中,我们也许应该期望国家与社会之间更为均衡的互动。

(二)国家机构的社会化与社会机构的国家化

在理论层面上,哈贝马斯(Jürgen Habermas)论述18世纪伴随资本主义经济而兴起的"资产阶级公共领域"(bourgeois public sphere)的著作,和我们这里的主题也有一定的关联。他的《公共领域的结构转型》(*The Structural Transformation of the Public Sphere*)主要内容其实并不简单是后来被广泛意识形态化的"公共领域"理念/理论(被民主和自由主义人士等同于反威权主义统治的"公民社会"[civil society]理想类型),更是关于18世纪之后"公共领域"由于"社会的国家化"和"国家的社会化"(state-ification of society and societalization of the state)而逐渐消失的实质性历史演变。其"公共领域"指的是18世纪在西方(英国和法国)伴随资产阶级兴起而来的处于旧国家政权范围之外的新公议传统,是资产阶级与国家政权对立的一个现象,而其书随后论证的则是(书题所标明的)"公共领域的结构转型",即由于国家和社会相互渗透的长时段历史趋势而导致了与国家对立的公共领域的逐步消失。哈贝马斯尤其关心的是(非理性的)"群众化社会"(mass society)与专制政府(德国的纳粹主义政府)的结合与兴起。(Habermas,1989;黄宗智,2003[1993,2015a])

20世纪90年代,伴随苏联和东欧共产党政权的崩溃,人们从哈贝马斯这本书中汲取的不是著作的实际历史内容,而是其对于18世纪古典自由主义"(资产阶级的)公共领域"的理想化设定,包括对社会和国家关系的二元对立的设定,将其理解为一种古典自由主义民主理念的追求。这在中国晚清及民国时期的商会研究文献中比较显著(马敏、付海晏,2010),相对忽视了哈贝马斯"社会的国家化"和"国家的社会化"关于19世纪和20世纪的历史演变实际的有用概括,对于西方如此,对于中国更是如此。

我们这里论述的第三领域一定程度上也可以通过"国家的社会化"来认识。譬如,如今国家机构纳入了之前主要是社会的纠纷解决调解机制,包括由第三领域中的乡镇政府下属的法律服务所进行调解,由工商部门指导下的消费者协会调解消费者与生产/销售者之间的纠纷,以及由公安部门和法院进行相当大量的调解。这主要是为了降低治理成本。同时,也可以通过"社会的国家化"来认识社会机构之转化为半正式或正式政府机构(包括民国时期的商会),如乡镇级的简约的乡保之转化为正式的乡镇政府机构,村级非正式首事自治转化为(先是半正式的村长制,而后是)半正式的大队的党支部书记和大队长,再后来是如今的半正式村"两委"的党支部书记和村委会主任。非正式的民间调解之转化为有干部参与的"调解委员会"调解也是社会的国家化的实例。此中的关键是国家和社会的二元互动合一。

我们同时也要认识到,以上所举例子在中国历史中的起点不是西方近现代之前的相对分权,但更强地渗透基层农民社会的封建领主制传统,而是中国的皇朝大国的"集权的简约治理";不是18世纪兴起的资本主义和与国家对立的古典自由主义(和"资产阶级公共领域"),更不是19世纪后期的"资产阶级公共领域"的"结构性转型"和消失,当然也不简单是伴随现代化而来的"民族国家建设"和韦伯所提出的现代科层制,而是在传统的集权的简约治理大框架中伴随工商业的兴起而产生的一些新现象,包括清末和民国时期的商会。也就是说,我们需要将现有理论"历史化",即将其置于历史情境和演变中来认识,这样才可能从中选出有用部分,或将其重构来认识与西方十分不同的中国古代及其现代化过程的实质内容,才可能建构扎根于中国实际的理论。

六、结语

纵览中国"第三领域"的形成和演变的历史,我们可以看到,其根源绝对不是西方的分隔的封建制度,也不是资本主义社会和现代民族国家科层制的兴起,更不是18世纪资产阶级和国家对立的"资产阶级公共领域",或其之后的结构性转型和消失,而是集权的皇朝国家与小农社会之间的结合,以及其在近现代的演变。由此产生的具有特殊逻辑的第三领域,是一个具有一定"特色"的中国传统,是一个来自中央集权大国和基层小农社会相结合所形成的政法和政经体系传统。

伴随工商业的发展以及国家财政收入的扩增,西方形成了以"科层制"为主的专业化(领薪)、规则化、程序化的公务员体系,在上层受约束于其民主理念和三权分立,在基层则具有强大的渗透力,包括公共服务能力。中国近代—现代—当代演变则十分不同:在上层维持了高度中央集权的体制,以及一定程度的科层制化官僚体系,在基层虽然短暂地在计划经济体系下,凭借革命政党—国家治理体系形成了高渗透力的政经体系,但之后伴随改革和民营企业的兴起,国家和社会间的关系开始转向,2006年废除农村税费之后,国家一定程度上从村庄退出,村庄内部的公共服务出现危机。国家治理重新返向相对"简约"型的基层治理状态。

同时,在民营企业快速扩展的实际上(如今已经占到非农国内生产总值的一半以上),国家相对社会—经济的控制一定程度上松弛化,两者之间出现更多的搭配、合作、互动,由此扩大了"第三领域"。伴之而来的是治理体系中更广泛地使用"行政发包制"的"内包"和"外包",激活、贯彻、推广了党内的中央和地方"两个积极性"结合的传统,借此推动了举世瞩目的GDP发展。同时,也推广了国家和社会—经济的现代型第三领域结合,包括在"项目制"治理下的"内包"和"外包"被广泛用于全社会,导致了第三领域的更大规模扩展。

但是,由于国家与社会结合的主要目标是GDP增长,这也导致公共服务、社会公正、劳动法规、环境保护等领域被相对忽视。而且,由于其所依赖的主要是私人逐利激励机制,在行政发包体系的实际运作中,难免会出现地方政府官员的贪污腐败、商人攫取暴利等反面现象,也出现了地方本位主义("属地化")的后果,导致不同地方间的隔离和显著差异。此外,由于采用了常常是不符实际的形式化、数据化管理和监督手段,导致了形象工程、虚伪的示范区等变质现象,即便在学术界也相当突出。

在正义体系中,非正式正义(民间调解)的顽强持续,半正式调解大规模扩增,在相对低成本地解决大量纠纷方面做出了突出成绩。但是,也可以看到其中的反面运作,即所谓妥协性调解实质上变成过度威权化的体系,仅具调解形式而不具调解实质,容易成为威权化的命令型纠纷处理,甚至以调解名义拒绝公民凭借诉讼来争取正义。

在西方,现代国家建设的一个主要内容是新型的(公务员)"科层制"体系和凭借正式法规的治理,高度渗透基层社会的权力及公共服务。其发包关系主要见于市场经济和正式法制下的个体或公司间的横向委托—代理契约/合同关系,较少有官僚体系内部的垂直内包关系,以及国家和社会—经济之间的外包关系,亦即中国式的第三领域型的"行政发包制"下的"内包"和"外包"。

我们还需要注意到,正因为中国的治理体系很大部分是来自政府与社会的互动(而不是政府单一方采用某种政策或治理模式),两者任何一方的剧变都会直接影响其互动下所产生的第三领域。在传统社会中,社会是个具有紧密人际关系和相关(儒家)道德理念的社会,"行政发包制"的运作和今天的社会环境十分不同。如今,个人"逐利"的价值观广为盛行,很大程度上取代了传统儒家道德价值观和社区亲邻关系的约束。因此,比较容易在"行政发包制"的第三领域中,出现较多的腐败和为一己私利的行为。未来亟须重建既承继传统又是现代型的道德价值来填补目前的道德危机。

当然，在现当代中国也出现了一定程度的类似于西方科层制的国家机构。在较高度专业化的和新型的领域中，需要并形成了类似于西方现代国家建设的专业化、程序化的公务员制度和科层制机构，诸如新设的金融、环保、食物安全、疾病控制和预防、药品监管等行政机构。虽然如此，"第三领域"机构和治理仍然在快速和大规模地扩充。也就是说，中国的治理体系绝对不可简单仅从韦伯型的科层制理论来理解。

本文提倡的是，要通过变动中的社会—经济和变动中的政法—政经体系间的互动来认识中国传统和现代的治理体系。其中，由"集权的简约治理"所形成的第三领域的简约治理模式，包括"行政发包制"的"内包"和"外包"，乃是一个根本性的起点和特征，十分不同于西方低度集权和高度渗透的现代科层制。我们需要的是将西方理论置于其历史情境中辨析、与其对话和将其重构，来建立扎根于中国实际的新理论概括。

中国古代的第三领域，说到底乃是一种君权相对"子民"（亦可见于父权相对于子女和夫权相对于妻子）之间权力悬殊的互动合一关系，今天仍然是个"大哥"和"小弟"之间的合一，容易导致强势方设定与社会需要相悖的目标、过分依赖个人逐利机制以及脱离实际的形式化监督管理等反面现象。但是，伴随社会组织的成长，也许未来的中国能够走出一条国家和社会间权力更为均衡以及更为良性互动的新道路，既能够约束国家采用脱离实际的或压制性的政策，也能够形成更大能量的现代国家—社会二元合一的治理体系。

我们可以想象由下而上的但也带有国家认可和扶持的"国家化"社会组织,譬如,建立带有国家领导和扶持的,但是基于村庄社区由下而上的、村民积极参与的、真正服务于村民的(如为农产品提供"纵向一体化"的加工和销售物流服务的东亚型)合作社("农协")(黄宗智,2018,2015b)、城镇社区组织,以及商会、工会和其他社会组织,包括各种各样的专业组织,也包括社会—国家协同提供公共服务、福利、劳动保护、保险等组织。另外还有由社会高度参与的"社会化"国家机构,如纳入社会参与的乡镇法律服务所、消费者协会,以及公安部门和法院的调解组织等。在治理体系上,一方面固然应该在某些领域,特别是现代专业化程度较高的新型领域建立所必需的"科层制"和"公务员"化机构;但另一方面,也可以在多方面承继、更新中国比较特殊的国家和社会携手的低成本第三领域机构和组织。一种可能的远景是,形成一个既具有中国特色也是"现代化"的"'中度'国家集权"+"较高度渗透社会"的第三领域(特别是农村公共服务方面)的现代中国式政法体系。因为,历史已经告诉我们,国家和社会在第三领域的良性携手,能够释放出极大的能量。

参考文献:

陈柏峰,2011,《乡村江湖:两湖平原"混混"研究》,北京:中国政法大学出版社。

樊德雯,2006,《乡村—政府之间的合作——现代公立学堂及其经费来源(奉天省海城县:1905—1931)》,载《中国乡村研究》第4辑,北京:社会科学文献出版社,第79—124页。亦见黄宗智、尤陈俊主编,2009,《从诉讼档案出发:中国的法律、社会与文化》,北京:法律出版社。

耿羽,2015,《当前"半正式行政"的异化与改进——以征地拆迁为例》,载《中国乡村研究》第 12 辑,第 79—95 页,福州:福建教育出版社。

何炳棣,1966,《中国会馆史论》,台北:台湾学生书局。

黄宗智,2019,《"实践社会科学:国家与社会和个人之间"专题导言》,载《开放时代》第 2 期,第 13—19 页。

黄宗智,2018,《怎样推进中国农产品纵向一体化物流的发展?——美国、中国和"东亚模式"的比较》,载《开放时代》第 1 期,第 151—165 页。

黄宗智,2017a,《中国农业发展三大模式:行政、放任与合作的利与弊》,载《开放时代》第 1 期,第 128—153 页。

黄宗智,2017b,《中国的劳务派遣:从诉讼档案出发的研究(之一)》,载《开放时代》第 3 期,第 126—147 页。

黄宗智,2017c,《中国的劳务派遣:从诉讼档案出发的研究(之二)》,载《开放时代》第 4 期,第 152—176 页。

黄宗智,2016a,《中国的隐性农业革命(1980—2010)——一个历史和比较的视野》,载《开放时代》第 2 期,第 11—35 页。

黄宗智,2016b,《中国古今的民、刑事正义体系——全球视野下的中华法系》,载《法学家》第 1 期,第 1—27 页。

黄宗智,2015a,《中国经济是怎样如此快速发展的?——五种巧合的交汇》,载《开放时代》第 3 期,第 100—124 页。

黄宗智,2015b,《农业合作化路径选择的两大盲点:东亚农业合作化历史经验的启示》,载《开放时代》第 5 期,第 18—35 页。

黄宗智,2014a,《明清以来的乡村社会经济变迁:历史、理论与现实》,三卷本增订版[第 1 卷(1986):《华北的小农经济与社会变迁》;第 2

卷(1992):《长江三角洲小农家庭与乡村发展》;第3卷(2014):《超越左右:从实践历史探寻中国农村发展出路》],北京:法律出版社。

黄宗智,2014b,《清代以来民事法律的表达与实践:历史、理论与现实》,三卷本增订版[第1卷(2001):《清代的法律、社会与文化:民法的表达与实践》;第2卷(2003):《法典、习俗与司法实践:清代与民国的比较》;第3卷(2009):《过去和现在:中国民事法律实践的探索》],北京:法律出版社。

黄宗智,2011,《重庆:"第三只手"推动的公平发展?》,载《开放时代》第9期,第6—32页。

黄宗智,2010,《中国发展经验的理论与实用含义——非正规经济实践》,载《开放时代》第10期,第134—158页。

黄宗智,2007,《集权的简约治理:中国以准官员和纠纷解决为主的半正式基层行政》,载《中国乡村研究》第5辑,第1—23页。亦见黄宗智《集权的简约治理——中国以准官员和纠纷解决为主的半正式基层行政》,载《开放时代》第2期,第1—29页。

黄宗智,2003,《中国的"公共领域"与"市民社会"——国家与社会间的第三领域》,载黄宗智(编)《中国研究的范式问题讨论》,北京:社会科学文献出版社,第260—285页[原载邓正来、J. C. 亚历山大编,1999,《国家与市民社会:一种社会理论的研究路径》,北京:中央编译出版社,第421—443页)。英文版见 Philip C. C. Huang, "Public Sphere / Civil Society in China? The Third Realm between State and Society," *Modern China*, 19, 2(April 1993), pp. 216-240。中文修订版见黄宗智,2015,《实践与理论:中国社会、经济与法律的历史与现实研究》,北京:法律出版社,第114—135页。

黄宗智、龚为纲、高原,2014,《"项目制"的运作机制和效果是"合理化"吗?》,载《开放时代》第5期,第143—159页。

马敏、付海晏,2010,《近20年来的中国商会史研究(1990—2009)》,载《近代史研究》第2期,第126—142页。

马敏、朱英,1993,《传统与近代的二重变奏——晚清苏州商会个案研究》,成都:巴蜀书社。

《人民网评:更好发挥中央和地方两个积极性》,2018,人民网,http://opinion.people.com.cn/n1/2018/0301/c1003-29841981.html,2019年1月访问。

章开沅、马敏、朱英主编,2000,《中国近代史上的官绅商学》,武汉:湖北人民出版社。

赵珊,2019,《塑造与运作:天津商会解纷机制的半正式实践》,载《开放时代》第2期,第53—68页。

赵珊,2018,《清末民国天津商会商事纠纷理断型式研究》,天津商业大学硕士论文。

周保明,2009,《清代地方吏役制度研究》,上海:上海书店出版社。

周飞舟,2009,《锦标赛体制》,载《社会学研究》第3期,第54—77页。

周飞舟,2006,《从汲取型政权到"悬浮型"政权——税费改革对国家与农民关系之影响》,载《社会学研究》第3期。

周黎安,2018,《"官场+市场"与中国增长故事》,载《社会》第2期,第1—45页。

周黎安,2017,《转型中的地方政府:官员激励与治理》(第二版),上海:格致出版社。

周黎安,2016,《行政发包的组织边界:兼论"官吏分途"与"层级分流"现象》,载《社会》第1期,第34—64页。

周黎安,2014,《行政发包制》,载《社会》第6期,第1—38页。

周黎安,2007,《中国地方官员的晋升锦标赛模式研究》,载《经济研究》第7期,第36—50页。

周雪光,2011,《权威体制与有效治理:当代中国国家治理的制度逻辑》,载《开放时代》第10期,第67—85页。

Ch'ü, T'ung-tsu(瞿同祖),1962, *Local Government in China under the Ch'ing*, Cambridge, Mass.: Harvard University Press.

Drèze, Jean and Amartya Sen, 1995, *India: Economic Development and Social Opportunity*, New Delhi: Oxford University Press.

Habermas, Jürgen, 1989, *The Structural Transformation of the Public Sphere: An Inquiry into a Category of Bourgeois Society*, trans. by Thomas Burger, Cambridge, Mass.: M.I.T. Press.

Hsiao, Kung-ch'üan(萧公权), 1960, *Rural China: Imperial Control in the Nineteenth Century*, Seattle: University of Washington Press.

Johnson, Chalmers, 1999, "The Developmental State: Odyssey of a Concept," in Meredith Woo-Cumings(ed.), *The Developmental State*, Cornell University Press, pp.32-60.

Johnson, Chalmers, 1982, *MITI and the Japanese Miracle: The Growth of Industrial Policy, 1925-1975*, Cali.: Stanford University Press.

Lin, Justin(林毅夫), Fang Cai(蔡昉), and Zhou Li(李周),2003, *The China Miracle: Development Strategy and Economic Reform*, revised edition, Hong Kong: The Chinese University Press.

Mann, Michael, 1986, *The Sources of Social Power, I: A History of Power from the Beginning to A.D. 760*, Cambridge: Cambridge University Press.

Mann, Michael, 1984, "The Autonomous Power of the State: Its Origins,

Mechanisms and Results,"*Archives Européennes de Sociologie*, 25, pp. 185-213.

Montinola, Gabriella, Yingyi Qian, and Barry R. Weingast, 1995, "Federalism, Chinese Style: The Political Basis for Economic Success in China, "*World Politics*, 48(Oct.), pp. 50-81.

Oi, Jean C., 1992, "Fiscal Reform and the Economic Foundations of Local State Corporatism in China, "*World Politics*, Vol. 45, No. 1(Oct.), pp. 99-126.

Pepper, Suzanne, 1996, *Radicalism and Education Reform in 20th Century China*, Cambridge, Eng.: Cambridge University Press.

Perkins, Dwight and Shahid Yusuf, 1984, *Rural Development in China*, Baltimore, Maryland: The Johns Hopkins University Press.

Qian, Yingyi and Barry R. Weingast, 1997, "Federalism as a Commitment to Preserving Market Incentives, "*Journal of Economic Perspectives*, Vol. 11, No. 4(Fall), pp. 83-92.

Reed, Bradly W., 2000, *Talons and Teeth: County Clerks and Runners in the Qing Dynasty*, Stanford: Stanford University Press.

Tilly, Charles, 1975, "Western State-Making and Theories of Political Transformation, " in *The Formation of National-States in Western Europe*, Princeton, N. J.: Princeton University Press, pp. 601-638.

Vanderven, Elizabeth, 2013, *A School in Every Village: Education Reform in a Northeast China County, 1904-1931*, Vancouver: University of British Columbia Press.

Vanderven, Elizabeth, 2005, " Village-State Cooperation: Modern Community Schools and Their Funding, Haicheng County, Fengtian, 1905-1931, "*Modern China*, 31, 2(April), pp. 204-235.

Vanderven, Elizabeth, 2003, *Educational Reform and Village Society in Early Twentieth-Century Northeast China: Haicheng, County, 1905 – 1931*, Ph.D. dissertation, University of California, Los Angeles.

Walder, Andrew, 1995, "Local Governments as Industrial Firms: An Organizational Analysis of China's, Transitional Economy," *The American Journal of Sociology*, Vol. 101, No. 2(Sept.) , pp. 263–301.

Wang, Yeh-chien, 1973a, *Land Taxation in Imperial China, 1750–1911*, Cambridge, Mass.: Harvard University Press.

Wang, Yeh-chien, 1973b, *An Estimate of the Land Tax Collection in China, 1753 and 1908*, Cambridge, Mass.: East Asian Research Center, Harvard University.

Weber, Max, 1978, *Economy and Society*, 2 Vols., edited by Guenther Roth and Claus Wittich, Berkeley: University of California Press.

第六章　国家·市场·社会：关于中西国力现代化路径不同的思考

在国家与社会、国家与市场的关系问题上，现代西方需要我们从其双重性来认识和理解。一方面，如其英美主流自由主义的表达和理论那样，它带有崇高的自由民主理念，也有令人羡慕的先进的经济发展，但另一方面，它也有其贪得无厌的一面，可以相当具体地见于其帝国主义和殖民主义的历史实际，也可以见于其全球化主义。

社会科学的两大主要理论和意识形态——自由主义与马克思主义——则主要仅强调其单一面。西方理论的影响是如此之强大，即便是在受害于现代西方的"第三世界"国家中，也同样似乎只能要么仅是偏重其正面，要么仅是其反面。中国便是一个例子，在其近现代史中，一再从一端转向另一端，似乎不可能同时考虑到其双重性。先是表现在清政府对西方的（逐层）拒绝，后是国民党执

第六章 国家·市场·社会:关于中西国力现代化路径不同的思考

政时期对其的模仿意图;到中华人民共和国的计划经济时期再度拒绝,再到如今的改革时期,再度试图借鉴。但是,从历史实践来考虑,现代西方的实际,区别于其本身的主流和反主流表达、理论和意识形态,从来都是双重性的。

区别西方的英美新自由主义意识形态与其历史实际的不同,我们才能够跳出凭借其建构的理想化普适理论的陷阱来认识现当代中国,才可能通过对比现代西方和中国的实践历史来认识两者在建立现代国力、国家和市场关系,以及国家和社会关系之间的不同历史路径。那样,才能够建立一个具有中国主体性的社会科学,想象一个超越现有西方主流理论范围的未来。那既是认识中国实际的关键,也是设想一个不同于西方现代化的长远道路的关键。

一、现代西方的双重历史实际

我们可以先从国家与市场的关系进入讨论。亚当·斯密在1776年针对之前17、18世纪的"重商主义"提出,没有国家干预的自由贸易,包括城乡、不同地区和不同国家之间的贸易,是对双方都有利的。抽象地说,甲地能够较便宜地生产某产品 A(后人将其更明确精准地表述为:由于其"资源禀赋"方面的"比较优势"),而乙地则须要花较高的成本;但在产品 B 方面则正好相反——两地交换无疑对双方都有利,可以使两地都降低其产品 A 和 B 的总成本和价格,由此促进经济整体中的分工、效率和增长。据此,斯密争论自由市场经济乃是推动经济发展的关键动力。[Smith, 1976 (1777):尤见第四编(Book IV)]

之前的重商主义理论则认为,贸易逆差的国家会受损,而顺差的国家受益(由于获得更多金银,能够赖以建立强大的军队),因此,必须凭借国家的(贸易)保护主义来促使贸易逆差最小化,顺差最大化,亦即如今反全球化的新重商主义的核心观点,那无疑是失之片面的。

亚当·斯密的目的是要为市场经济争得其自由发展的空间,认为它会导致全经济体的广泛增长。他没有可能预见到后来的帝国主义—殖民主义的侵略全球实际,他更不可能预见到如今的全球化经济实际。全球化固然有其推进贸易双方和经济发展的一面,但也有其主要由发达国家,特别是其巨型跨国公司凭借使用发展中国家的廉价劳动力来获得更高利润,并在不平等国力(和经济发展水平)的两方的国际交易之中,占据交易利益的大头的一面。

如今,跨国公司的贪婪行为已经不简单是一小撮人或公司的,而是全球化的金融市场整体的运作逻辑。核心是一个(上市)公司在金融市场的股价,它才是主宰公司管理人员行为的真正"老板"。一个公司的股价和股值主要取决于其营业的利润率:一般来说,公司的利润率越高,其股价对收益的比率也越高。这是因为,股票评估专业人士一般都会根据一个公司近年的利润率来预测其前景,由此直接影响到购买股票者的抉择,进而影响到公司的股价和股值。苹果公司,作为目前全球股值最大最成功的上市公司,便是至为"典型"的例子。它通过中国台湾地区的富士康公司来雇佣超过百万的中国廉价劳动力,来为其在中国——特别是在郑州和深圳——进行手机零件的生产和装配。如今,仅郑州35万员工的富士康厂便能生产苹果公司 iPhone 总数的一半。那样,苹果公司可以凭借富士康公司所能接受的较低利润率——一般才约7%——来降低其产品的劳动成本(而中国地方政府则为了属地的发展为其提供了各种各样的激励,包括免税或减税、基础设施、贷款、低成本劳动力等)。苹果公司自身则主要只集中于利润率最高的——不止30%——设计和销售两端,因此而占到全球智能手机行业的90%的利润(即便在销售手机的总数量上仅占其12%),凭此获得了令几乎所有的上市公司羡慕的高利润率、股价和股值。① (Barboza 2016; 黄宗智 2018a)

正因为如此,它会被绝大多数的股票分析专家们评为最好的股票,能够让购买者获得较高额的回报,由此成为众多基金组织和千千万万私人投资者所最想拥有的股票之一,转而促使股价(及其股价相对利润的比例 price/earnings ratio)持续上升。股价和股值则成为对公司管理人员表现评估的至为关键的一个标准。如今,这样的逻辑已不简单是任何个人或一小撮人或公司的恶意的后果,而是一个被人们视作定理的超巨型金融市场的无可辩驳的制度化基本运作逻辑。在那样的制度中,追求利润最大化(和尽可能压低劳动力成本)乃是理所当然的事。②(黄宗智 2017)

这也是促使跨国公司执行许多不顾劳动者利益的举措,包括

---

① 当然,此中原因也包括其在爱尔兰设立公司总部来避免、减轻美国国家的税额等其他利润率最大化的手段。毋庸说,其高超的销售和服务也是其成功的重要因素。
② 2019年8月19日,由192位美国大公司执行总裁组成的"商业圆桌"(Business Roundtable)组织发表了具有其中181位总裁署名的声明,一反其1997年以来明文定下的总原则——公司应该"以其股票拥有者的回报为主要目的"[简称"股东至上"(shareholder primacy)]——而指出,公司还应该考虑到客户、员工、供货商、社区等的利益。(Washington Post, August 19, 2019)毋庸说,真正的改革尚待未来。(新宣言见"Statement on the Purpose of a Corporation,"2019)

由于雇佣外国廉价劳动("外包")而威胁到本国人民的就业机会的原因。跨国农业公司会不顾其产品的可能毒性而尽力推销;跨国制药公司会无视患者(尤其是贫穷国家的患者)的生死而尽量提高其所发明的药品的价格。此类行为是同一逻辑所导致的后果,也是许多人们反对全球化的原因。

斯密的后人,从古典自由主义到新自由主义经济学和新保守主义,则将斯密的自由市场理论建构为适用于一切经济发展的意识形态。他们争论,经济发展,也可以说,资本主义发展的历史,全过程是出于"理性经济人"在市场经济竞争中所做的最优化抉择;在市场竞争的交易、定价大环境中,他们的抉择将会促成"资源的最佳配置",推进螺旋式的发展,导致最大多数人的幸福("水涨船高")。他们借助斯密反对重商主义的论述,而特别突出如此的逻辑唯有在没有国家对经济"干预"的"放任"(laissez faire)条件下,方才能够让自律的市场的"看不见的手"充分发挥作用。他们将如此的理念建构为所有现代经济发展的普适经济"科学"。

那样的建构无疑是言过其实、失之片面的概括。它不符合资本主义经济发展的实际历史。我们已经看到,在其早期的17、18世纪重商主义时期,它是由新兴民族国家大力推进的:国家为了在国际争夺中扩充国力和战力,大力支持(能为其提供财政收入的)贸易公司的扩展。大英帝国赋予垄断权力的东印度公司便是很好的例子,该公司甚至一度达到拥有相当规模(25万人)的军队,更成为统治印度殖民地的政府机构。也就是说,国家实际上直接卫护和推进重商主义下的国际贸易和资本主义发展。但斯密以来兴起的主流自由主义经济学理论,却将资本主义的经济发展建构为完全是由国家"放任"的市场经济来推动的,将即便是资本主义前期的两个世纪中的发展历史,都重构为放任型政府和市场看不见的手的运作的结果。至于其后的19世纪,亦即古典自由主义经济学的极盛时期,也使用了同样的建构来论述帝国主义和殖民主义国家的实际,从而成为其侵略的借口。再其后,即便是1929—1933年的资本主义经济大萧条之后兴起的福利国家通过社会保障和劳动立法给予了资本主义经济重兴的生命力的历史实际,也被他们建构为基本是自由主义市场机制的历史。再其后,他们更将发达国家和其巨型跨国公司推动的全球化建构为同样的放任主义市场经济。

新自由主义经济理论的影响是如此之强大,有些带有批评观点的论者虽然强调了新自由主义理论并不适用于所有的国家,论证它被一些后发展国家的实际经验所证伪,但仍然将主要西方现代国家特别是英国和美国的历史经验,基本全让给了新自由主义理论,仅将其批评意见限定于某些后发展的国家。

笔者这里要特别强调的是,即便是从主要的新自由主义的英国和美国的历史实际来回顾,新自由主义理论建构也是片面的话语/理论,绝对不该被认作历史的真实写照。资本主义国家的实际历史显然是一个双重性的历史。总体来说,资本主义经济的发展历史一直是和国家密不可分的,和新兴西方现代民族国家的国际竞争和频繁的战争及其后对欠发展地区的帝国主义侵略密不可分,更和之后的资本全球逐利历史密不可分。从这样的角度来考虑,放任型市场经济无疑仅是一种单一面的、理想化了的虚构,遮蔽了另一面的实际。当然,也绝对不仅仅是为大多数人带来最大幸福的道路。在这点上,马克思—列宁关于资本主义—帝国主义的论析相对比较明晰,与(新)自由主义的建构截然不同。

也就是说,我们需要认识到现代西方的实际的双重性格:一方面是其比较崇高的民主自由理念、治理制度及蓬勃的现代化工业经济发展,也包括其所建构的自由市场主义和近几十年的全球化主义;另一方面则是其重商主义时期的民族国家的军事竞争和战争,其后的对后发展国家/地区的侵略(如大英帝国的海上霸权),以及再其后(尤其是美国)的全球霸权追逐(美国在其境外全球各地拥有约800个军事基地便是最具体的例证)(Vine, 2015;根据Johnson, 2007的扎实专著研究,在2006年共737个),包括其跨国公司的制度化无穷逐利,不顾劳动者的利益。两个方面缺一不可。面对这样的双重历史实际,我们绝对不可仅仅完全依赖任何单一方的理论来认识、理解。

但是,不仅在现代西方的自我表述中,甚至也在近现代发展中国家的历史之中,却充满对现代西方偏向单一面的认识和理解。一是简单地追随西方建构的自由民主主义的一面,一是拒绝资本主义和市场经济的马克思主义的一面。中国本身一定程度上便经历过对这两个截然不同的认识的态度:一是国民党政府之试图模仿现代西方资本主义的中华民国;二是拒绝现代西方资本主义的共产主义革命政权和计划经济时期的中华人民共和国;三是改革时期的借鉴模仿新自由主义市场经济发展的当代中国。

伴随单一面的认识而来的是对现代化路径的截然对立的认识。在西化和追求民主自由理念的时期中,中国的改良思想错误地以为民主和自由的政治经济体系乃是现代化和现代国力的关键。中国的戊戌变法和五四运动时期的主流思想都显示其深层的影响。而在中国共产党领导的革命时期,则相反地将自由民主和市场经济贬为完全是"资产阶级"所制作的虚构,将其认作不过是遮蔽阶级剥削和帝国主义侵略实际的虚构。在前一阶段,没有认识到西方现代国家能力建设的双面实际;在后一阶段,则没有认识到市场经济推动经济发展的能力。我们需要将现代西方主流理论置于一旁,聚焦于中西实践历史的不同,才有可能认识到其历史实际,才有可能设想一个不同于西方主流的社会科学、不同于西方的现代化路径。

二、现代国家能力

乍看起来,现代西方自由民主政府的权力似乎要远低于高度中央集权的中国古代国家,更不用说当代共产党政党国家体系下的国家。但那仅仅是单一面的,乃至于错误的认识,因为,正如历史社会学家麦科尔·曼(Michael Mann)所说明,现代西方国家虽然是低度中央集权的国家,但却是高度基层渗透力的国家。相比来说,中国古代的国家虽然是高度中央集权的国家,但却是仅具低度社会基层渗透力的国家。(Mann, 1984, 1986)

在国内过去的论析中,有过错误地将政府的"中央集权"度简单等同于强大国力的论析,忽视了其基层政府运作机制与西方的不同,也就是说,混淆了中央政府(相对地方政府)的集权度和国家能力两个不同概念。① 实际上,正如曼所论析的,国家基础设施渗透基层力才是现代西方国力真正的特征,不是中央政府的集权度。

现代国家能力和资本主义工业经济及市场经济的密不可分,更和民族国家间的竞争和战争密不可分。正是现代工业经济发展赋予了现代西方国家机器和现代国家军队以不可或缺的远远超过农耕社会经济的财政收入。它也和现代西方(韦伯型的)专业化、条条化和高渗透力的科层制体系密不可分,同样和其财政收入紧密相关,那是决定西方现代民族国家基层渗透力的关键条件。一定程度上,它更和自由民主政治体系的建立——那是企业家们从贵族和王权那儿争得权利和权力的一个历史过程——紧密相关。资本主义工业+市场经济+现代科层制国家+自由民主体系乃是现代西方国力缺一不可的来源,乃是现代西方国家能力这个多因素化合物的关键组成因素。

---

① 李强针对王绍光和胡鞍钢的著作《中国国家能力报告》的评论较清楚地指出了此点,但是,王—胡指出中国财政体系在1990年代初期已经过分偏重地方分权,需要加强中央政府的权力,无疑是极其重要的学术和政策贡献,并且被中央采纳实施。而且,他们非常清晰地认识到中国国家在其经济发展及社会保障中所需要起的作用。但同时,一定程度上,他们的部分论析确实将"国家能力"较简单地等同于"中央集权"度。(李强,2011;王绍光、胡鞍钢,1993)至于西方政治学关于国家能力的一些论述,可以参考薛澜等,2015的叙述,但总体来说,距离中国的历史实际较远。至于美国的中国研究学者们对这方面的研究,称得上五花八门,几十年来都没有形成"共识",一定程度上仍然是各种各样对原先的"极权国家"模式(见下文)的某种修正。其中,许多难免仍然带有要么是来自新自由主义的"极权模式"的影响,要么是其相反的,同样来自新自由主义的"公民社会"模式的影响,说到底大多都仅凭借西方理论来认识中国(刘鹏,2009转述了不少文献)。本文从历史视角来指出新自由主义意识形态的误导,从"集权的简约治理"、"第三领域"和共产党的特性和其"社会动员"的传统来讨论国力问题,与以往的这些研究颇不相同。下文不将与这些文献进行更直接和详细的对话。

三、中国国力的不同的现代化路径

回顾中国革命历史，它的现代国家能力建构历史路径和西方截然不同。首先，它的历史背景不是侵略他地的帝国主义—殖民主义国家，而是被侵略的"半殖民地"国家。而且，在其革命过程中，主要依赖的绝对不是资本主义工业经济，而是中国农村的小农经济，与现代西方民族国家兴起的过程截然不同。中国革命所面对的最艰难问题是：怎样才能从那样的社会经济基础中，建立一个能够与现代工业经济国力和军力抗衡的政治经济体系。

众所周知，中国革命所发明的是，凭借共产党的组织力量来动员小农社会中的民众（"群众路线"），凭借高度依赖民众支持和情报的游击战和游动战术来与现代工业化的国家军力抗衡。它靠的不是国民党（和日本侵略者）所倚赖的最高度工业化和现代化的城市中心地带和运输枢纽，而是在偏僻的交通不便的省际交界的落后地区所建立的革命根据地。它采用的不是阵地战，而是游击战术。凭此，逐步赢得了抗战和内战中的优势和最终胜利。这些因素虽然在过去的学术中多被关注到，但并没有从对比中西现代国力建设路径不同的角度来论析，没有真正认识到中国革命建立的国家能力的基础是多么不同于一般的现代工业化国家。

那是中国革命的真正独特之处。它居然能够在小农经济的基础上凭借革命政党组织和动员民众的力量来对抗现代工业国家的国力，不仅出人意料地取得了对掌控中国城市现代工业、拥有美式装备的军队的国民党的相对优势和最终胜利，更是对更高度现代工业化的日本侵略者进行了有效抗御。后来,由此传统而来的国力和军力,甚至更出人意外地在朝鲜战争中,争得了与当时全球现代工业和军事能力最先进最强大的美国打成平手的拉锯局面。这些经验和成绩展示了一种迥异于现代西方获得国力和军力的模式,乃是出乎一般预料的历史实际。其后,更凭借共产党领导的国家的组织能力和决心而取得"两弹一星"的成功。在仍然是农业为主的薄弱工业经济基础上,取得能够面对原子弹和氢弹威胁和庞大的现代西方资本主义工业国家的敌视["遏制并孤立"(containment and isolation)]而确保国家安全的成绩。这也是迥异于一般关乎现代化和现代民族国家能力的论析的历史实际。

这里,我们不妨借助(制度经济学所常用的)"路径依赖"这个概念来讨论中国现代的政治经济体系。显然,它不可能像西方那样凭借资本主义工业化市场经济+科层制+自由民主国家来进行"现代国家建设",因为那些条件在中国都缺乏历史基础,其现实与现代西方相隔距离实在太远。它必须沿着自己已经走出的革命历史路径来进行其现代国家的建设。

正因为其特殊的、深深扎根于社会和革命历史的国力建设路径,中国后来不会像苏联和东欧大部分国家在"转型"过程中那样简单接纳"休克治疗"的方案而试图全盘采纳西方的模式,试图浓缩西方历时多个世纪(从重商到"放任",到帝国主义—殖民主义,再到全球化中的霸权)的发展路径。对中国来说,那是完全不可思议的选择。中国的选择是要沿着已经开辟的历史路径来建立其与西方截然不同的现代化,包括其国力的现代化。

今天,我们无论是在关于中国古代还是在关于现当代的政治经济体系的思考中,都需要从中国本身的历史路径、本身的古代和革命经历出发来思考,而不是试图模仿实际上在中国不可能的西方现代化历史路径,更不用说其片面化了的不符实际的新自由主义理论所建构的路径。这是中国近现代历史所指向的、也是必然的方向。它是在革命(及受到古代影响)的原有路径上添加借鉴模仿西方的进路,而不是简单的全盘模仿西方的进路。那才是中国发展道路之与西方的不同及其所以相当成功的关键。

四、中华帝国的治理传统

以上所说的选择背后不仅是中国革命的传统,也是中华帝国的一些关键传统,包括被革命传统所承继与改造的古代传统。

(一)集权的简约治理

首先是笔者称作"集权的简约治理"传统。(黄宗智,2007)在中央政府层面,中华帝国固然是个高度集权的体系,皇帝拥有远大于西方民族国家国王的生杀大权。但是,正如上文历史社会学家曼指出,它不具有西方现代民族国家的基层渗透力。后者既拥有伴随资本主义发展,尤其是工业经济的发展而来的几何级数的国家财政收入增长,也拥有伴随现代深入基层社会的韦伯式科层制的条条式专业化公务员体系——无论是在基层公共服务还是控制能力上,都远超过基于农耕经济的中华帝国。

与其不同,中华帝国则有意识地采用了尽可能简约的治理方式。那既是出于卫护中央集权的有意选择(集权的体系高度依赖官员个人对皇朝/皇帝的忠诚,每多隔一层便会多一层的离心威胁),也是出于对农耕社会的有限财政收入的考虑。因此而形成的制度是在基层层面高度简约的治理体系:县令乃是中华帝国最低一层的直接由中央委任的官员,在19世纪,每位县令要管理平均约25万人口。(黄宗智,2019a)

在县衙门内部,相当广泛采用(可以称作)"行政发包"的制度来委托某当地人为其各房体系中的主要(承包)负责人,由其出资来"承包"该房的责任和其所附带的收入,转而将房内的其他职位也进一步分别由房主"发包"给各房内部的任职者。① 这个做法在收入最多的刑房和户房两房尤其明显。而县令在执政中一般都会让各房自行其是,不会直接干预各房的运作,只有在其执行任务中遇到纠纷,或者需要更替人员时方才介入。这些是已经被详细的经验研究所证实的实际,县政府的各房的运作乃是"简约"治理的一个简单明了的实例。(黄宗智,2019a)它是中华帝国集权的简约治理行政体系"特色"②的具体形象,和高度渗透基层的带薪酬的现代科层制公务员体系十分不同。

---

① 这里借用的是当今中国的用词,也是周黎安教授的用词和论析框架,来表达笔者对当时县政府的组织逻辑的研究和认识。(周黎安,2018)
② 所谓"特色",当然仅仅是相对西方理论、从西方主流理论视野来判断的"特色";我们若将那样的视野颠倒过来,依据中国经验的理论来判断,当然便会看到西方众多的悖论"特色"之处。

(二)分块的集权体系

同时,笔者也将其称作"分块的集权体系"。那也是中华帝国行政体系与韦伯型科层制体系的一个基本不同。中华帝国时期逐步形成的国家治理体系的一个基本原则是,地方政府都是模仿中央的小规模复制体,而县令乃是皇帝和中央政府的地方代表。正因为如此,其权力结构也与中央相似,高度集中于县令一人("父母官")。也就是说,其权力组织主要是块块型的,而不是现代科层制中的各部门高度条条化的体系。一定程度上,地方政府本身也是个集权的简约治理体系,是中央政府的小型复制品。这也是其仅具有低度渗透基层权力的一个原因。它和高度条条化、专业化和具有巨大基层渗透力的现代西方政府截然不同。(黄宗智,2019b)

(三)第三领域

更有进者,在集权的简约治理体系与相对被简约治理的基层社会之间的互动过程中,还逐步形成了一个相当庞大的笔者称作"第三领域"的体系。在那个第三领域中,形成了较多的"半正式"——既非纯国家也非纯社会——的组织和治理形式。一个具体的例子是19世纪处于国家和基层社会交接点上的关键性"乡保"——他是个不带薪酬的、由社会威望人士推荐的、但县衙委任的半正式官员,平均每人管辖20个村庄。他是原来的基层治理蓝图中的治安的保甲,征税的里甲和主管社会道德教育的乡约

(Hsiao,1960)简约化合为单一半正式职位的关键性基层治理人员。相对乡村社会,他一方面代表县衙的官方威权,包括执行县衙派下的任务和传达县衙饬令;另一方面,则代表民意(包括处理民间纠纷)并协调地方显要向县衙举荐人员等的工作,既是相对乡村的政府代表,也是相对政府的乡村代表——较为典型的"第三领域"人员。[黄宗智,2001(1996);黄宗智,2019a]

一如县衙内部各房的运行模式,19世纪的相关地方档案资料显示,县令一般都会让乡保们自行其是,要到有了涉及乡保执行任务中引起纠纷或委任新乡保的时候方才会介入。其所采纳的同样是简约的治理方法,在正常运作中,基本任由乡保像承包"行政外包"①的人员那样来执行其职权。县令要遇到问题/纠纷方才会直接介入(譬如,对某乡保滥用权力问题的处理),更多的时候是因其辞职或"退休"而必须重新选人的时候方才介入。(黄宗智,2007,2019a)

第三领域另一具体的例子是,非正式的民间调解和正式的县衙办案两者间的互动所形成的"第三领域"纠纷解决机制。一旦(民间细事)纠纷一方提起诉讼,村庄社区便会重新启动或加劲进行村庄内部的非正式纠纷调解。同时,通过县衙榜示或衙役传达,纠纷双方或调解人士会获知县令对案件中的双方逐步的呈禀的批复内容,而那样的批复会直接影响到村内的调解,常会促使一方或双方让步,由此达成协议,终止纠纷。然后,会由纠纷一方或调解人士具呈县衙,说明纠纷双方已经达成协议并已"见面赔礼",借此

---

① 即不处于正式官僚体系晋升机制之内的、负责在其之外的社会中运作的"外包"人员——又是周黎安教授的用词。(周黎安,2018;亦见黄宗智,2019a)

恳请县衙销案。县衙则会几乎没有例外地批准。那样的纠纷解决过程是由民间非正式的调解和县衙间的互动而达成的——笔者称之为典型的"第三领域"运作,乃是整个正义体系中的一个重要组成部分。档案中有这种记录的纠纷占到所有县衙处理的细事纠纷案件中的三分之一;如果我们纳入没有结案记录,但很可能是因为双方不再配合案件审理的进程(但又没有具呈销案)而使案件记录中止的那些案件的话,其总比例可能高达三分之二。那也是集权的简约治理体系中的一个关键组成部分。[黄宗智,2001(1997)、2019a]

五、当代的中国国家体系

以上三大古代治理传统的特色,一定程度上仍然可见于今天的治理体系,与中国革命传统同样赋予了中国更显著的迥异于西方现代治理体系的"特色"。

(一)通过革命政党组织动员社会的现代国家能力

以上我们已经看到,由于客观历史情况,现当代中国别无选择地只能"发明"迥异于现代西方的途径来建设足可与高渗透能力的现代西方(和日本)国家抗衡的国家体系:通过社会动员来克服物资和财政资源的贫缺;通过极其高度组织化的民主集中制的庞大革命党组织来动员众多民众;通过特殊的战略——尤其是基于民众支持和情报优势的游击战和游动战来克服相对落后的军火方面的不足,来与高度工业化、机械化的现代装备国民党和日本军队抗衡;通过偏僻地区的根据地而不是城市中心地带,来与国民党和日本军队基于城市和运输枢纽的现代化驻点抗衡。最后还凭借这些传统获得的国力和军力(虽然没有国内战争那样的民众支持的维度和游击战维度),在朝鲜来与当时世界上最强大最先进的美国机械化军队抗衡,并且居然能够争得僵持拉锯的平衡局面。

以上这一切尚未被主流经济学、社会学和政治学充分重视,但应该被视作强有力的对一般现代化理论的挑战并促使对其的修改,开阔我们对国家能力的根据的认识眼界,包括国家与社会、国家与市场的关系。也就是说,应该成为对一般的西方现代化理论和理念的强有力的挑战。

(二)当代的简约治理以及分割了的集权体系

在国家治理方面,现代中国也摸索出了与西方十分不同的行政体系。其形成过程再次是与西方现代迥然不同的历史背景。先是凭借共产党政党组织来推进国家机器现代化的尝试,而且走到了全盘计划经济的极端,结果造成一个臃肿低效和高度官僚化的庞然大物的行政体系,虽然在有些方面,如重工业发展和"两弹一星"工程上,仍然展示了可观的功效,但是,总体来说,无疑是举步艰难和低效治理体系的一面高过其成功高效的一面,并且形成了一个高度"官僚主义化"的僵硬的、妨碍社会创新力的体系,缺乏市场经济那样的创新性、激励性和高效性,也形成了对未来的改革的严重阻碍和沉重负担。

第六章　国家・市场・社会：关于中西国力现代化路径不同的思考

在"大跃进"和"文化大革命"时期，中国试图依赖革命时期的社会动员能量来改进这个臃肿的体系，但最终导致了混乱，包括弄虚作假，以及脱离实际的极端"革命"暴力行为，不仅没有激发建设性的动力，还严重伤害了国家的经济发展。虽然在基层卫生和民众教育等方面，也起到可观的作用。那些经验说明的是，共产党政党国家的社会动员能力必须配合真正符合民众的愿望和能够得到民众持续拥护的目标——如之前的抗日战争、解放战争的革命及基层卫生和教育方面的政策——才会发出强大和可持续的能量；反之，不符实际或民众利益的政策——如"大跃进"和"文化大革命"的过激方面——则会导致混乱，乃至于相反的后果。

在痛定思痛之后，中国方才采纳了建设市场经济，以及凭借中央放权和激发社会和地方政府的积极性来激活沉重低效的官僚和计划经济体系的方法。其中，至为突出的改革，不是简单来自西方的现代化模式，而是通过承继和改组古代和革命传统中的特殊机制来激发整个政治经济体系的活力和渗透力。一方面凭借市场经济的竞争机制和个人创新和逐利的激励来推动在市场化中兴起的私有企业的发展；另一方面，又借助地方政府的分割成块块的高度集中的权力来克服计划经济遗留下来的官僚体制障碍，凭借地方政府的强大自主权力来克服官僚体系本身所形成的保守、臃肿、低效等政治体制性毛病。更具体地举例来说，在沉重的官僚体系的压制下，要创办一个民营企业，必须办好几十个不同部门的程序和图章，需要花费极大的精力和成本，但在块块化的地方政府的集权权力的积极赞助、支持下，那些体制性障碍可以被轻而易举地克服。

一定程度上,这也是和革命经验直接相关的中央和地方"两个积极性"传统的延续。当时,在抗战和内战的客观环境中,中央的根据地和各地的偏远地区的根据地缺乏(电报和收音机之外的)电子信息网络。而且,在敌人一再的"围剿"之下,只可能高度依赖各个地方的自主性来建设和卫护全国19个不同革命根据地的发展和治理,由此而形成了中央和地方"两个积极性"的传统,进而影响到后来的发展模式。

这一切是通过也是源自古代第三领域/集权的简约治理传统的"行政发包"制度来执行的——中央在设定了"经济发展是硬道理"的大目标下,一方面放权给地方,一方面又通过中央高度集权化的组织体系,在设定的"目标责任制"下,凭借官员晋升的激励机制来激发地方官员(关键的省、市、县级的领导干部,如党委书记和省、市、县长)的积极性。在以 GDP 发展率为主要指标的机制下,激发了地方政府和当地企业之间的合作,促使地方政府向企业伸出"帮助的手"[而不是"无为"(放任)或"掠夺的手"],由此而激发了地方政府和企业之间的具有极其强大能量的合作,推进了经济发展,并克服了极其昂贵的创业的体制性障碍成本的问题(除了最后一点,其余见周黎安 2007、2018)。

当然,这样的做法也引发了一定程度的"官商勾结"的贪污腐败现象,但同时,市场竞争的机制又对政府和企业都形成了一种有力的"优胜劣败"选择,既加强了动力,又抑制了地方政府官员们可能的不经济行为,一定程度上约束了不符合当地资源禀赋或不过是形象工程等缺乏市场竞争力的官僚主义型的不经济决策。(黄宗智,2019a)

第六章 国家·市场·社会:关于中西国力现代化路径不同的思考

正是这样的"第三领域"的政府+企业、国家+市场的携手并进机制,大力推动了各地的快速经济发展;正是这样的机制在中国官员和企业之中选择了最能干的经济人才和最具生命力的企业;正是这样的机制造就了中国改革以来几十年中的9%—10%的年增长率。也就是说,每七到八年翻一番的经济增长率。在1979年到2017年间做到了"举世瞩目"的GDP增长到之前的34.5倍的成绩,成为世界上仅次于美国的第二大经济体。(中国统计年鉴2018:表1-2)虽然,我们必须同时认识到,以人均生产总值来计算的话,还仅是美国的1/6.7——根据一般的国际衡量标准,中国仍然只是个"中等收入"而不是个"发达"国家。(同上:附录表1-5)

虽然如此,我们同时还要认识到,以上的成绩是有代价的。地方政府和私营企业的发展成绩中的一个十分重要的因素是,廉价的农村剩余劳动力。正是长期潜在农村的剩余劳动力,组成了改革期间新兴国内外企业的大多数的劳动力。他们几乎全是被当作"非正规工人"来使用的,即没有或少有法律保护和福利保障的劳动力,几乎全都被置于非正规的、理论上是"临时性、暂时性、替代性"的"劳务关系"下,而非具有法律保护和社会保障的"劳动关系"中的正规工人。他们是全球资本之所以能够在中国获得高达20%甚至更多的年回报率的一个关键因素,也是中国之所以能够成为全球资本的第一理想去处的关键原因。如今,农民工和下岗工人和劳务派遣工人已经达到城市就业人员中的大多数,占75%以上。加上较显著的城乡差别,它是中国今天社会不公问题的主要来源。(黄宗智,2009、2010、2019b、2020c)

这种不公平是个不符合国家社会主义理念的实际,也是个不经济的实际,直接影响到国内市场的发展不足,也是如今中国社会经济的头号问题。固然,国家宪法和共产党党章都非常明确地将为人民服务、最广大人民的根本利益、共同富裕等一再设定为奋斗目标,其背后毋庸说是具有深厚革命传统的社会主义理念,也是和古代的"仁政"理念带有一定关联的道德价值。迟早,国家应该会对改革数十年以来的"让一部分人先富起来"的权宜措施下的劳动去正规化和非正规化决策做出反思,做出相反方向的决策和改革。

当然,要真正贯彻那样的转向,恐怕必须抑制一些具有强势权力人员的既得利益——这不像纸上谈兵那么容易。历史上的既得利益者罕有自愿放弃自身的利益来造福全民的先例。这就更要依靠中国特有的政党国家体系的中央集权权力。中国是否真能朝向那样的方向来进行二次改革,无疑要取决于政党国家体系的组织和动员的贯彻能力。这当然还是个不可确定的未知因素,但社会公平理念无疑乃是中国共产党的一个称得上根深蒂固的理念,也是其在国家宪法和党章中所一再明确表达的核心道德价值,更是其治理正当性的来源。当然,这并不意味市场经济将会被再次废弃,而主要是在目前已经被认定的"社会主义市场经济"大框架中如何来实施和贯彻的问题。

同时,这并不意味着中国不需要采纳西方的许多经验,譬如市场经济的活力及激励和竞争机制,再如其具有相当高渗透力的科层制体系,如今已经可见于不少中国的国家部门之中,特别是必须具备高度专业化知识或新设立的部门,诸如财政、外交、卫生、食品安全、医药、工业信息等部门。这些是需要相对高度条条化的部门,也是直接关乎渗透社会基层的国家能力的部门。但这并不意味着中国将和西方完全相似,而放弃其有许多截然不同的方面,譬如党政机构中相对特殊的、革命的或传统的部门,如组织、军事、宣传、纪律、文化、农业、公安等各个部门。一定程度上,中国的治理体系,一如其政党国家各部门,必定会不可避免地具有迥异于西方的"特色",必定会同时来自中国(古代、革命和现代西方的)三大传统。其中,至为突出的是既来自古代传统也来自现代革命传统的通过国家和社会二元互动的、源自"第三领域"中政府与社会—市场互补的国家能力。

六、"社会主义市场经济"的内涵与可能的未来

目前,"社会主义市场经济"——虽然常被学术界认作一种官方用词——的大框架已经有一些比较明晰和可以初步确定的内涵。首先是中国的经济结构。如今,国有或国有控股企业在非农国内生产总值中的占比大约是40%,与之相对的是民营企业占60%。(黄宗智,2012),前者主要是大型企业。这是个接近两分天下的结构,与现代西方资本主义国家十分不同,也迥异于所谓"发展型"的东亚国家。在后者之中,国家固然相对较高度介入经济运作,积极领导、扶持企业发展,采取各种各样的措施来推进国家的经济发展,迥异于仅是"规制型"的现代西方国家(regulatory state)。相比自由主义的国家,东亚国家固然更为积极地介入市场来推动经济发展,亦即所谓"发展型国家"(developmental state)(Johnson,1982,1999,是主要关于日本发展经验的研究;亦见黄宗智,2018b),"国家指导的市场"(guided market)(Amsden,1991,是主要

关于韩国的研究),或"国家治理的市场"(governed market)(Wade, 1990,是主要关于中国台湾的研究)。他们的共同点是,国家比新自由主义建构的放任国家更为积极地参与了经济发展,通过国家设定发展战略、贷款和补助、价格调整,乃至介入企业管理等措施,导致与纯市场机制很不一样的资源配置(特别是资本投入)的后果,由此来挑战新自由主义经济学的主流理论,在经济学和政治学界都起到较广泛的影响。其中的关键是,国家与企业之间的关系不是对立的,而是协作的——尤其可见于日本和韩国的政府与"财阀"(zaibatsu、chaebol)间的紧密关系。

中国的社会主义市场经济则与以上两者都不同,首先可以见于主要生产资源尤其是土地仍然基本完全是国有的现实,也可以见于其国有企业占生产总值的较高比例的国营企业。显然,在中国现有的模式中,中国国家能够发挥远大于不仅是西方自由民主主义国家,更是大于东亚发展型国家的作用。(黄宗智,2020a)

当然,其未来的具体形态仍然是个未知之数。但目前我们已经可以看到一些清晰明了的初步设计和可能方案:譬如,设定国有企业,作为全民所有的企业,应该将其利润的一定比例用于民生——这是个已经具有一定实践经验和比较清晰和实际可行的模式,是个已经被证实可以扩大国内市场,为经济整体提供长远可持续的动力的措施(黄宗智,2011);又如,部分国有企业所有权可以逐步转化为由各层人民代表大会所有,受到法律保护,借此来更进一步确保其利润被用于民生/民众福利。

此外,我们已经可以看到另外一些清晰明了的建设性建议:譬如,将政府行为基本限于宏观经济的调控,将微观经济行为基本让给市场自律和法律保护。国家的调控不仅可以通过货币供应调控,还可以通过政府制定国家金融机构的利息率、税收政策等西方国家常用手段来进行,还可以凭借国家所严密管控的金融体系来收放融资贷款,通过国家所有的生产资料(特别是土地)的收放来进行调控,必要的时候,还可以凭借政党国家更为强大的管控权力来进行,当然也包括国营企业的行为。但同时,又凭借法律来维护微观层面的私营企业和市场经济机制的运作(虽然必要的时候,国家仍然可以凭借行政手段将某种类型的纠纷置于法院受理范围之外,譬如,企业"改制"中所引起的劳动纠纷)。(黄宗智,2020c)

以上一切应该足够说明中国政治经济体制和现代西方的深层不同。我们绝对不可简单认为,中国的现代化只能全盘引进、完全依据西方国家的经验来执行,当然更不能仅依赖其新自由主义理论单一面的意识形态建构来执行。

七、传统"第三领域"的现代化

在以上众多因素所组成的近现代中国政治经济体系(即包括国家与市场、国家与社会的)这个化合物中,最少为一般社会科学研究所关注的是正式国家和非正式社会之间互动所组成的"第三领域"。这和西方主流理论将国家与社会—市场建构为二元对立的思维直接相关。一个明显的对比是,现代西方社会没有像中国基于传统紧密聚居的社区组织和儒家道德理念所产生的非正式纠纷调解机制,因此也谈不上由其与正式国家体系互动所产生的第三领域的半正式纠纷处理,所以,根本就想象不到中国古代和现代的正义体系中起到庞大作用的第三领域。(黄宗智,2020b)同时,中国古今的治理体系中(源自集权的简约治理和分块的集权体系)的发包与承包的运作方式也一样,不能通过"放任国家"的模式来认识和理解,也不能通过"极权国家"的模式来认识和理解,当然也不能仅通过韦伯型的科层制体系来认识和理解。它是中国治理思想和实践中的一个核心概念。"发包"和"承包"如今已经成为中国治理体系中的一个主要关键词。(黄宗智,2019b)

此外还有在中国进入工业化进程之后所形成的一些崭新的第三领域体系的传统。在清末和中华民国时期,中国的中心城市相当广泛地兴起了新型第三领域的"商会"。它们既是政府领导设立的也是社会自身生成的一种组织,既类似于传统基于地缘关系的"会馆",又是新型的基于共同职业/专业(商业)的组织。它们相当广泛地执行半正式、半官方的职务,包括处理同业纠纷,传播国家法规,推进地方经济和公共服务等。这也是西方现代历史中罕见的现象。这样的商会今天仍然较少见,但未来说不定会成为第三领域中的另一重要实例。医疗卫生①、环境保护、农产品加工和销售("纵向一体化")、农村公共服务等领域也许也会展示类似的趋向。

更有进者,在集体化时期,农村社区的大队长和党支部书记一定程度上也是第三领域的半正式人员——吃的是社区的"集体饭"而不是国家的薪俸,既代表社区的利益也代表国家的政策。他们是发挥中国国家组织动员能力的一个关键。过去在城镇中的"单

---

① 田孟博士的新专著是很有意思的关于目前基层医疗卫生困境的论析和如何改良的思考(2019a、2019b)。

位"组织,同样也是半官方、半民间的组织,也是一个关键性的组织。这些是基于中国迄今仍然广泛存在于紧密聚居的村庄和城镇社区的实际的现象,同样相对罕见于现代西方。如今的村两委和城镇的社区组织也同样。

更有进者,现代西方自由民主国家没有近似中国共产党这样的既深深嵌入社会又高度组织化、集中化的组织。正是这样的国家与社会的关系超出了西方新自由主义理论的认识范围。西方学术据其二元对立思维,多将中国的政党国家合一的政治体系置于一个国家 vs.社会的二元对立、非此即彼的框架中来理解,由此形成将中国共产党简单认定为一种"极权"(totalitarian)组织,将其排除于社会之外,简单纳入完全控制、压制社会的"极权国家"(totalitarian state)的范畴之内,并将国家与市场之间的关系也纳入同一概念,认为两者不可能二元合一,而必定是像其理论所建构的那样二元对立。因此,也只能将中国的国家—社会想象为一个国家极权管控市场和社会的体系。

在中国的革命时期,共产党似乎颇像那样的想象中的组织。在敌人全力压制和打击的环境中,作为一个地下党组织,它当然只可能由最先进和积极的革命分子来组成,对待社会的态度当然也只可能是一个积极的精英团体对待要争取、动员、领导的相对落后的社会,只可能形成一种主要是由上而下的组织和动员态度和作风。(然而在稳固的根据地中,则展示了相对比较符合国家与社会二元合一理念的实际。)在执掌全国政权之后,一度由于建立了计划经济,也似乎颇像西方所想象的完全由上而下的"极权"管控体系。但是,西方新自由主义理论建构的"极权"模式所没有考虑到的是,即便如此,中国共产党革命之所以胜利是因为它获得了广大民众的支持——绝对不像极权模式那样将共产党想象为"魔鬼"似的组织,完完全全地控制、摆布或迷惑了没有自身意愿的中国人民。①

何况,中国共产党如今的客观情况已经十分不同。党和社会间的关系不再简单是革命地下党相对其所动员的落后社会,而更多是社会的代表性力量——当然,不是通过西方式的投票选举来选定,而是通过党组织按照其理念来选择党员。如今,共产党的组织逻辑已经从一个代表占人口少数的"无产阶级"的革命地下政党,转化为一个多元结合、具有9000多万党员的巨大执政政党——相当于全球第16大国家的总人口,仅在第15名的越南(9.6千万人口)之后(Worldometers, 2019)。它已经纳入了社会的主要不同阶级和阶层:工人、农民、知识分子等。同时,它已经从仅尊奉马克思主义的革命理论转化为一个马克思主义和新自由主义兼容的组织,从仅代表劳方到兼容资方与劳方(有的学者会说偏向资方)的组织。而且,也已经在其治理体系中纳入众多从西方移植的形式主义法理和法律。

新自由主义的非此即彼二元对立的"极权"概念不能想象,今天的共产党组织中竟然会有类似于西方社会和政治中的左中右、进步和保守及其间的中间意见的分歧,以及新自由主义和马克思

---

① 美国一般人民正是通过这样的思路来想象中美朝鲜战争的,他们不会进一步追问:一个后发展国家真能仅凭"极权的共产党"的管控来和全球最强大、最高度现代化的国家打成平手?因此,也认识不到中国共产党的特殊组织动员社会的能力,更看不到中国人民的意愿。

主义及其间的不同意见。笔者认为,中国共产党不应该被简单视作一个"国家"或"政府"的统治管控组织,被设想为一个与社会对立的组织,而更多应该被认识为一个同时带有国家与社会互动性质的组织,未来应该更加如此:一方面,它相当高度"嵌入"社会;另一方面,作为"执政党",它当然也与非政府的社会不同。其中的关键也许是,它对自身的要求是作为全社会的最崇高和先进理念与人士的组织,而不是像西方社会科学根据其习惯的二元对立思维而建构为管控、摆布全社会的"极权"组织。正因为中国共产党乃是一个深深"嵌入"社会的组织,它才有可能发挥社会动员的强大能力。

当然,在国家和社会权力、国家和市场权力非常悬殊的情况下,如此的组织确实可能成为一个似乎近似西方社会科学关于中国共产党的"极权"建构,似乎是一个一切都由党中央说了算的体系,完全谈不上民众的意愿的体系。在革命和计划经济时期,实际确实似乎比较接近那样的建构和想象。但回顾近40年的演变,中国已经将命令型的计划经济改革为指导/引导型的半社会主义半市场经济,已经将农地的经营权让渡了给农民,已经大规模地建立了"以法"和"依法"的治理,并辅之以第三领域的治理和运作,大规模地维持来自社会的非正式民间调解以及半非正式半正式、半调解半判决性的基层法律服务所、消费者协会、公安调解等众多第三领域的组织方式和治理。(黄宗智,2020b)而且,正如周黎安教授指出的那样,将国家与社会合作互补的"第三领域"扩延到基层社会"综合治理"的战略性大方针下(周黎安,2019:45—46),结合正式机构的"打击""惩罚"和社会参与的"防范""改造""教育"等方法,包括对青少年的犯罪、改造和教育等措施,来进行尽可能高效和较低成本的"综合性""社会治安"。这个体系在1990年代便已形成,并被确认为具有中国"特色"的综合性社会治安方案。而且,在治理体系的整体中,大规模地援用发包与承包的(经过现代化的)传统简约治理模式。

根据郁建兴教授(2019)对中央最新(十九大)关于乡村振兴思路的解读,其战略性的思路是"三治结合",即"法治、自治、德治"的结合。其实施方案具有两个主要方面,一是加强党的引导作用(包括要求未来村两委领导合于同一人——村书记),一是加强民众各种形式的参与,包括村合作组织;同时,又辅之以"法治"和"德治"。这样的思路与本文提出的思路带有一定程度的交搭。笔者更要特别指出,法治+德治的框架更应该被理解为一种源自中国长期以来基层治理中的"第三领域"做法,在"法治"方面,不仅要包括成文正式法律,还要包括民间非正式调解以及源自正式法治和非正式调解互动而产生的"第三领域"的组织和机构,譬如乡镇级的"法律服务所",即"半正式"的法律服务和调解以及司法机构。而且,一旦考虑到非正式和半正式的基层治理,我们便不可避免地会采纳古代和革命传统中的"德治"维度——因为它是调解的根本,不会将"法治"简单认识为现代西方的高度形式主义化成文法律。(黄宗智 2020b)

以上一切都和现代西方的发展路径形成比较鲜明的对照。中国无疑将会循着近百年来已经根据实践中摸索出来的,相当明显的不同于西方的道路前进。正因为其不同于,乃至于相反于西方的历史起源,其现代化的道路也必定会十分不同于西方。其中的关键在于不同的国家与社会、国家与市场间的关系的历史经历。我们不可一再坚持必定要依据西方新自由主义非此即彼的二元对立思维惯习所建构的理想类型化理论来认识中国的过去、现在和未来。恰当和创新性地概括、总结、建构中国的现代转型实际才是我们学者应该努力去做的研究和理论建构。

八、想象一个未来的图景

最后,我们要进一步问:根据以上从实践历史概括的思路,我们如何想象一个中国未来的、新颖但长远的国家与社会、国家与市场的图景?

(一)国家与社会和市场的二元合一而非二元对立

我们首先要认识到,西方19世纪自由主义建构的放任国家和完全由市场"看不见的手"所主导的政经体系理想类型,即便对西方自身的经历来说,也是一个虚构多于实际的理论。西方资本主义经济发展的实际从其早期开始便带有积极的国家参与,在其后期更带有积极的通过福利国家来缓和资本主义的贪婪剥削性,并且自始至终,都与国家为了战争而建设现代军事能力紧密相关。自由主义经济学的建构来源是为了争取市场经济不受国家干涉和限制的权利而兴起的,随后被建构为普世真理,但绝对不可简单等同于实际全面。19世纪的英国资本主义工业发展,如果没有国家法律、货币和财政体系方面所起的作用,如果没有国家将伦敦建设为一个国际财政中心,如果没有国家军力(海上霸权)作为经济扩张的先锋和后盾,如果没有国家和大型跨国公司的积极携手,是不会形成帝国主义的实际的。对中国知识界来说,由于经历过大英帝国在中国发起的鸦片战争和后来的"瓜分"中国,新自由主义的英美国家的这一面的实际应该是比较容易认识到的。

至于后期,我们还要认识到,在1929—1933年的经济大萧条危机中,如果没有国家的积极措施以及福利国家的兴起来缓和资本主义的无限逐利本质,它是不会获得新生命力的。之后,在全球化的过程之中,客观局势已经十分不同于19世纪的大英帝国工业那样达到几乎垄断国际贸易(和海上霸权)的程度。在今天众多国家的全球化的竞争过程中,任何国家都更不可能仅凭借虚构的"放任"国家来在全球化贸易中稳占其地盘。今天,在全球化的竞争体系之中,强大的国力其实要比19世纪时期更加必要得多——正是那样的动力,形成、巩固了美国的全球军事和经济中的第一霸权建设(尤其可见于其遍布全球的800个军事基地)。在那样的历史实际下,"放任国家"的理想类型是个更加远离历史实际的"理论",更完全地是一种将资本主义经济理想化的虚构,更加实际上是为了扩大资本主义的政经体系的"软实力"的话语建构和意识形态。①

面对如此的现实,我们更加需要构建中国自身的理论和发展途径/模式。我们已经看到,鉴于其历史背景,中国是不可能真正简单模仿现代西方的发展模式的,不仅需要,也不可避免地必定会形成十分不同于西方的发展道路。其中的关键乃是不同的国家与

---

① 当然,在特朗普总统的领导下,美国所展示的则已经成为不再带有"软实力"的资本主义贪婪性的至为狰狞的面貌。

市场、国家与社会间的关系。中国的国家几乎必然会更加嵌入于,而不是像新自由主义构建的那样二元对立于市场和社会。

问题是,我们能否想象一种迥异于西方、扎根于中国的(古代、革命、计划经济和改革)这些主要传统的图像?在笔者看来,中国国家要比虚构、夸大了的"放任"国家具有更强大的作用是必须的,也是必然的。国家与社会和市场更紧密地结合也是必然和必须的。

(二)中国长远的"第三领域"vs.英美短暂的"第三道路"

这里,有的读者也许会联想起,在西方近几十年的国家与社会和市场的关系的历史中,以上论述的"第三领域"路径与世纪之交在英国和美国一度影响较大的"社会民主"(social democracy)"第三道路"(The Third Way)思路是否有一定的交搭之处?那是个处于保守的新自由主义意识形态和左派的社会主义之间的"进步"的"中靠左"(center-left)派的意图和思路,强调国家应沿着福利国家的进路起到更为积极和公平的社会福利方面的作用,拒绝放任无为的新保守主义(新自由主义)国家理论。其主要理论家乃是英国的社会学理论家安东尼·吉登斯(Anthony Giddens),他强调的是,国家应该更积极地推进社会公正,环境保护、教育、基础设施等方面,更积极地协调公共部门与社会组织的合作。(Giddens,1998)但是,实际上,在世纪之交的短暂的影响[主要是英国(新)劳动党的托尼·布莱尔首相(Tony Blair,1997—2007)之后,也包括对美国克林顿总统(Bill Clinton,1993—2001)的影响]之后,"第三道路"思想便逐渐式微,主要是因为私有产权制度在英美根深蒂固,新自由主义的资本主义体系、全球化体系和意识形态占据几乎不可动摇的地位。"第三道路"实际上并没有能够对其经济体系形成真正的挑战,主要只局限于社会措施的方面。

但中国今天的实际很不一样,再次是因为其起点不同:英美的"第三道路"尝试是在稳固的私有产权制度、放任国家—全球化意识形态的环境中试图推行的。中国的改革环境则正好相反:它是在全盘公有化和计划经济化后的出发点上开始的,虽然如今已经进展到民营企业占据非农国内生产总值的大约60%,但大型国企仍然掌控40%,国家仍然拥有关键生产资料的所有权,包括至为关键的土地所有权。在农村,土地产权仍然属于国家,国家仅对农民出让了土地的经营权,不包括其所有权,并且保留了按需要来征地的权力。这就给予了中国的"社会主义市场经济"十分不同于英美"第三道路"的经济基础。中国国家所可能起的作用和所能动员的资源,远比英美型第三道路要宽阔。它具有更可能实施和持续的经济基础和制度空间。

同时,我们也要考虑到,历史经验已经告诉我们,国家与社会权力过度悬殊的话,可能会导致严重的历史性错误——一如过去的计划经济体系、"大跃进"和"文化大革命"等抉择那样。如今中国正在摸索的方向是,怎样更好地结合国家与社会—市场。两者的二元合一无疑是国家能力和发展的关键,怎样将其做到最好乃是未来的关键问题。笔者初步倡议的是,逐步走向两者间更加对等的权力关系,让社会积极参与成为重大公共决策中的最主要的测验,让高度发达的社会力量来抑制当权者决策中所可能犯的错误。中国如果真能做到重大公共政策必须获得社会的积极和持续参与、结合由上而下的领导和由下而上的参与,那才是能够发挥最大能量的国家与社会—市场间的关系的政治经济体系和道路。更多、更大的民众参与应该能够起到防御或缓解长期以来的官僚主义体制性问题的作用。如此的治理当然会更高度渗透社会基层,但其性质会与现代西方国家高度渗透基层的科层制权力的模式迥然不同。它的国力将源自政党—国家和社会间更紧密的互补互动和携手合一,不简单是垂直条条型的韦伯科层制或新自由主义所建构的放任国家,而更多会是第三领域型的组织。

更有进者,中华文明长期以来的"己所不欲,勿施于人"的道德理念,既是古代的"仁治"、现当代的"为人民服务"及"共同致富"的理念的依据,也是"不争霸"的全球国际关系理念的依据。以自身长期的道德理念为依据,而不是"纯竞争性自由市场""理性经济人"等新自由主义经济"科学"的排他和唯我独尊的、单一面的和美化资本贪婪性的建构(并成为强加于人的自我追逐最大利益、最大霸权的借口)。中国的理念应该会接纳、尊重其他文明的价值选择,它不会以自身的选择强加于他人;它会想象一个更加和谐的世界,更加互补互助的社会,乃至于一个道义化的全球经济体系。这才是真正符合中国历史走向的道路。我们作为社会科学研究者,应该根据过去的实践经验概括出中国与西方不同的现代化路径,并着力将其进一步理论化、系统化,让其不仅成为能够适当概括中国历史经验的新型全球化社会科学,更成为对中国长远发展道路的初步概括。

参考文献：

黄宗智,2007[2001],《清代的法律、社会与文化:民法的表达与实践》,上海书店出版社[英文版1996]。

黄宗智,2007,《集权的简约治理:中国以准官员和纠纷解决为主的半正式基层行政》,载《中国乡村研究》第5辑:1—23页,亦见《开放时代》,2008年第2期:10—29页。

黄宗智,2009,《中国被忽视的非正规经济:现实与理论》,载《开放时代》,第2期:51—73页。

黄宗智,2010,《中国发展经验的理论与实用含义》,载《开放时代》,第10期:134—158页。

黄宗智,2011,《重庆:"第三只手"推动的公平发展?》,载《开放时代》2011年第9期,第6—32页。

黄宗智,2012,《国营公司与中国发展经验:"国家资本主义"还是"社会主义市场经济"?》,载《开放时代》,第9期:8—33页。

黄宗智,2018a,《中国的非正规经济再思考:一个来自社会经济史与法律史视角的导论》,载《中国乡村研究》第14辑,1—15页。福州:福建教育出版社。

黄宗智,2018b,《怎样推进中国农产品纵向一体化物流的发展?——美国、中国和"东亚模式"的比较》,载《开放时代》,第1期:151—165页。

黄宗智,2019a,《重新思考"第三领域":中国古今国家与社区的二元合一》,载《开放时代》,第3期:12—36页。

黄宗智,2019b,《探寻中国的长远发展道路:从承包与合同的差别谈起》,载《东南学术》,第6期:29—46页。

黄宗智,2020a,《实践社会科学与中国研究》,第一卷:《中国的新型小农经济:实践与理论》,桂林:广西师范大学出版社。

黄宗智,2020b,《实践社会科学与中国研究》,第二卷:《中国的新型正义体系:实践与理论》,桂林:广西师范大学出版社。

黄宗智,2020c,《实践社会科学与中国研究》,第三卷:《中国的新型非正规经济:实践与理论》。桂林:广西师范大学出版社。

李强,2011,《国家能力与国家权力的悖论——兼评王绍光、胡鞍钢,〈中国国家能力报告〉》,http://www.aisixiang.com/data/47341.html。

刘鹏,2009,《三十年来海外学者视野下的当代中国国家性及其争论述评》,载《社会学研究》,第5期:189—213页。

田孟,2019a,《富县医改:农村卫生事业的制度变迁与现实困境》,北京:社会科学文献出版社。

田孟,2019b,《理顺农村三级医疗卫生机构关系的政策建议》,载《中国农村卫生》,第9期。http://www.snzg.net/article/2019/0530/article_42207.html,http://www.snzg.net/article/2019/0530/article_42207.html。

王绍光、胡鞍钢,1993,《中国国家能力报告》,沈阳:辽宁人民出版社。

薛澜,张帆,武沐瑶,2015,《国家治理体系与治理能力研究:回顾与前瞻》,载《公共管理学报》,第12期:1—12页。

郁建兴,2019,《乡村治理的新议程》,http://www.aisixiang.com/data/118020.html。

《中国统计年鉴,2018》,北京:中国统计出版社。

周黎安,2007,《中国地方官员的晋升锦标赛模式研究》,载《经济研究》,第7期:36—50页。

周黎安,2018,《"官场+市场"与中国增长模式》,载《社会》,第2期:1—45页。

周黎安,2019,《如何认识中国?——对话黄宗智先生》,载《开放时代》,第3期:37—63页。

Amsden, Alice H, 1989, *Asia's Next Giant: South Korea and Late Industrialization*. New York and Oxford: Oxford University Press.

Barboza, David, 2016, "How China Built 'iPhone city' With Billions in Perks for Apple's Partner," The New York Times, Dec. 29. https://www.nytimes.com/2016/12/29/technology/apple-iphone-china-foxconn.html.

Giddens, Anthony, 1998, *The Third Way: The Renewal of Social Democracy*. Cambridge, England: Polity Press.

Hsiao Kung-ch'üan (萧公权), 1960, *Rural China: Imperial Control in the Nineteenth Century*. Seattle: University of Washington Press.

Johnson, Chalmers, 1982, *MITI and the Japanese Miracle: The Growth of Industrial Policy*, 1925-1975. Stanford: Stanford University Press.

Johnson, Chalmers, 1999, "The Developmental State: Odyssey of a Concept," in Meredith Woo-Cumings (ed.), *The Developmental State*. Ithaca, N. Y.: Cornell University Press, pp. 32-60.

Johnson, Chalmers, 2007, *Nemesis: The Last Days of the American Republic*. New York: Henry Holt and Company.

Mann, Michael, 1984, "The Autonomous Power of the State: Its Origins, Mechanisms Andresults." *Archives européennes de sociologie* 25: 185-213.

Mann, Michael, 1986, *The Sources of Social Power, Vol. I: A History of Power from the Beginning to A.D. 1760*. Cambridge: Cambridge Univ. Press.

Smith, Adam, 1976(1776), *An Inquiry into the Nature and Causes of the Wealth of Nations*. Chicago: University of Chicago Press.

"Statement on the Purpose of a Corporation," 2019, https://opportunity.businessroundtable.org/ourcommitment/.

Vine, David, 2015, "The United States Probably Has More Foreign Military Bases Than Any Other People, Nation or Empire in Human History," *The Nation*, Sept. 14, 2015. https://www.thenation.com/article/the-united-states-probably-has-more-foreign-military-bases-than-any-other-people-nation-or-empire-in-history/.

Wade, Robert, 1990, *Governing the Market: Economic Theory and the Role of Government in East Asian Industrialization*. Princeton: Princeton University Press.

Washington Post, 2019, "Group of top CEOs says maximizing shareholder profits no longer can be the primary goal of corporations," August 19. https://www.washingtonpost.com/business/2019/08/19/lobbying-group-powerful-ceos-is-rethinking-how-it-defines-corporations-purpose/.

Worldometers, 2019, "Countries in the World by Population (2019)," https://www.worldometers.info/world-population/population-by-country/.

第七章　新综合性视野和远瞻性愿景：中国的"一带一路"倡议与亚投行

一、探讨的问题与其历史背景

长期以来,受害于帝国主义的国家一直都深深陷于其敌人也是其模范的困境。像许多其他的国家一样,中国对西方的反应先是拒绝后是模仿,而后再次是拒绝而后模仿,依据的是既对立而又共生的自由主义和马克思主义意识形态,一个完全拥抱资本主义,一个完全拒绝资本主义。在那样的剧烈反复的水面之下,一直还有更为深层地探寻如何能够既促进中国的(西式)现代化又不同于西方帝国主义—全球主义的道路,但这在最近的十年之前,一直都未能成为中国的主导意识。即便是目前,人们也仍然多困于非此即彼的二元之间的拉锯。

至于西方,我们则看到从重商主义到古典自由主义到帝国主义—殖民主义而后到当前的新自由主义和全球主义的历史演变。对中国来说,那是个从鸦片战争(为的是惩罚中国焚烧走私的鸦片)到侵略和镇压,到不平等条约和强迫退让,而后到"瓜分"中国——多在"自由贸易"和"国际大家庭"的口号之下的历史(深受如此借口影响的认真学术研究见张馨保,1964 和徐中约,1960;对此的详细论析见黄宗智,2016b)

亚当·斯密的经典著作,用形式化的表达来转述的话就是:如果 A 地能够以一半的成本来生产商品 A,而 B 地则能以一半的成本来生产商品 B,两地交换将会对两者都有利。多边的贸易同理。在斯密的论述中,如此的交易将会促进各地的专业化和分工,由此推进各地的经济发展。这是个针对之前的重商主义——提倡保护主义和为重商国家谋取尽可能多的金银——的批评。新自由主义理论部分是源于新兴资产阶级为了从国家和贵族手中争得更多的营利自主权而提出的理论[Smith,1976(1776);黄宗智,2019b],但后来则成为帝国主义自我辩护的工具。两者乃是同一历史现象的两面,说明的是现代西方相对后发展国家的两面性。

同时,我们也不可忽视基督教的慈善历史。在中国,它试图凭借传教来"拯救中国人的灵魂",包括扶贫济困,也包括不只传播基督教也传播现代知识和思想的教育工作。在历史视野下,我们也许可以将其理解为西方帝国主义的"软实力"的一个方面,也是其两面性的一个方面。

当前的新自由主义和全球主义是从这样的历史背景兴起的,凭借的不仅是"自由"和"自由贸易"的名义,还是普世的"现代化"发展来拯救贫困的世人的理想。但我们不可忽视其帝国主义起源的另一面,其中的强弱和贫富悬殊的实际,以及其侵略和殖民、逐利和剥削。当前的全球主义也是两面性的,仍然带有支配和无限逐利的另一面,虽然已是比之前要更加自由主义理想化的一面。我们已经不容易看到赤裸裸的侵略和殖民化,而是更多、更严格的自由主义法律建构和规则,更加强调自愿的贸易协议和合同。但即便如此,其霸权结构仍然是鲜明的——可以见于美国在其国境之外的约800个军事基地,以及其远远超越全球所有其他国家的军事开支(Johnson,2007;Vine,2015),也可见于美元之被设定为全球通用的货币(取代了之前的黄金),以及支撑其制度的世界银行和国际货币基金组织(IMF),当然也包括其反对共产主义的"自由世界联盟",以及源自基督教教会和非教会的克服贫困与疾病的慈善传统和现代西式教育传统。对中国来说,那些不是虚词而是两面的实际。

中国从参加世界贸易组织(2001年)以来,获得了巨大的利益,凭借其庞大和廉价的劳动力及其稳定的政体与社会,成为"世界的工厂"。其成效,除了快速的经济增长,更可以鲜明地见于其(截至2009年)所积累的1.2万到1.5万亿美元巨额外汇,多存于美国的国债(被金融界广泛认为乃是最稳定可靠的金融工具),达到中国自身GDP的大约25%的幅度。(MBA智库,2020)但是,这也意味对美国政府和其全球金融体系的高度依赖。

这是了不起的发展经验,但在2008年的"金融海啸"下,则显示了其对美国主宰的金融体系的过分依赖。在金融利率上升和美元与美国国债贬值的环境下,中国如果抛出所持有的部分美国国债的话,立刻便会引起其市场价值的更剧烈下跌。而美联储降低利率,或卖出更多国债来扩大美元供应量的举措,则会同样直接影响其国债的市值。美国国债的贬值直接影响中国的(来自亿万农民工的血汗所积累的)国家财富,但中国除了继续持有这些美国国债,别无选择,实际上陷入了一种进退两难的"美元陷阱"(dollartrap)。(Krugman,2009;王达,2015:53—54)更有进者,一如有的中国学者所论述,美国经济如果进入长时段的通货膨胀状态,将会导致美元严重贬值。何况,鉴于美国国债已经非常巨大,如果美国政府有朝一日进入不能偿还债务的窘境的话,中国政府将会损失巨大并受制于人。(余永定,2010:35—40)而这一切都系于一个对中国半敌视、半友好的美国政府,其对中国的态度似乎最终取决于中国到底愿意何等程度接纳美国的自由民主、反共和自由贸易理念。

对中国来说,这一切基本仍然是个怎样才能够扩大中国的自主性的问题。中国面对的常是充满敌意的美国政策,譬如,其所领导组织并于2016年签署的"泛太平洋战略经济伙伴关系协议",有意将中国排除于外。中国长期以来的根本问题一直都是:怎样才能,相对于西方帝国主义,做到独立自主——那是中国革命的一个核心理念,追求的是一个没有帝国主义的世界,一个不受其支配的自主的中国(当然,面对西方的反共产主义以及美国的"遏制并孤立"中国的政策,中国一段历史时期中提倡全球的共产主义革命)。(黄宗智,2019b)

在1978年以来的改革时期,中国已经基本悬置了其早期的全球共产主义革命的愿望,全面转入其所学到和拥护的借助自由贸易和私营企业("市场经济")来推进经济发展的目标。实际上,作为世界贸易组织的一个后来成员,以及之前的帝国主义的受害者,中国既无可能也无意愿违反现有国际贸易规则。如此,在经历了一个半世纪的帝国主义支配之后,对中国来说,一个基本意向仍然是:该怎样纳入上述的发展道路而又探寻一条与新自由霸权主义不同的前瞻视野?怎样才能摆脱其被帝国主义及其当前的全球主义的支配?怎样才能决定其自身的道路和命运?

也许最重要的是,中国的如今的远瞻性愿景是一个什么样的世界?人们多知道,任何组织/企业的优越领导的一个至为关键的条件是,是否具备远见,能否提出一个远瞻愿景和指向一条朝那个方向进行的道路?在这个"远见"问题上,一个实例是沃尔玛公司:它摆脱了传统商业的贱买贵卖营利方式,而采纳了新型的贱买贱卖经营方式,凭借扩大销售量而不是买卖差价来促进其利润的最大化,由此革新了商业。亚马逊和阿里巴巴更进一步,将其与新信息科技结合,由此创建了划时代的新零售商业模型。在经济领域之外,我们还知道,历史上有不少特别出色领导人的实例,凭其远见而改变了历史趋势。以上说的内涵英语常用"vision"一词来表达,尤其在企业/商业研究中常见,也可见于关于突出历史人物的论析,甚或是专业创新人物的论析。目前,中文尚未有完全同义/合适的表达。现有的"愿景"一词偏重"愿望"多于"远见",不是很贴切。目前笔者只能用近似的、比较累赘的远瞻性愿景/设想和远见等词来表明本文提出的"vision"概念的意思。

在新近的十年中,中国已经逐步超越了之前的要么全盘拒绝要么全盘模仿西方的极端倾向,已经形成一种新的综合性视野和远瞻性愿景。其经济体已经将此具体实现为一个6:4的私营企

第七章 新综合性视野和远瞻性愿景：中国的"一带一路"倡议与亚投行

业与国有企业的非农国内生产总值的比例,官方对其的称谓是"社会主义市场经济"并一直在探寻两者怎样才能最好地协作与综合。相对全球主义而言,也已经初步形成一个全新的远瞻性的愿景,与过去走向要么模仿要么拒绝西方的单一极端的倾向十分不同。虽然如此,国内有不少观察者可能还没有充分认识到中国新的远见（与自信）和之前的困境和过分极端的抉择是多么的不同。远见这个关键因素不是一般的权力战略论析所能认识到的,更不是简单转述、宣扬或阐释官方话语所能说明的。许多美国观察者则仍然从旧的视野来认识、理解中国。首先是冷战时期的善恶对立、资本主义与共产主义对立的观点,再则是将不择手段的（马基雅维利型）权力追求投射于中国,并将其置于善恶斗争意识中来认识,即便中国已经脱离了那样的两极对立意识。这样下去,双方都有可能会完全误解中国的新综合性视野和愿景。

二、中国的新综合性设想

中国的新综合性设想是一步步形成的,主要可见于最近十来年中倡议的"一带一路"和新近建立的"亚洲基础设施投资银行"。在中国的新设想中,它将是一个迥异于历史上的自由主义—帝国主义的世界。它将部分取自中国传统中"王道"与"霸道"的区别,前者是崇高道德理念的仁治,后者则主要关注权力和支配。它将是迥异于西方近现代帝国主义和全球主义的控制中国的霸权理念。中国将站在受害的发展中国家的一方,将追求一个没有帝国主义支配但又是个经过自由贸易和工业化的发达/现代化的中国

281

和世界。

根据中国的新视野和想象,它将采纳中国自身的新经验:一是从自由贸易所获得的利益——借助外来的投资和中国自身丰富的劳动力资源来输出廉价的劳动密集型商品,成为"世界的工厂"。但如今,它将转入新的发展战略,包括出口中国的资金和基础设施建设技术和经验,而不是仅仅依赖外来的逐利资本,以及国内凭借极高比例投资来拉动的发展,像改革前三十年那样。如今它将特别突出中国自身的凭借大规模的基础设施建设,如现代化的道路和铁路、现代化的煤炭、石油和天然气等能源建设来拉动贸易和发展。它将把这些最基本的投入和基础设施带给其他发展中国家,为的是推动互利贸易发展。同时,它将拒绝任何形式的殖民主义——帝国主义和征服与占领,以及剥削、支配和霸权,而将主要依赖自由主义所突出的自愿、平等、互利的,经过双方讨价还价而达成的协议和合同来推动发展。

它将着眼于中国之外,特别是与其毗邻的国家,首先是通过陆地的"丝绸之路",不是要以丝绸为主而是要发展更为宽阔的贸易来建立一个围绕该路的"经济带",从中国经由中亚各国而连接欧洲,来推进互利的贸易。它也将围绕海上的"丝绸之路",从中国东南的南海,经由印度洋而西向进入波斯湾到近东国家,也经过红海和苏伊士运河到达北非和南欧国家,同时,经过阿拉伯海到东非。两个"经济带"的扩大了的贸易将成为中国新的经济发展动力。

同时,它要建立一个新型的亚洲基础设施投资银行,不同于现有的美国带领的世界银行和国际货币基金组织,两者都连带着由美国一国关于主要事项的绝对否决权和支配权(下面还要讨论)。

第七章 新综合性视野和远瞻性愿景:中国的"一带一路"倡议与亚投行

它将通过贷款来帮助发展中国家进行基础设施建设,不带有像世界银行和国际货币基金组织那样的政治条件,特别是其长期以来所至为关心的遏制"共产主义"敌人的目的。

中国将聚焦于来自自身经验的基础设施建设来帮助沿途的发展中国家建设公路和铁路、能源和新技术,来促进新工业的兴起和推进其与中国的互利贸易。这是在其"摸着石头过河"的时候起到很好作用的发展战略,如今将被推广到其发展中国家。正是沿着上述的思路,中国最近十年来形成了以上的新综合性和远瞻性愿景,在最近的几年中主要由党的总书记习近平提出和代表。

在今天的世界贸易组织的现实之下,以及其已经高度发达的自由主义理念的法律和贸易规则之下,中国实际上根本就没有实质的可能,(由于其自身的历史经验)也没有那样的动机,来试图建立像19世纪大不列颠及1945年之后的美国那样的,继承我们可以称作古典"自由帝国主义"(liberal-imperialism),以及自由主义和新自由主义霸权(liberal and neoliberal hegemony)。①

带有讽刺意味的是,在特朗普总统的领导下,美国政府居然在2017年从其自身所组织的泛太平洋伙伴关系协议退出。那是个来自被亚当·斯密古典自由主义所批评的重商主义立场的举措,反倒是中国在倡议进一步扩大和发展(新)自由主义的自由贸易。那是个吊诡的角色转换。

---

① Anderson,2017 是个充满启发的关于全球的霸权概念的历史回顾和论析。

三、陆地与海洋分别的"一带一路"的具体含义

"一带一路"倡议中的隐喻新"丝绸之路"实际上包含两条路,一是陆地的,一是海洋的,而"一带"所指的则是分别包含那两条路的两个"经济带",其中,既有后发展国家也有发达国家,既有与中国关系密切的国家,也有追求不同目的的、与中国竞争的国家。①

(一)陆地的"丝绸之路"与其经济带

首先是连接中国与欧洲的陆地"丝绸之路",其间是中亚各国。新视野的初始构成可见于在2011年开始运行的"渝新欧"铁路。当时,货物从上海运到欧洲需时28天,而渝新欧铁路则可以将其减少到16天。这是构建渝新欧铁路的原始动力,其创意主要来自当时的重庆市政府,尤其是其市长和经济战略家黄奇帆(黄宗智 2011:572—573)。

它的执行计划是连接中国与欧洲双边贸易的"丝绸之路",将过关的程序通过与哈萨克斯坦、俄罗斯、白俄罗斯、波兰和德国之间的协议,简化、压缩到一次性从中国过关之后便可直接前往德国

---

① 关于"一带一路"的示意图,可以参考 http://www.52maps.com/ditu_yidaiyilu.php。本文不打算详细讨论另外两大相关议题:一是中国和东南亚各国("东南亚国家联盟",ASEAN)在2010年建立了"自由贸易区",如今也是一带一路计划的重要组成部分;二是中国和"东亚"国家——特别是日本、韩国和朝鲜的关联。其核心主题也是推进互利的贸易发展,对后发展国家来说,更包括中国在建立基础设施方面的协助。

的杜伊斯堡。对当时美国的惠普公司来说,这是个具有很大吸引力的远瞻性设想(当然,也包括重庆市政府所提供的税收和土地使用优惠及重庆的廉价技术人才和人力),因而促使其与台湾的富士康公司联同参与。如今,每年有2500万台电脑笔记本经由此铁路从重庆运到欧洲销售,占据全球电脑笔记本销售总量的1/3。(张俊霞,2016)①

伴随以上的设想而来的,是进一步通过陆地道路和经济带来连接中国与欧洲和其间的中亚各国,哈萨克斯坦、吉尔吉斯斯坦、塔吉克斯坦、乌兹别克斯坦和土库曼斯坦。其中,哈萨克斯坦乃是最大和最重要的一国,如今占据中国和中亚全区贸易的约60%。(胡鞍钢等,2014:7)

从新疆的乌鲁木齐到哈萨克斯坦最大的城市阿拉木图的火车,包括2017年经改进将行程时间从之前的30小时压缩到24小时(百度百科,2020a),对连接两地互补的经济起到重大的作用:哈萨克斯坦丰富的石油、天然气和矿石资源,以及其放牧经济的动物油脂和丰富森林土地资源的植物产品,使中国成为其第二大的出口地,2018年达到63亿美元的总量;而哈萨克斯坦则从中国进口(较便宜的)机电产品(35%)、贱金属及制品(30%)、化工产品(17%)等(《前瞻经济学人》,2019),达到54亿的总量。正因为如此,习近平2013年9月7日在哈萨克斯坦首次提出"一带一路"的

---

① 最近,有论者从地方政府由于过分竞争而采用了不经济的政府补贴手段的角度来批评渝新欧铁路(Tjia,2020)。但在笔者看来,从更宽阔的视野来看,推进基础设施建设来推动进一步的贸易发展是无可厚非的。至于地方政府间的竞争,固然有其过分的个别案例,但总体来说,它仍然无疑是中国发展中的一个关键机制。(黄宗智,2019a;周黎安,2019)

设想。哈萨克斯坦无疑是中国"丝绸之路"的陆路经济带的至为关键的国家。

(二)海上"丝绸之路"和经济带

与陆地经济带并行的是海上的"丝绸之路"和经济带。和陆地经济带一样,这个经济带的设想是要协助此经济带内的后发展国家建设其基础设施和与中国的互利贸易。和经过中亚陆地运输到欧洲的陆地经济带不同,此路是基于南中国海、印度洋而后波斯湾到中东国家,经红海与苏伊士运河到北非和南欧,以及经阿拉伯海到非洲东部和其他国家。

在此,中国关键的盟友是巴基斯坦。早在2007年双方已经建立了双边的自由贸易区。之后,在2013年建立的"中巴经济走廊"计划下,中国为巴基斯坦提供了大额的贷款、援助和投资,在2017年达到620亿美元的总数(Wikipedia, 2020c)。其重点毋庸说是基础设施建设——道路和铁路,运输和能源。

特别值得一提的是巴基斯坦东南海岸的(仍处于较早期的建设中的)瓜达尔港。① 它的部分目的是为中国开辟新的石油和天然气输运途径,减低中国如今对(位于马来西亚和印度尼西亚苏门答

---

① 这里,中国遭遇到印度的相应竞争。印度在距离瓜达尔港仅80公里的伊朗东南岸建设沙巴哈尔港,意在与伊朗联同扩大与阿富汗、土库曼斯坦、塔吉克斯坦和吉尔吉斯斯坦的连接和贸易。

第七章 新综合性视野和远瞻性愿景：中国的"一带一路"倡议与亚投行

腊之间的）马六甲海峡的依赖度①——中国使用的能源约60%来自国外，其中，80%是通过马六甲海峡运输而来的。（胡鞍钢等，2014：5）②其安全考量部分源于该地海盗出没，更重要的是美国在其周围的军事基地的实力。一旦发生冲突，中国将完全受制于美国。

（三）连接陆地与海上的经济带

对中国来说，也许最使其振奋的前景是，连接这两条不同的陆地和海上经济带，既能大规模扩大两条隐喻性的"丝绸之路"的两个经济带的发展潜力，也可以改变现在的战略格局。目前，已经能够看到从瓜达尔港经公路和铁路运输到新疆喀什市，而后通过中国的基础设施网络进而和全中国连接的远景。这不仅能够扩大中国和欧洲、非洲和中东的贸易，也能进一步开拓中国和中亚的贸易，从而扩大中国不可或缺的能源的来源，减低目前对马六甲海峡的依赖度。

上面我们已经看到中国的新愿景所触发的一些反应：譬如，美

---

① 一个相关的建设工程是斯里兰卡南岸的汉班托特港，对中国发展之进入印度洋区域具有显然的商业和战略性价值。在该地前总统拉贾帕克萨的积极催促之下（为的是发展其家乡），过急地展开了比原来计划要快得多的建设和投资，导致斯里兰卡陷入严重的经济拖欠，不能偿还债款，结果将该港连带其管理权租赁给中国。美国的主流论析者将这一切（不无讽刺自身意味地）构建为中国的一种阴谋性"贷款陷阱"——使人联想起西方自身的帝国主义—殖民主义过去。（Chatzky and McBride，2020；Abi-Habib，2018）对中国来说，也许最重要的教训是，这样的工程是不能操之过急的。
② 这方面，另一具有较大潜能的是2018年开始建设的缅甸西岸的皎漂港Kyaukphyu port。（百度百科，2020b；亦见 Environmental Justice Atlas，2019）

国倡议的泛太平洋战略经济伙伴关系协议,于2016年2月签署(但2017年1月特朗普总统决定从其撤出),有意排除中国的参与,意欲孤立中国,和其之前的"遏制与孤立"中国政策一脉相承;再如,印度推动的沙巴哈尔港的建设,邻近瓜达尔港,以及连带的推动印度—伊朗在中亚的经济影响区,直接针对中巴经济走廊的建设。

中国的作为固然连带着一定的针对美国霸权的战略性考量,但依然无疑主要乃是源自其新的远瞻性经济愿景,而最终是其与相关地区国家的互利考量。比如,渝新欧铁路确实推进了中国—欧洲的贸易,也推进了中国—中亚的基础设施建设和贸易,对三个地区都带来了经济发展。更有进者,还赋予重庆(直辖市)在全国各省和直辖市中至高的经济增长率。(张俊霞,2016)

四、综合性的亚洲基础设施投资银行

也许,最能说明中国的西向"一带一路"远瞻性愿景的性质的,是中国领头创建的多边亚洲基础设施投资银行;明确集中于基础设施的建设来推进两条经济带的贸易发展。上面我们已经看到,该愿景中的两个至为关键的国家哈萨克斯坦和巴基斯坦都由此得到了可观的发展,先是来自双边的关系,而后,伴随亚投行的设立和在2016年开始运作,也来自亚投行的多边合作。

与美国主导的世界银行和国际货币基金组织不同,亚投行更集中于两个经济带的国家的基础设施建设,其愿景对自由贸易和市场经济的关注并不逊于自由主义。它推进基础设施建设的目标是如此地清晰明了,基本排除了世界银行和 IMF 那些显而易见的源自政治动机的作为,特别是其遏制"共产主义"威胁的核心目标:诸如对尼加拉瓜的索莫萨家族的资助,以及后来在 1980 年代对丹尼尔·奥尔特加的桑地诺党的拒绝;1970—1973 年对智利的阿延德的同样的拒绝;及其反面,对南越政府的长时段的支持,直到其在 1975 年的崩溃。(Kapur, Lewis and Webb, 1997; Toussaint, 2019)在中国的表达中,这些正是美国霸权下的行为之与中国的"不冲突不对抗、相互尊重、合作共赢"宗旨的不同。(王达,2015:62)

这里我们要连带指出,这不是要说,中国的新设想没有其战略性考量的一面。确立中国的安全及其能源的可持续性显然是重要的考虑,一如上面说明的那样。同时,中国无疑也在追求脱离对美国和美元过分依赖的状态,希望更多凭借人民币来结算其国际贸易。当然也包含与独立于美国的国家的联盟(如俄罗斯、哈萨克斯坦、巴基斯坦),更包含其他各有其自身的追求的国家,如印度、印尼、韩国、越南、马来西亚等的友好关系。

实际上,中国在相对各行其是和中立的国家的投资遇到了之前所没有预料到的问题。举例说,在印尼(特别是高铁建设工程中)遇到的十分不同于中国国内"征地"的经验的问题,这是由于印尼人民具有更广泛的土地私有产权;在越南,则需要和日本、新加坡、韩国,乃至于(最近几年做了更多投入的)美国进行平等的市场竞争,大家都是被同等的减税、廉价土地和劳动力使用等吸引而来(Maini,2019);和在马来西亚,当地政府坚决要求外来投资给予马来西亚本国企业和劳力更高比例的角色和利益。即便是在哈萨克斯坦,中国也必须学习应对该国内部一些人士反对与中国建立如此紧密关系的声音,认为应该更多朝向欧盟或美国或俄罗斯。(Le Corre,2019)

马来西亚是一个特别能说明问题的实例。其前总理纳吉布·拉扎克(Najib Razak)比较热衷于中国的投资和帮助,和中国签订了较大规模的项目,尤其是建造其东海岸的铁路(赖以推进较落后的东部的发展)。但马哈蒂尔·穆罕默德(Mahathir Mohamad)于2018年5月再次当选总理后,则宣布暂时停止该项目,为的是和中国重新谈判。之后,马哈蒂尔(在其2020年3月15日再次离职之前)宣称,足足将双方原定的价额砍低了三分之一(虽然,其长度亦将减去原计划的三分之一),并声称,由此可见,中国原定的价格是过高的。(Lim,2020;Ng,2019)

另一类似的实例是缅甸。人们也许会想象,作为一个毗邻中国的落后和弱势小国,只可能受中国的摆布。但实际上,中国的棉纺织私营企业,在投资于该地时(主要由于其劳动力价格仅是中国的三分之一),没有意料到,该国有较进步的劳动法规和较高度发达的工会组织,和在中国可以广泛使用"非正规"劳动力(农民工)的客观情况十分不同。(黄宗智,2017a,2017b)在缅甸,中国的私企必须认真面对当地工会的集体谈判和罢工运动并与其妥协——一如香港的《南华早报》和凤凰卫视(最近组织了70项中国海外投资国别实际情况的深入)报道。(Lo,2017;Lo and Lung,2018;凤凰卫视,2020)

毋庸说,资本和劳动之间的关系当然使我们联想到在中国国内这方面的问题。迄今,中国政府看来打算将此问题——近几十

第七章 新综合性视野和远瞻性愿景：中国的"一带一路"倡议与亚投行

年来将劳动力大规模去正规化——推迟到未来才予以处理,目前则聚焦于经济(GDP)发展。这一现象也可以解释为什么有的观察者(尤其是一些比较教条的左派学者)认为,"国家资本主义"(state capitalism)才是对中国的恰当描述。

这里,我们要再次提到重庆市在中央批准下的含意深远的"实验"——其中的关键性措施乃是决定将国有企业的盈利的一半用于"民生"(亦即社会公正)——它对缓冲(如今占据城镇从业人员大多数的)农民工的问题起到重大的作用。(黄宗智,2011)当然,其中的不可预测性在于,资本的无穷逐利机制将主要惠及较少的既得利益者,可能阻挡未来的改革。

在实践层面上,区别于总体的远瞻性愿景,"一带一路"显然仍然还在逐步形成,不可避免地处于和相关国家的讨价还价的协议和磨合过程之中。虽然如此,其主导性愿景是非常明确的,这也是其与之前的目标和道路都尚未明确的"摸着石头过河"的关键不同。

正是那样的宽阔视野和远瞻性愿景,使亚投行能在其早期的形成过程中(2015年3月)便获得不少西方国家的认可和参与,包括英国、法国、德国、意大利、卢森堡、瑞士和奥地利。尤其突出的是,英国的行为是在美国明确表明其反对意见之下而做出的决策,是英美两国的紧密关系中非常罕见的分歧。这说明不仅是英国,也是其他北大西洋公约组织国家中对美国在世行和IMF的支配性霸权的保留(虽然,多不见于其明确表达):对美元作为单一全球通用货币(替代之前的黄金)的保留;对世行1946年以来的13位行长一直都由美国公民(都是前官员或企业家)独揽(Toussaint,

291

2019），以及其在法律上和事实上对重大决策的否决权［实际上仅仅基于在世行的15.85%（基于实际投资额计算的）投票权，以及在IMF的16.52%的投票权］，凭借的是简单规定重要决策须占有85%以上的赞成票（Congressional Research Service，2019）等特权的保留。相比来说，亚投行设有五位副行长，分别来自英国、德国、印度、印尼和韩国。

可以见得，亚投行的思路和美国领导的世行与IMF是很不一样的。也许最重要的是，它脱离了来自帝国主义传统的既带有霸权也带有慷慨的那种两面性，既是权术也是基督教传教救世服务，既是源自政治动机的贷款也是扶贫的救助。亚投行没有那样的双重自由主义—帝国主义和新自由主义—霸权主义性质；它几乎使人惊讶地具有几乎更自由主义的一面：为了推动互利的市场发展，而且是脚踏实地地为此而推动基础设施的发展。固然，它也带有试图将世界重组为一个更为多边的结构的维度，可以说是试图将目前，即便是面对中国无可怀疑的对自由主义的市场经济和自由贸易的拥护，仍然以"反共"为其核心目标之一那样的"美国霸权"的去中心化。

至于亚投行到底起到了多大的作用的问题，我们可以看到，其创建动机部分是来自美国和日本创办的亚洲开发银行的一项研究：估计亚洲国家对基础设施的总需求在2010到2020年间将会达到8万亿美元的总数，而亚洲开发银行为此——经过扩增仍然仅能在2020年达到每年约200亿的新贷款，去需求总额较远（Asian Development Bank，2020）。亚投行设立的部分动机正是填补那个空白。

在实施层面上,亚投行在其初始的 2016 年 6 月到 2019 年 5 月的三年中,2016 年提供了 17.6 亿元美元的贷款,2017 年 22.4 亿,2018 年 27.5 亿,2019 年截至 5 月 5.3 亿,还有较大的发展空间。如今,参与国家的总数已经达到 100,其中不乏具有较高信用评级的发达国家,今后还有较大的发展空间。(Wikipedia,2020a)

这里要指出,中国的基础设施贷款不仅是为了资助亚洲的后发展国家,也是为了扩大中国自身的巨型基础设施国有企业的市场,包括铁路、公路、隧道、运输设备、港口建设等。有的论者对中国这方面的动机和正当性具有深层的怀疑,但是,笔者认为,在这方面中国的企业在价格和质量方面具有较高的国际市场竞争力,对许多"一带一路"国家来说,客观上是较为理想的合作伙伴。它们是在中国自身的成功建设中发展起来的。当然,由于中国极其快速的发展,这些企业无疑带有一定的"产能过剩"。这当然也是中国提出建立亚投行和"一带一路"倡议的部分原因。但这样的安排并不取决于中国单一方的意愿,而必须获得对方的同意。

我们可以略为梳理一下中国对亚投行的一些主要战略性考量:将国家积累的巨额美元派上更好的用途;扩大中国在世界上的影响;在美国霸权的现实之下建立中国更大的自主性;为中国的新型的发展建立更大的空间和条件与机会——不仅仅是主要依赖中国的廉价劳动力的"世界的工厂"的发展初期的关键动力,更是经过创新性的基础设施发展来推进与其他国家的贸易与合作,包括中亚到欧洲、南亚到南欧到北非和东非,更不用说在东南亚和东亚的类似的发展。如此的战略性考量与平等互利的愿景并不矛盾。

五、超越性远见与实用性考量

为了避免陷入过于狭窄的理解,我们需要提醒自己中国的"一带一路"和亚投行的愿景不仅来自多边国家的视野,也扎根于之前和新近的双边国家关系的背景和辅助。譬如:中国和巴基斯坦对海洋经济带和其与陆地经济带的连接的关键性双边关系,绝对不仅依赖"一带一路"和其亚投行。事实上,多边的亚投行的资助迄今还远远没有达到之前的双边关系下的国企和私企的投资,那些可以追溯到 2007 年所建立的双边自由贸易区的设立。

"中巴经济走廊"设立于 2013 年,目的是建设基础设施来推动两国的贸易发展。截至 2016 年,中国的投资包括贷款、投资和补助,总额达到 460 亿美元,远远超过亚投行迄今的贷款。(新浪军事,2016)该"经济走廊"也直接影响到中国和中亚的塔吉克斯坦的贸易,使其能够绕过饱受战争蹂躏的阿富汗,并连接上哈萨克斯坦、乌兹别克斯坦和吉尔吉斯斯坦。那些关系对连接陆地和海洋的两条经济带的意义深远。

对巴基斯坦的贷款和援助仅在瓜达尔港的建设一项便包括:截至 2015 年 8 月,7.57 亿美元的免息贷款;其他免息贷款包括东湾高速公路的 1.40 亿、建筑防波堤的 1.30 亿;煤炭火力发电厂的 3.60 亿,以及 300 个床位医院的 1.0 亿。此外,还有瓜达尔国际机场的 2.30 亿的直接援助。(Wikipedia, 2020b)这里的关键是,双边关系和新的多边宽阔愿景是互补而不是相互排除的。

仅从多边的亚投行来看,在 2016 年 6 月到 2019 年 5 月期间对

第七章　新综合性视野和远瞻性愿景：中国的"一带一路"倡议与亚投行

巴基斯坦的贷款总共才 4.0 亿美元，相比对印度的总共 21 亿美元贷款，以及对印尼的 9.4 亿元贷款。(Wikipedia, 2020a; tables 1—4)后者说明的是与那两大人口众多的国家建立友好贸易关系的意图，虽然，两国都是具有自己的意图，包括与中国背道而驰的意图。对他们的这种贷款说明中国贯彻其自身成功经验、通过基础设施建设来推动与他国的互利贸易意图乃是认真的。

至于哈萨克斯坦，其政府于 2019 年 10 月 29 日公布了 55 项与中国合作的项目的清单（其中，15 项已经完成，11 项仍在进行之中，其余在计划中）。所有这些项目的总额是 267 亿美元，其中，没有一项来自亚投行，都是双边关系中的贷款，其中包括与瓜达尔港连接的铁路建设。(中外对话, 2019)这些投资也告诉我们中国经济关系的宽广框架，新亚投行目前只不过占据其中较小部分。

此前的双边关系已被新的、更具吸引力的"一带一路"远瞻性愿景所掩盖，但实际上两者是相互关联和连接的。陆地经济带的愿景是之前的双边关系的进一步拓宽，成为连接中国和中亚与欧洲的宽阔视野，而海上的经济带同样也是之前双边关系的拓宽，成为连接巴基斯坦和印度，进而中东和南欧、北非和东非及更远的视野。

两条经济带不仅是跨国，更是跨区域、跨洲的设想。它们不仅是基于相对狭窄的战略性考量或具有紧密关系盟友的考量。它们的愿景远不止于中国的盟友。中国和印度的关系代表其中一部分：在 2016 年 6 月到 2019 年 5 月底的三年期中，印度乃是从亚投行融资最多的国家，达到 21 亿美元的总数。毋庸说，印度是具有其自身强烈的目的的国家，包括与中国不相符乃至于相悖的目的——至为形象地体现于其建设在伊朗的距离瓜达尔港仅仅80公里的沙巴哈尔港的建设工程,目的是印度的经济关系和影响,经由伊朗而进入阿富汗、土库曼斯坦、塔吉克斯坦和吉尔吉斯斯坦①(Wikipedia, 2020d)。

与此类似,位于东南亚的印度尼西亚,区别于西向的"一带一路",也已被纳入新的"一带一路"的宽阔愿景,作为中国称作属于与中国"共同命运"的国家。在亚投行的最初三年期间,印尼乃是亚投行的第二大受惠国,贷款总额是9.4亿美元。根据美国布鲁金斯智库2019年的一项研究(依据的是一份彭博社的报道),中国在印尼签署和计划中的项目总额达到930亿美元之巨(Stromseth, 2019; Jamrisko, 2019)。这也是中国新愿景的宽阔视野的例证。

越南的经历也与此相似。它和中国的关系比较复杂,既有中国对其的深厚的历史影响,也有在越南共同抗美的过去,更有两国1979年的短暂战争。但其从中国的投资项目在2019年6月也已达到700亿美元的总额(根据同上的研究, Stromseth, 2019; Jamrisko, 2019)。

合并起来,我们可以从中国与印度、印度尼西亚和越南等的新近的关系看到,中国的"一带一路"新远瞻性愿景绝对不简单限于与其关系紧密的盟友(如巴基斯坦和哈萨克斯坦),而是纳入了与其十分不同的、具有自身独立的视野和愿望的国家。那就说明其"一带一路"和亚投行的宽阔的多边视野,不仅限于西向的陆地和海洋两条经济带,还纳入了南向—东南向的东南亚及东向的东亚

---

① 印度已经投入5亿美元来建设沙巴哈尔港,另加20亿来建设沙巴哈尔港与伊朗东南部的札黑丹市的铁路,目的是通过伊朗来和中亚国家连接。

的韩国和日本。而在目前的客观环境中,与所有那些国家的交往合作,必得是同时基于对方的利益考量才有可能实施。

从中国近现代历史中对近代西方的资本主义—市场经济—新自由主义一再从拒绝到模仿两极端趋向的分裂视野的角度来看,"一带一路"的远瞻愿景是个崭新的视野,与过去众多受害于西方的发展中国家对待西方的两极趋向十分不同。它采纳了亚当·斯密将自由贸易认作一切发展("国家财富")的动力。它没有将那样的愿景与帝国主义—殖民主义混淆起来,而是将其完完全全地划归自由贸易将导致各方的互利的核心原则。

同时,它撇开了自由主义和新自由主义的另一关键伙伴:国家对市场的"干预"越少越好的信念,此信念声称最好是完完全全地让市场机制的"看不见的手"自由运作。中国凭借其作为帝国主义的受害者的亲身经历而明确知道,放任的国家乃是个虚构,起始乃是对重商主义的批评,而后在近代史中,成为一种帝国主义—殖民主义的自我辩护,之后,在自由主义和新自由主义的全球主义化过程中,仍然掩盖了伴其而来的一定程度的支配和政治干预的霸权。(黄宗智,2019b)

"一带一路"的进路拒绝那些方面,这是我们可以从其作为过去的帝国主义的受害国家经验所能预料到的。同时,作为世界贸易组织的迟来者,它实际上除了遵循其游戏规则别无选择。具有讽刺意味的是,它实际上是对平等互利自由贸易的真正信徒,虽然对自由帝国主义主义和新自由霸权主义的自我理想化为完全基于平等的权力关系和普适的超政治意图具有深层的保留和警惕。它将贸易化约为其至为核心的互利,但将国家的角色据实认作不可或缺,但不是为了支配他国而是为了共同发展的经济作为。它的自我表达不是自由主义的无为国家而是强力有为的国家。它的方法不是政治支配而是协议双方的互利发展。它明确地拒绝霸权——即单一国家的主宰性领导,而特别强调平等互利的自主合作。

但这不等于是一种不着地的理想主义,而是高度实用性的对贸易双方平等互利机制的依赖。它使我们联想到中国的正义体系中的核心——笔者根据对历史上深深影响到日本、朝鲜和越南等国的"中华法系"的研究而得出的"实用道德主义"基本思维的概括(黄宗智 2016a),区别于美国式习惯性的对其两面性的霸权历史实际的单一面的理想化表达,后者实际上则混合了美国的超级强大国家组织(再次说明,包括 800 个境外的军事基地)与自由民主政治体制,霸权与自由和民主——我们可以称作之前的自由帝国主义的历史背景,以及当前的新自由霸权主义实际。

笔者正是从如此的视野来提出以上关于历史来源和其当代演变,并由此定位和理解中国关于发展中国家的合作与互利的新综合性视野和远瞻性愿景。它确实是个不同于美国霸权下的世界的愿景。它论析的不是一个被抽象化和意识形态化的"市场"或"市场经济",而是通过新基础设施建设而建立或扩大的具体的新市场,借此来推动经济发展的新进路。它不是一个被理想化/意识形态化为所有的国家都必须遵循的普世科学规律,而是一个经过道德价值选择所指导的适用于发展中国家的实用性的具体发展道路。它不是一个虚构的"无为国家"而是一个为争得反帝国主义的自主权而来的革命型国家,但它不是一个要求争得霸权的国家,而是一个反"霸道"的"王道"国家。也许至为关键的是,它如今已经不再是一个由于受到西方的欺压而在近两个世纪强烈倾向于要么完全拒绝要么完全模仿西方的极端的中国,而是一个已经具有一定自信和具有综合性和超越性的远瞻愿景的国家。

六、"一带一路"与过去农村发展政策的异同

"一带一路"的倡议确实代表了一个之前未能成为中国决策思想主导性的、不单是模仿西方模式的远瞻性愿景和进路。对比"一带一路"与近年来的农村发展政策(特别可见于最近连续16年的"中央一号文件"),我们可以看到一些关键的不同。后者在最近的十九大之前的基本精神是,完全以资本为主,由国家提供资金来带动资本主义主体的兴起——如龙头企业、大户、规模化的"家庭农场",将小农视作一种完全被动的对象。可以说颇像美国型的主要依赖资本——由私企和国家投资或援助——的新自由主义霸权下的全球主义,将发展中国家视作被动的对象而不是主体。它认可市场经济的资源配置,但说不上是真正的由双方作为平等主体来交易的自由市场主义,实际上是完全以资本和资本主义为主的行动方案:它将对方视作主要是廉价劳动力的供应者,不过是使资本盈利最大化的工具,不具有主体性(黄宗智,2020a,2020c)。而"一带一路"的基本精则虽然是市场主义的——它的远瞻愿景和实施方案是平等主体之间的互利协议,但不是资本主义的,而是要通过两国合作进行基础设施建设来推动双方的互利贸易,借此来推动两者的共同发展。在实施中,鉴于眼前的客观实际,这样的合作必

须经过对方主体的同意,不能简单通过霸权和营利,附加"给予"和"援助"来实现,而需要通过对等的谈判交易来实施。它讲究的不单是美国式全球主义的使用后发达国家的廉价劳动力来使资本盈利最大化,而是通过互利的贸易来发展双方的经济。它可以被称作"没有资本主义的市场主义"愿景。

我们也许可以借"一带一路"的设想来重新思考中国过去的乡村发展战略。在过去的设想中,农民不具有能动性,主要被设想为一种受惠者,被认作是不能起到"带动"农村发展的主体。这是与美国全球主义对待后发展国家基本态度相似的进路。但笔者长期以来已经一再论证:1980年代以来中国的新农业革命中,转向越来越多的高附加值农业生产的主体其实一直都是小农户,而不是政府或资本主义型农业企业或大户,小农户既是新农业(尤其是高档蔬菜水果、肉禽鱼、蛋奶等——如今已经达到农业总产值的三分之二)的主要劳动者,也更是其主要投资者(主要来自打工的收入)。同时,他们更是城市工业的主要劳动者,也是其新兴的众多城镇小资产单位(如小店铺、摊贩、廉价服务等)的投资者和经营者。他们实际上在中国近几十年的发展中起到至为关键的作用,无疑是其主要主体之一。虽然如此,他们仍然一直被国家视作无作为的群体,最多将他们看作仅仅为新兴的私营企业提供了廉价劳动力,而不是推进经济发展的一个主体。(黄宗智,2020a,2020c)因此,国家和城市的中产阶级从来都没有将他们看作有尊严、能动性和创新性的重要主体。如今,我们需要一改过去的思路,设想一个从农民主体性出发的发展道路。也就是说,我们应该将农民和农村视作必须被尊重、被平等互利地看待的主体。任何农村发展计划须

第七章 新综合性视野和远瞻性愿景:中国的"一带一路"倡议与亚投行

要以他们为主体,国家可以借助"一带一路"这样的宽阔和综合性视野来指导、带动农村发展,但不可将其视作仅仅是一种受惠的、被支配的、不具能动性的被动体。在这方面,我们需要按照"一带一路"对待其他发展中国家的态度的远瞻愿景来重新思考过去的乡村发展战略,包括在城乡统筹发展的计划中对待农村和农民的态度。

其中,一个必须的认识是中国历代以来的市场经济与西方古典自由主义所设想的不同。在亚当·斯密那里,现代城乡贸易是个完全双向的关系,由此推动了螺旋式的分工和发展。但中国过去的市场一直都仅是一个畸形的市场经济,主要由农村为城镇提供农产品和奢侈品,较少有反向的贸易,因此,可以说是一个由"榨取"推动的商品经济。(黄宗智,2020a,2020c)正因为如此,中国历来的城乡关系一直带有榨取/剥削性多于互利性的特点,从而导致发达的城市和落后的农村的"城乡差别"以及伴之而来的将农村视作仅仅是个被动体而不是个能动体的思维习惯。今天,经过1980年代以来的(笔者称作"隐性")新农业革命之后,许多农民已经获得初步的经营主体性,也包括收入的剩余。国家如果能够进一步协助农村保留更多的剩余——譬如,结合村社合作来为农产品提供高效廉价的新型的"纵向一体化"服务,并由国家来建构新型的服务性现代化批发市场,一如在"东亚"的日本和韩国那样,并且为农村和农民工提供基本的公民福利,将会大幅度提高农村农民对城镇商品的购买力,真正划时代地扩大国内市场,为城镇的制造业和服务业提供规模大得多的"内需"和市场。借此,将能更进一步促成中国经济的可持续发展,减低目前这样的高度依赖国外市场。

从这个角度来考虑,"一带一路"的新远瞻性愿景其实还带有对新冠肺炎疫情大流行消退之后的恢复生产和市场的路径的启示。如今中国经济面对的是全球化的经济结构的国家和区域分工所形成的产业链和供应链的"脱钩"困境,以及其所附带的今后的全球经济出于那样的考量的更大规模的结构性重组。除了进行恢复、重建一些已有的产业和供应链,我们也可以将目前的危机视作可能促进划时代变迁的契机——将农村的发展视作相似于构建两大经济带的倡议中的推进平等互利的发展和贸易的机会。要真正强力地带动中国广大农村的发展和现代化的道路,不是像过去那样完全依赖(许多是外来的)资本为主导的发展,而是以推动城乡平等互利的贸易(真正的自由市场经济)来实现共同发展。这样的农村发展,更可以成为与目前的另一关键发展战略——四大经济区(粤港澳、长江三角洲、京津冀、成渝地区双城经济圈)连接成为一个潜力更大更广的近距离产业链和产业集群,开辟一条更可持续的发展道路(后者的论析和建议见黄奇帆 2020)。譬如,在基础设施方面,可以强力推进覆盖所有自然村的公路网("一村一路");在贸易方面,可以朝向更加平等互利的双向贸易推进,借以扩大国内市场,做到可持续发展。其中至为关键的因素也许是,尊重乡村的村民和村社的能动性和主体性,而不是将其视作仅仅是外来行动的对象或行将消失的落后现象。这也是"一带一路"新前瞻性愿景和实施方案给我们带来的启示。

参考文献：

百度百科，2020a，《K9795/9796次列车》，2020年3月查阅。https://baike.baidu.com/item/K9795%2F9796%E6%AC%A1%E5%88%97%E8%BD%A6/18874125?fr=aladdin。

百度百科，2020b，"皎漂港"，2020年3月查阅。https://baike.baidu.com/item/%E7%9A%8E%E6%BC%82%E6%B8%AF/12013969

凤凰卫视，2020，《中国对外投资合作国别指引：缅甸劳工》，2月28日。https://feng.ifeng.com/c/7uPoAJYEH1C.

胡鞍钢、马伟、邹一龙，2014，《"丝绸之路经济带"：战略内涵、定位和实现路径》，载《新疆师范大学学报（哲学社会科学版）》第35期，第1—10页。

黄奇帆，2020，《新冠疫情蔓延下全球产业链重构的三点思考》，http://www.aisixiang.com/data/120703.html。

黄宗智，2011，《重庆："第三只手"推动的公平发展》，载《开放时代》第9期，第6—32页。

黄宗智，2016a，《中国古今的民、刑事正义体系——全球视野下的中华法系》，载《法学家》第1期，第1—27页。

黄宗智，2016b，《我们的问题意识：对美国的中国研究的反思》，载《开放时代》第1期，第155—183页。

黄宗智，2017a，《中国的劳务派遣：从诉讼档案出发的研究（之一）》，载《开放时代》第3期，第126—147页。

黄宗智，2017b，《中国的劳务派遣：从诉讼档案出发的研究（之二）》，载《开放时代》第4期，第152—176页

黄宗智，2019a，《重新思考"第三领域"——中国古今国家与社会的二元合一》，载《开放时代》第3期，第20—35页。

黄宗智,2019b,《国家—市场—社会:中西国力现代化路径的不同》,载《探索与争鸣》第 11 期,第 42—66 页。

黄宗智,2020a,《实践社会科学与中国研究》,第一卷,《中国的新型小农经济:实践与理论》,桂林:广西师范大学出版社。

黄宗智,2020c,《实践社会科学与中国研究》,第三卷,《中国的新型非正规经济:实践与理论》,桂林:广西师范大学出版社。

MBA 智库,《美元陷阱》。https://wiki.mbalib.com/wiki/%E7%BE%8E%E5%85%83%E9%99%B7%E9%98%B1,2020 年 3 月查阅。

前瞻经济学人,2019,《2018 年中国与哈萨克斯坦双边贸易全景图》,https://www.qianzhan.com/analyst/detail/220/190701 - 74705203.html,

王达,2015,《亚投行的中国考量与世界意义》,载《东北亚论坛》第 3 期,第 48—64 页。

新浪军事,2016,"中国在巴铁瓜达尔港正式开航" 11 月 14 日 http://mil.news.sina.com.cn/china/2016 - 11 - 14/doc - ifxxsmic6207662.shtml。

余永定,2010,《见证失衡——双顺差、人民币汇率和美元陷阱》,《国际经济评论》,第 3 期,第 7—44 页。

张俊霞,2016,《"渝新欧"国际铁路对重庆外贸发展的影响研究》,硕士论文,对外经济贸易大学。

中外对话,2019,"哈萨科斯坦公布'一带一路'项目清单" 10 月 29 日. https://www.chinadialogue.net/article/show/single/ch/11613 - Half - China-s-investment-in-Kazakhstan-is-in-oil-and-gas。

周黎安,2019,《如何认识中国——对话黄宗智先生》,载《开放时代》第 3 期,第 37—63 页。

Abi-Habib, Maria, 2018, "How China got Sri Lanka to cough up a port," *New York Times*, June 25.

Anderson, Perry, 2017, The H-Word: The Peripeteia of Hegemony. London: Verso.

Asian Development Bank, 2020, "ADB history, 2000s." Accessed Mar. 2020. https://www.adb.org/about/history.

Chang Hsin-pao(张馨保), 1964, *Commissioner Lin and the Opium War*. Cambridge, MA: Harvard Univ. Press.

Chatzky, Andrew, and James McBride, 2020, "China's massive belt and road initiative." *Council on Foreign Relations*, Jan. 28. https://www.cfr.org/backgrounder/chinas-massive-belt-and-road-initiative.

Congressional Research Service, 2019, "The International Monetary Fund," Aug. 30. https://fas.org/sgp/crs/misc/IF10676.pdf.

Environmental Justice Atlas, 2019, "Kyaukphyu port, Rakhine state, Myanmar," Jan. 14. https://ejatlas.org/conflict/kyaukphyu-port.

Hsü, Immanuel C. Y. (徐中约), 1960, *China's Entrance into the Family of Nations: The Diplomatic Phase, 1858–1880*. Cambridge, Mass.: Harvard University Press.

Jamrisko, Michelle, 2019, "China no match for Japan in Southeast Asia infrastructure race," Bloomberg, June 22. https://www.bloomberg.com/news/articles/2019-06-23/china-no-match-for-japan-in-southeast-asia-infrastructure-race.

Johnson, Chalmers, 2007, *Nemesis: The Last Days of the American Republic*. New York: Henry Holt.

Kapur, Devesh, John P. Lewis, and Richard Webb, 1997, *The World*

Bank, Its First Half Century. Volume 1, History; Volume 2, Perspectives. Washington, D.C. : Brookings Institution Press.

Krugman, Paul, 2009, "China's dollar trap." *New York Times*, April 2.

Le Corre, Philippe, 2019, "Kazakhs wary of Chinese embrace as BRI gathers steam," Belfer Center, Kennedy School of Government, Harvard Univ., Feb. 28. https://www.belfercenter.org/publication/kazakhs-wary-chinese-embrace-bri-gathers-steam.

Lim, Guanie, 2020, "China-Malaysia relations under the BRI: seeing beyond Mahathir/Najib," Asia Dialogue, Feb. 25. https://theasiadialogue.com/2020/02/25/china-malaysia-relations-under-the-bri-seeing-beyond-mahathir-najib/.

Lo, Kinling, 2017, "Strike at Chinese factory in Myanmar another bump along 'One Road'," South China Morning Post, Mar 11. https://www.scmp.com/news/china/diplomacy-defence/article/2077951/strike-chinese-factory-myanmar-another-bump-along-one.

Lo, Kinling and Sidney Lung, 2018, "Chinese factory in Myanmar ransacked by hundreds of angry workers," *South China Morning Post*, July 20. https://www.scmp.com/news/china/diplomacy-defence/article/2073775/chinese-factory-myanmar-ransacked-hundreds-angry.

Maini, Tridivesh Singh, 2019, "U.S.-Vietnam economic relations: the China factor," *Modern Diplomacy*, Mar. 3. https://moderndiplomacy.eu/2019/03/03/us-vietnam-economic-relations-the-china-factor/.

Mardell, Jacob, 2018, "Traveling 60,000 km across China's Belt and Road," *Reconnecting Asia*, Oct. 11. https://reconnectingasia.csis.org/analysis/entries/traveling-60000km-across-chinas-belt-and-road/.

Ng, Eileen, 2019, "Revised China deal shows costs were inflated," The Diplomat, April 16. https://thediplomat.com/2019/04/malaysia-revised-china-deal-shows-costs-were-inflated/.

Smith, Adam, 1976(1776), *The Wealth of Nations*. Chicago: Univ. of Chicago Press.

Stromseth, Jonathan, 2019, "The testing ground: China's rising influence in Southeast Asia and regional responses," *Brookings Institution*, Nov. https://www.brookings.edu/research/the-testing-ground-chinas-rising-influence-in-southeast-asia-and-regional-responses/

Tjia, Yin-nor Linda, 2020, "The unintended consequences of the Belt and Road's China-Europe freight train initiative," China *Journal*(Jan.): 58-78.

Toussaint, Eric, 2019, "75 years of interference from the World Bank and the IMF (Part 7)," CADTM, April 2. https://www.cadtm.org/spip.php?page=imprimer&id_article=2194.

Vine, David, 2015, "The United States probably has more foreign military bases than any other people, nation or empire in human history," The Nation, Sept. 14. https://www.thenation.com/article/the-united-states-probably-has-more-foreign-military-bases-than-any-other-people-nation-or-empire-in-history/.

Wikipedia, 2020a, "Asian Infrastructure Investment Bank," Accessed Mar. 2020. https://en.wikipedia.org/wiki/Asian_Infrastructure_Investment_Bank.

Wikipedia, 2020b, "Gwadar port," Accessed Mar. 2020. https://en.wikipedia.org/wiki/Gwadar_Port.

Wikipedia, 2020c, "China – Pakistan Economic Corridor," Accessed Mar. 2020. https://en.wikipedia.org/wiki/China%E2%80%93Pakistan_Economic_Corridor.

Wikipedia, 2020d, "Chahabar Port," Accessed Marc h 2020. https://en.wikipedia.org/wiki/Chabahar_Port.

第八章　探寻没有金融股市霸权的市场经济发展道路：兼及中国乡村振兴问题

人们相当普遍地将市场经济、资本主义和私有产权混合为同一事物来认识和思考，三者甚至已经成为互相通用的词。但从中西方近三个多世纪以来的历史实际来看，我们十分需要拆开这三者来认识和理解其间的不同关系和演变。

历史上有各种不同的市场经济：它的生产和交易主体不一定是简单的个人或私有资本主义企业单位，也可以是国家或某种半国家半企业的组织。在所有权层面上，过去左右之间的论争和分歧一直认为由于所有权决定分配，私有和公有只可能是对立的，非此即彼。但实际上，资本主义的起源说明，重商国家在早期资本主义的发展中起到了关键作用，其后的帝国主义国家在资本主义的发展中也同样如此。再其后的福利化的历史实际还证明，国家还可以起到关键的再分配作用，可以抑制完全为私人资本营利的制度的极端倾向,能够拯救摇摇欲坠的资本主义经济,不一定会像纯粹的私有资本主义那样无限逐利。而在其后兴起的由高度证券化和全球化的新信息产业支撑、由新型股票市场支配的资本主义,则又同样是一个国家推动的霸权产物,虽然其"游戏规则"和之前的资本主义体系有一定的不同。

同时,中国的历史经验更证明,其帝国晚期、近代和现代的市场经济体系并非平等互利的交易,而是不平等的输出和榨取,城镇对农村榨取的市场经济和帝国主义侵略下的市场经济便是如此。而当前的中国经验更证明,平等互利的交易/交换可以不仅是由私有资本(公司)推动的,而且可以是由国家(包括不同层级的地方政府)推动的。

坚决地将目前中国混合私有与公有的体系称作简单的二元对立的"社会主义"或"资本主义"体系之一,只可能自我矛盾,因为中国的实际明显结合两者;同样,坚决地将资本主义和社会主义的不同锁定于私有制和公有制的不同,只可能将中国目前"公有+私有"的实际所有制体系——在国内非农生产总值中,私有企业和国有企业比例约6:4——推向不符实际的单元化建构。我们需要的是更为符合实际的概括和探索。

经典自由主义理论认为,唯有以个别私人为主体的市场经济才可能推动资源的最优配置。但这个原则似是而非,超个人范围的国家间的平等交易也能够达到高效的资源配置,成为发展的关键动力,在全球化的贸易中尤其如此。本文的目的在于探寻一个能以平等互利的交换为动力的体系,而不是纯粹由私人资本逐利机制推动和控制的体系,更不是在股市霸权下无限逐利或投机赌博的体系。

一、资本主义的四大历史阶段

在西方,资本主义体系的历史经历了四个主要阶段。

首先是16世纪到18世纪重商主义的资本主义(mercantilist capitalism)时期。其主体是来自新兴民族国家间的竞争与战争的重商主义:国家通过给予半官方的大公司垄断权力而积极支持其向海外发展,以便争得更多金银和殖民地、半殖民地来攫取更多的自然资源,为的是与其他民族国家竞争和战争。

之后是工业资本主义(industrial capitalism)的兴起。这是古典自由主义和古典马克思主义理论分析的重点。它的主体是新兴制造业的蓬勃发展,尤其是棉纺织工业、烟草业、橡胶业及后来的汽车业等,通过从海外攫取原材料和输出制造业产品(大多仅为当地比较富裕的阶层购买)来营利。同时,那样的资本主义是伴随帝国主义——殖民主义国家而来的,两者密不可分。

在1929—1933年的经济大衰退之后,工业资本主义进入福利化时期:在美国罗斯福总统领导的"新政"下,美国采纳了保护劳工的法律,建立了社会福利制度,提高了富人的税率而重构了原来的纯逐利性资本主义,赋予其新的生命力。这是一个新兴的结合劳工福利与资本主义的体系。此期内收入分配相对比较均衡,美国社会最富裕的1%人群所占的总财富从之前(1910年)的45%降到1970年的不到30%,在欧洲其同比则从63%降到不到20%。(Piketty,2014:349,图10.6)

在 1970 年代的资本主义滞涨危机之后,伴随后工业资本主义(post-industrial capitalism)而兴起的新金融化资本霸权的体系,逐渐占据了越来越大的比例。伴随信息产业的兴起,金融证券市场尤其是股票市场完全转化了旧式资本主义,使其从以资本家为主体的体系,转化为以证券化和半衍生化、虚拟化的股票市场为主体的体系。同时,其又比之前更完全地确立了基于古典和新自由主义经济理论的全球化贸易法规。由两者的悖论结合而形成了一个新兴的股票市场霸权下的资本主义体系。其间,美国社会最富裕的1%人群的财富从1970年的不到30%扩增到2010年的34%,在欧洲同比则从不到20%扩增到24%。(同上)

(一) 从重商资本主义到工业资本主义+帝国主义

纵观西方的资本主义经济的发展历史,相当规模的国际贸易起码可以追溯到重商时期。从 16 世纪到 18 世纪,由于新的民族国家的兴起、竞争与战争,国家给予选定的商业公司垄断经营的权力,并与之结合来积累财富,用于国家军力的建设。大英帝国 1600 年给予东印度公司贸易垄断权便是典型,使其成为一个半国家(一度拥有 26 万人的军队)半企业型的实体,并在 1757 年占领了印度次大陆。那是市场经济和资本主义发展的重要起始阶段,当然也是后来的帝国主义的先声。1858 年,大英帝国政府直接接管了东印度公司的管辖地。

相对重商主义,亚当·斯密在 1776 年提出了极其关键的两个洞见。首先,用形式化的表达来说的话,即如果甲地由于其资源禀赋上的比较优势,能够以乙地的一半的成本来生产 A 产品,而乙地同样可以以一半的成本来生产 B 产品,那么自由交易对双方都是有利的。多边的贸易更是如此。借此洞见,斯密对之前的"重商主义"提出了犀利的批评,呼吁要建立没有国家干预的自由贸易,包括不同国家之间以及城乡和不同地区之间的自由贸易。[Smith,1976(1776)]而重商主义理论则认为,贸易逆差的国家会受损,而顺差的国家则受益(由于获得更多财富,能够建立强大的军队),因此必须凭借国家的(贸易)保护主义来促使贸易逆差最小化、顺差最大化——在美国特朗普总统领导下的反全球化的新重商主义的核心观点。那无疑是失之片面的。

斯密进而构建了其第二洞见:那样的自由贸易会促进经济整体中的分工,进而导致生产效率的巨大提高。他开宗明义地举例说明:由单一个人来生产,可能一天都完成不了一枚(大头)针;但如果由 10 个人来对 18 个生产环节进行分工生产,一天能够制造足足 48000 枚针。这是后来全面兴起的现代制造业的原始实例和表达。[Smith,1976(1763):8—9]

由此,斯密构建了一整套将资本主义理想化和单元化的经典自由主义理论。他针对重商主义而争论,认为真正的"国家的财富"必定来自没有国家"干预"的自由市场经济和私有制造业企业。市场竞争这只"看不见的手"是进行资源配置的最优机制,不可让国家进行干预。[Smith,1976(1776)]这套思路由后来的经济学形式化为:唯有自由市场中价格主导下的私有企业竞争才可能导致资源的最佳配置。斯密当时的目的是想凭借这样的理想化建构来为新兴的资产阶级从国王和贵族手中争得更多的权利,摆脱其对贸易和经济的霸权，让自由市场经济取代重商主义市场经济。这套理想化建构和意识形态成为之后占据霸权地位的古典（和新古典）自由主义经济理论的核心。

斯密没有认真考虑到的是，工业资本主义将会在19世纪伴随帝国主义和殖民主义的全面推广而蓬勃"发展"，两者实际上成为不可分割的孪生体系。在那样的历史实际下，斯密的自由主义经济理论一再成为帝国主义的意识形态和借口。对此，中国便在其近代历史中有切身的体会。鸦片战争的起源是英国商团（从印度）走私偷运鸦片进入中国，被林则徐搜缴焚烧后，英国则用捍卫自由平等贸易的说辞来"惩罚"、侵略中国。其自由贸易的借口是如此的"崇高"，在一个多世纪之后，仍然主导着在美国被认为是最好的关于中国的学术研究——例见"哈佛（费正清）学派"的张馨保（Chang，1964）的研究，其将鸦片战争的起源追溯到"文明的冲突"而不是鸦片的偷运和禁止；亦见同一思路的徐中约（Hsü，1960）的专著，其将总理衙门的建立论析为"中国之进入国际大家庭"，并以此为全书的标题。这方面，在西方19世纪中期的论析中，马克思至为清晰地认识到"自由贸易"背后的帝国主义的丑恶面。（Marx，1858）而作品写成于其前的18世纪后期的斯密则基本没有考虑到工业资本主义与帝国主义、殖民主义的紧密结合。当然，也没有考虑到在制造业中的雇主和工人间几乎不可避免的利益冲突——后者毋庸说，乃是马克思主义阶级论的洞见核心。

也就是说，工业资本主义虽然被自由主义建构为一个国家"干预"最小化、完全自由的市场经济，实际上是个凭借国家的权力、对外的侵略和占据来获得超等利益，并以此来发展自我的体系。这是重商主义的资本主义和其后的帝国主义国家的资本主义所说明的历史实际。从发展中国家的视角来认识的话,资本主义和帝国主义的侵略,两者是密不可分的统一体。它的实际明显不符合自由主义将一切贸易设定为自由平等互利的市场经济的自我建构。

(二)从福利化资本主义到后工业资本主义

在1929到1933年的经济大萧条后,为了重新振兴资本主义,西方国家相当普遍采纳了将资本主义经济福利化的制度。美国在罗斯福总统领导的"新政"下,采纳了新的劳动法律,给予工人组织工会、保证其进行集体谈判和罢工的法律权利。同时,国家设定了新的福利制度,给予职工们退休福利和基本医疗等社会保障,亦即所谓"福利国家"(welfare state)的兴起。那些福利国家所代表的古典资本主义在危急情况下对工人做出的妥协、让步,也促使私营企业设立了职工福利的体系。当然,还促成了相对比较公平的社会分配。它给予了资本主义新的生命力,并给予了英语"自由主义"(liberalism)一词新的福利化含义,与其原来的古典自由主义截然不同。在1980年代之后的新保守主义极盛时期中,美国广泛将"自由主义的"[liberal("the L word")]一词当作批评"左派的"民主党的福利化主张的贬义词来使用。[因此才会有卷土重来的"新自由主义"(neoliberalism)一词的兴起。]

除了坚决拼合市场经济和资本主义的自由主义—新自由主义理论,人们还相当普遍地将资本主义+市场经济的根本设定为私有产权,认为有了私有产权才会有营利的动力,才会推动无限的创业和贸易/市场交易。"自由（私有）企业经济"（free enterprise economy）甚至成为与资本主义通用的词。那是后来的"制度经济学"所关注的要点。而反对资本主义的社会主义思想则几乎认为，要破除资本主义的无限逐利弊端，必须推翻私有产权，以公有产权来替代。那种思路的至为完整和透彻的表达无疑是经典马克思主义，其要求以公有制的社会主义革命来替代资本主义。在那样的二元对立意识形态的历史背景下，资本主义+（自由）市场经济+私有产权被对立双方共同设定为同一事物的必备条件。并且，双方都将这三者等同，甚至简单认定，资本主义即市场经济、私有产权，三者紧密不可分，甚至乃是同一事物，这再次加强了三者成为通用词的大趋势。

其后，福利化（国家的）资本主义在 1970 年代出现了"滞涨"（stagflation）的经济危机，再次促使人们对资本主义的重新思考，并一反过去的福利化大趋势，迈向了所谓"新自由主义"。其先声来自芝加哥自由主义经济学派的主要人物之一弗里德曼（Milton Friedman），他在 1970 年的宣言中，重申了原来的资本主义+自由市场经济+无为国家的意识形态。在该篇文章中，他将后来的新自由主义意识形态表达得淋漓尽致。针对福利国家的社会责任理论，他宣称"企业的社会责任是满足其股东们"，"一个企业的最重大责任是满足其股东们的愿望"。在他看来，其中的逻辑至为简单明了：股东们乃是一个企业的真正所有者，经理们仅是受其委托办事的人。而且，后者最明白的是做生意，而不是如何造福社会，让他们试图那么做，只会导致散漫的、混乱的、目标不清不楚的花费，何况花的不是其自身的，而是股东们的钱。那只可能导致不负责任的胡作非为。实际上,企业利润最大化便是一个企业所能做的最大的社会贡献,也是自由市场经济的至为根本的运作机制。那些没有认识到这套逻辑的经营者则不过是"在近几十年来一直在不知不觉中受到那些削弱自由社会基础的思想势力摆布的傀儡"。这是针对之前的福利经济思想的支持者凯恩斯等人的批评(更不用说进步人士和真正的左派马克思主义人士了),所表达的是至为纯粹的古典自由主义的资本主义意识形态。(Friedman,1970)这套理论后来被英国的撒切尔(Margaret Thatcher)首相(1979—1990)和美国的里根总统(1981—1989)采纳为主导意识形态,组成了卷土重来的"新自由主义"(之所以说"新",是因为其不再是"旧"福利化的自由主义的意思)和"新保守主义"。

(三)当前的股市霸权下的资本主义体系

新自由主义意识形态加上新信息产业的兴起以及全球化的大潮流,导致一个与之前不同的新型资本主义体系的形成。在之前几十年的福利化资本主义体系下,一个企业需要照顾工人、社区、福利、环境等其他的经济"参与体"(与其有权益关系者)(stakeholders)。那样的考量如今已经几乎被弗里德曼"股东第一"的规则所压倒,福利已经不再是企业管理者所关心的问题。"资本"本身的含义,则不再是原来的企业家们的资金和其投资建立的实体性厂房、机器和其他设备、原料等,而是越来越体现为一种席卷全球资本主义体系的实际+虚拟的股票市场上的股价。正是后者,如今已经成为董事会评估管理人员的至为关键的标准,因此,也是他们至为关注的重点。如此的一个体系,我们可以称作为股市霸权的体系,其主体不再是个别的资本家,而是一个经过证券化和虚拟化的股票交易所和市场。

它趋向一种与之前不同的新型资本主义游戏规则:如今,资本主义经济的主体已经不单是个别的资本家/企业所有者的公司或个人,而是一个去人性化的、全球化的、经过股票化和虚拟化的股市,由一定程度上脱离实体经济的股市来左右产业公司的行为和决策。弗里德曼的"股东第一"(shareholder primacy),原来甚至被其理想化为"股东民主"(shareholder democracy)的制度,如今的含义已经不再是单一企业公司的实体经济利润,而是其在全球的金融市场上与霸权股市上的股价和股值。

在那样的体系之下,资本不再是通过产业经营的收入超过工资支出而来的"剩余价值"的积累,并借此来扩大再生产,也不是通过简单地向银行贷款或出售债券而来的资金,更不是关注职工福利的资金,而主要是面对全球化股票交易所而"上市"出售股票融资而来。一家公司已经不再是个别资本家所有的公司,经过在巨型股票市场卖出股票给千千万万投资方——不再仅仅是资本家们,也吸收包括来自诸如中产阶层职工们的退休基金等——它已经成为股票市场霸权下的资本主义企业。

而公司对其的责任主要是股票市值的增高。但这些所谓"股东",即弗里德曼原来论析的企业所有者,实际上并不像真的所有者那样参与公司的管理,他们的发言权十分有限,主要关心的不是个别企业的实际经营,而是其股票在巨大金融市场中的股值。股票增值的话,股东也许会购买更多;下跌的话,股东说不定会卖掉那些股票——其行为已经远远脱离公司的实际经营。如果说这是一个民主的股东制度,那么其民主仅体现于股票买卖行为的投票。

在这种制度下,难怪公司管理人员会那么关心公司的股票市价,从而导致所谓"股东至上"(shareholder supremacy)的普遍管理规则,实际上则是股值至上,即企业的行为越来越由其股价的升降来决定。如今,跨国公司的贪婪行为已经不是少部分企业家或公司管理人员决定,而是已经成为全球化的股票市场整体的运作逻辑。一个(上市)公司在股市上的股值,才是主宰公司管理人员行为的真正的"老板"。一个公司的股价和总股值则主要取决于其营业的利润率;一般来说,公司的利润率越高,其股价对收益的比率(price earnings ratio)也越高。这是因为,股票评估专业人士一般都会根据一个公司近年的利润率来预测其前景,由此直接影响购买股票者的抉择,进而影响公司的股价。

苹果公司作为近年来全球股值最大的上市公司,便是很好的例子。它通过中国台湾的富士康公司来雇佣超过百万的中国廉价劳动力,为其在中国,特别是在郑州和深圳,进行手机零件的生产和装配。如今,仅郑州富士康厂的35万员工便生产了苹果公司iPhone总数的一半。如此,苹果公司可以凭借富士康公司所能接受的较低利润率——一般约7%——来降低其产品的劳动成本,而中国地方政府则为了属地的发展为其提供各种各样的激励,包括免税或减税、基础设施、贷款、低成本劳动力及就地过关等特权。苹果公司自身主要集中于生产—销售过程中利润率最高——不止30%——的设计和销售两端。凭此,苹果公司即便在全球手机销售的总数量上仅占12%,但却占据了全球智能手机行业高达90%的利润,获得了令几乎所有上市公司羡慕的高利润率和股值(Barboza,2018),成为投资股票市场的人们心目中普遍最想拥有的股票。① 它展示的是当今全球化经济规则下典型的赢家实例,说明的是如今股市运作的最基本逻辑和游戏规则。

正因为如此,它被绝大多数的股票分析专家评为最好的股票之一,能够让购买者获得较高额的回报,由此成为众多基金和千千万万私人投资者最想拥有的股票之一,转而促使其股价持续上升。如今,这种股价变动已不是任何个人或少部分人或公司恶意为之的后果,而被视作是符合超巨型股票市场无可辩驳的制度化基本运作规则和逻辑的正常现象。在这样的制度中,追求利润最大化(和尽可能压低劳动力成本)乃是理所必然的事。(黄宗智,2017)而苹果公司的成功实例,则对其他所有大公司都构成了一种巨大的压力,并由此确立了新的游戏规则。

如此的股市运作规则被新自由主义经济学理论理想化为至为典范性的纯竞争性的自由市场经济,认为其乃最符合斯密原先所设想的众多理性经济人,一个个在没有任何政府约束下自由追求其自身利益最大化的典范。因此,其只可能带来资源的最佳配置和国家财富的最大化。

虽然如此,面对那些意识形态所引起的诸多实际问题,2019年8月19日,由192位美国大公司执行总裁组成的"商业圆桌"(Business Roundtable)组织发表了由其中181位总裁署名的声明,一反其1997年以来明文定下的总原则,即公司应该"以其(股票)

---

① 当然,此中原因也包括其在爱尔兰设立公司总部来避免或减轻美国的税额等促进利润率最大化的手段。其高超的销售和服务手段当然也是其成功的重要因素。

第八章　探寻没有金融股市霸权的市场经济发展道路：兼及中国乡村振兴问题

拥有者的回报为主要目的"(简称"股东第一")，宣称公司还应该考虑到客户、员工、供货商、所在社区等的利益。(Washington Post, 2019; Business Roundtable, 2019)其中署名者包括苹果公司的总裁。

但那样的改革谈何容易。一个公司要将其部分利润更多地用于职工待遇，或职工福利，或所在社区的发展，或环境保护，除非能够由此提高生产效率，否则立刻便会影响到其利润和利润率，也因此影响到其股票在金融市场上的评估，并反映到投资者购买股票与否的决定上。那样的行为不是一个公司的管理层所能轻易做得到的。显然，真正的改革需要重构如今已经根深蒂固的基本游戏规则，可以说几乎难比登天。只要目前这种结构的股票市场霸权依然存在，只要资本的营利性和追求最高利润的股票市场的游戏规则仍然被认为是无可辩驳的绝对规则乃至真理，便不大可能会导致改革。这也是本文所称"股市霸权下的资本主义/市场经济"的主要含义。

这个股票市场的运作逻辑和古典的资本主义十分不同。如今股票市场的股东们主要属于两种类型：一种主要是谋求长期增值的投资基金(也包括个人)，一种是牟取暴利的投机赌徒或基金。前者的主要目的是要求资产伴随实体经济整体增长而增值，一般会购入反映全股票市场组成的股票，借助多元化的投资组合来降低风险，追求的是较低比例的增值。其投资对象主要是全经济、全市场。为适应那样的需求，已经出现了众多反映全股市的指数基金金融产品[如标普500(S&P 500)指数，直接反映500强公司股值的动态；或罗素(Russel) 2000/3000指数，基本反映全股市的动向]。其预期的增值一般是平均5%—8%的年增值。[同时，还会

321

投资一定比例的债券(bonds),一般是7∶3的股票对债券比例,对冲(hedging)成为一种保险行为——因为股市下跌的话,简单的债券相对比较能够保值。但股票占据的乃是金融市场的大头。]

赌博类型的基金和投资者则可以用小额资金以现时股价来购买未来(譬如,三个月后)某股票的选择购买权合同(stock option)。保守的话,那可以是一种保险、对冲行为,以防到时要购买的股票价格激烈上升。但它更可以是投机行为。赌博者如果估计股价正在上升,可以凭小额的资金以今天的价格来购买(未来)相当大量的、增值了的股票的选择权,即"看涨期权"(call option)。投资者可以凭借高达40倍的"杠杆作用"——如以0.5美元一股的价格来购买一个价值20美元股票的选择购买权合同,即仅用50美元来购买100股20美元/股、价值2000美元市价的股票的看涨期权——来牟取暴利。股价到期如果上升1美元1股的话,便可以凭借50美元的"投资"收回100美元(当然,可以购买数千或更多股的看涨期权),在短期中将其所投资金增加一倍(当然,如果该股票的价格下跌,其所购买的先时价格购买权便一文不值)。投资者也可以采用相反的策略——预期股票价格下跌。那同样既可以是一种对冲保险行为,防范股票的严重下跌,但同样可以成为赌博行为——称作"看跌期权"(put option),若该股票的市价真的下跌的话,便可以同样凭借杠杆作用来获得同等的收益。(Royal,2019)

这种"衍生的""虚拟的"金融产品[股票期货合约(stock futures)]花样众多,而且自身已经成为一种可以买卖的金融工具,它们与具有某公司的一份所有权的"真"股票不同,仅是一种隔了一个层次,经过重构/虚拟的金融工具。(笔者一位亲人半个世纪以来便是一位对冲专家。)如今,如此的合同所控制的股票选择性购买权的总额已经达到不可思议之数(640万亿美元,实际资金投入则约12万亿美元,即仅占大约2%),亦即将近20万亿美元的国内生产总值的32倍(3200%)。(Maverick,2020)它说明的是,如今的股市已经在很大程度上类似一个巨大赌场。正是其高度杠杆化的赌博行为促使股票市场的总值波动幅度远远超过实体经济的波动幅度。

2007—2009年的金融海啸主要源自金融市场中杠杆化的衍生资本的暴跌。之前,房地产市场经历了长期的增值,使人们觉得这种趋势几乎会无限期延续,而且基于房产的按揭贷款,似乎是"绝对安全"的一种投资行为。之前的商业银行主要是凭借使用客户的存款来进行房产贷款,安于较低的回报率。但是,从1990年代开始,商业银行伴随一切"金融化"、股市化的大潮流,首先是越来越多地投入"次级"按揭(sub-prime mortgage),即为没有达到标准要求(譬如,笔者在1967年买房的按揭便规定,贷款人的月收入须达到4倍于按揭月付)的房产购买者办理贷款,为的是收取略高的利息。在房屋价值持续上涨的环境中,有不少次级按揭的房主实际上不是在使用稳定的收入来支付其按揭月付,而是仅仅凭借其房屋的可预期增值来贷款支撑其月付(这是笔者另一位亲人在1990年代的经历)。在美国国家政策要求尽可能家家有房产的大政治目标下,不仅是一般私营银行,包括美国联邦政府下属的两大按揭基金组织(Freddie Mac、Fanny Mae)也大规模参与了如此的行为。更有进者,在全经济体高度"金融化"(主要指股票化和虚拟化)的大潮流下,商业银行还发明了将众多按揭捆绑起来,同时纳入达标和不达标的按揭,借此来组成貌似十分可靠、低风险的基于住房抵押贷款的新型衍生、虚拟证券/股票(mortgage backed securities,MBS),将其投入股市销售。在新自由主义意识形态的主导和推动下,即便美国联邦政府下属的上述两大按揭基金,也一度购买了市场上所有新 MBS 的足足 40%。(Calabria,2011:11)在房价持续上升的大环境下,这股潮流汹涌澎湃,渗透全金融市场。伴之而来的是旧式的存款放贷银行的根本性转型,它们成为虚拟金融工具的"杜撰者",而金融界的人员则成为所有行业中薪酬最高者。这一切的结果是,股市的市值越来越超过实体经济。

但到 2006 年,由于供求关系的演变,长期上涨的房产市价开始下降,促使越来越多的次级按揭拥有者不再能够维持其月付,失去其按揭能力,逐步造成被捆绑起来的衍生 MBS 金融工具中的多米诺骨牌效应,进而促使全金融市场严重下跌,不少金融机构破产,最终导致大规模的"金融海啸"。

虽然如此,伴随不少国家的政府大规模的救急投入,经济逐渐恢复。几年之后,股市和虚拟化(虽然经过一定程度的改制,提高房贷的条件要求)的股票市场,逐步再次进入长期的"牛市",直到当前新冠肺炎疫情所带来的冲击。但是,股市总体无疑将会依旧伴随不可避免的经济周期的上下波动而变,由于其已经深深地陷入杠杆化衍生资本的赌博行为中,迟早必定会再次导致金融危机。

回顾近几十年股票市场的性质和运作方式,显然已经和弗里德曼 1970 年写的那篇文章十分不同。他所特别强调的所有者与企业管理层之间的委托—代理关系和意识,一定程度上已经不复存在,大多数的证券投资者将股票市场视作一种去人性、去公司管理

第八章 探寻没有金融股市霸权的市场经济发展道路:兼及中国乡村振兴问题

层的实际运作的纯股票交易或游戏场所,仅依照高度数据化的专家评估信息和股票本身的市值历时变化图表来做出选择,凭借的主要是对全市场运作的一种公式化投资——最典型的乃是众多规模巨大的指数基金,以反映全股市动向为主的基金证券——而不是依据个别公司的评估来选择其投资目标。这是主流,已和1970年代的股票投资模式十分不同,反映的是新的游戏规则、新的对电子化数据的高度依赖、新的简便和大众化的电子交易方式(即便是一般的职工个人,也可以直接在网上凭借低廉的收费而买入和卖出股票)。其中,占据霸权地位的不再是大资本家,而是股票市场整体,包括其虚拟的赌博部分。

之前弗里德曼所谓"股东至上"和"股东民主"实际上已经成为一个半虚拟化的"股市至上"和"股市霸权",主角不再是个别的人性化股东。如今,真正占据霸权的已经不再是"股东",而是抽象化和虚拟化的金融工具。资本主义已经成为一个实际上是"股票至上"和"股市至上"的体系。

至于投资者,已经不局限于少量的富人,也包括了通过诸多退休基金投资的众多领薪的中产阶级人员。我们如果用"赌场"的比喻来认识当前的这个金融市场,那么大多数投资者的对象已经不再是场内某一种或几种游戏中的赌博,而是超巨型大赌场本身的市值的持续扩增。唯有投资者中的赌博者才会聚焦于其中某种游戏,并采用杠杆作用来进行赌博,而占据全球经济霸权的实际上已经成为超巨型的股票市场和"赌馆"。

正是以上的悖论结合实际——高度古典个人自由主义化理念和超巨型股票市场霸权实际的悖论二元合一,也包括资本主义与国家参与的复杂关系和历史——才是资本主义历史的去意识形态化、去理想化、去抽象化的实际。

同时,在全球化的今天,国家作为贸易主体的角色尤其重要。发展中国家的私营公司无法与发达国家掌控巨大股票资金的跨国公司竞争,只可能以国家为主体或借助国家的力量来参与全球化市场的竞争,并在这种竞争压力中试图争得一席之地。国有企业或国家机构+公有或私有的资本是主要的可行方案。中国便是最大的实例。

但是,古典自由主义和新自由主义理论,源自对重商主义的批评,一直特别强调"无为的、放任的"(laissez faire)国家,原先为的是要从国家和贵族那里争得更多的自主权,更多的营利权利。上面我们已经看到,后重商主义实际上是伴随殖民主义和帝国主义而兴起的,依赖正在扩充的国家权力为其争得自然资源、开辟市场(主要是当地的富裕阶层,多与一般人民无关)、护卫特权,却偏偏被后来的自由主义和新自由主义经济学——凭借亚当·斯密的古典自由主义理论——将资本主义—市场经济—私有产权的体系在理论上设定为完全独立于国家权力的一个体系,提出充满误导性的无为国家乃是其必备条件的理论和意识形态。那样的建构一方面成为一种自我辩护,掩盖国家、资本主义和帝国主义—殖民主义强势扩张的历史实际;另一方面,也起到限制国家对资本主义经济的约束权力,争得在国内外更宽阔的活动空间。而且,在有意无意之中,还成为一个能够压制发展中国家国力建设空间的意识形态,捍卫其自身既是强势的也是被限定的国家权力的优势。其中实际,必须通过貌似相互矛盾、不可能并存的悖论结合来认识和理

解。(黄宗智,2019)

二、市场经济在中国的过去和现在

从"士、农、工、商"这个中国自战国时期以来的社会等级的表述和划分便可以看到,商人和商品经济在中国早已存在,虽然长期被视作逐利的社会末端的等级和现象,区别于具有较崇高道德理念的儒家"士"阶层。而农业则在中国越来越沉重的人多地少"基本国情"之下,其商品化在明清时期主要体现为棉花、棉纱、棉布经济的大规模兴起,伴之而来的是越来越劳动密集化的小农户生产,以及边际劳动日报酬的递减(纺纱占据花—纱—布生产中的约4/7的劳动量,而其每劳动日的报酬才是水稻的1/3),亦即笔者长期以来突出的"内卷化"和"内卷型商品化"。在中国越来越沉重的人多地少"基本国情"压力之下,在18世纪以来的三个多世纪中,越来越显著地呈现为近现代的"城乡差别",最终成为现代中国革命最关注的问题之一。

在那样的客观大环境中,除了上述资本主义两面性的悖论实际和其与简单的市场经济理论的不同,我们还需要认识到,即便是斯密指出的比较普适的平等互利贸易基本原则,也有一定的局限。在斯密《国富论》发表的1776年,英国已经经历了将近一个世纪(18世纪)的"农业革命",其间,农村人民的收入提高了大约一倍。同时,制造业初步兴起,尤其是棉纺织工业。两者的结合使斯密看到的,不仅是国际间的、承继重商主义时期的贸易兴起,而且还是城乡之间贸易的兴起。农业革命期间农村收入的提高,促使农村不仅为城市提供更多的食物和原料,而且还从城市购买越来越多的商品,一定程度上体现了斯密所洞察的(自由)市场经济对经济整体所起的正面动力,使其设想了城乡互动的、螺旋式上升的国民经济贸易和财富发展的模式。

(一)18世纪英国市场 vs.18—20世纪中叶中国畸形单向市场

将18世纪的英国和18、19世纪乃至20世纪上半叶的中国进行比较,我们可以认识到,斯密所看到的和理想化的城乡双向贸易并没有在中国实现。迟至1930年代,中国基本的城乡关系仍然主要来自"城乡差别"的而不是"平等互利"的交换。笔者长期以来已经详细论证,中国当时的城乡贸易主要是单向的:农村主要为城镇提供食品,尤其是高档细粮(白米、面粉)和肉禽鱼,农村本身则消费"粗粮"(玉米、红薯等)远多于"细粮",而且极少消费肉禽鱼。同时,其生产的优质棉花、棉纱、棉布(以及几乎全部蚕丝)则"出口"城镇,农民自身的穿着限于低质的棉布,没有丝绸。[黄宗智,2014,第一卷(1986)、第二卷(1992)]

当然,农村与农村间也有一定数量的贸易,主要由有余粮的农民和有余布的农民的交换组成,其达到全国的商品总量的足足66.9%。正如一整代的优秀中国经济史学家们所证实的,那种"贸易"乃是村庄参与市场经济的大宗。(许涤新、吴承明主编,1985)而那样的农民粮棉交换主要是一种生存性而非营利性的贸易。[黄宗智,2014,第二卷(1992):尤见77—79]在普遍的城乡差别之中,最突出和明显的是食物和衣着的差别。优质粮食和肉禽鱼主要由城镇消费,农村较少;优质棉布,更不用说丝绸,同样主要由城镇消费,农村极少。

这一切可见于1930年代的满铁调查人员所仔细记录的华北和江南两地三个村庄的商品行为。满铁的追踪调查,仔细记录了每一个农户在城镇所销售和购买的每项商品。其材料证明,其中最大的一项乃是粮食和棉花、棉纱。其卖出和买进的粮食,平均起来,达到其总产出的不止一半的价值。其卖出或买进的棉花和棉纱则平均达到其自身消费总量的大约一半。农户一般极少购买现成衣着,一般都是自种棉花,自纺棉纱,自制衣着,或用粮食与花—纱—布小农交换后自制衣着。在华北,基本没有农户购买现成衣着;在收入较高的江南,其所购买的现成服装仅占到其总消费量的6%。农民从城镇购买的产品主要是小宗的传统加工产品,如糖、盐、食油、酱油、火油等,在其总购买产品价值中仅占10%—20%。长江三角洲的农户平均收入相对高于华北,农村人民还会从城镇购买很少量的烟草、酒、草帽(以及新型的火柴),但也仅此而已。[黄宗智,2014,第二卷(1992):81—85,尤见表6.2、6.3、6.4、6.6]

与此不同,研究英格兰的经济史学家们,通过大量的18世纪农村遗嘱资料证明,当时的农户相当广泛地从城镇购置了镜子、油画、书籍、钟表、台布及银器等。(Weatherhill,1993:尤见219—220,表10.2及10.4)那样的物品说明的是更多、更广泛的双向城乡贸易:农村为城镇提供食品,城镇则为农村提供上述制造品。(黄宗智,2002:165)正是那样的交换,组成了斯密所论析的城乡平等互利交易的根据,进而导致社会分工以及制造业生产和劳动生产率的显著提高。但在中国的"畸形"单向市场中则没有。

也就是说,中国同时期的"市场化"城乡贸易与斯密所看到和概括的18世纪英国十分不同:它没有像英国那样由农村从城市买入众多的城镇产品,因此形成一个双向的市场,由双方不同的比较优势推动比较平等互利的双向贸易,亦即斯密概括为螺旋式经济发展动力的"市场经济"。中国的城乡贸易主要是单向的,主要由农村输出优质粮食、棉花、棉纱(和蚕丝)给城镇。其所说明的,是乡村在人口压力下的贫穷和劣势地位,亦即现代中国革命所要求克服的"三大差别"("城乡差别""工农差别"及脑力和体力劳动的差别)的主要内容。相对于英国及斯密古典自由主义建构来说,它固然是个"畸形市场",但我们如果从人多地少的中国的视角来看,畸形的乃是资本主义经济早发展的18世纪的英国。

毋庸说,在今天的中国,城乡差别虽然在革命之后改革之前的计划经济期间,已经有一定程度的减缩,但仍然非常鲜明,而其基本商品结构中,仍然可见对当时人民生活至为关键的粮票和布票。而城乡间的差别,则仍然可见于今天的城市和农村相互区别的户籍制度,也可见于巨大规模的、主要由农民工组成的廉价"非正规经济"中的务工群体。如果对比大城市中(可能占到城市10%以上人口的)有房有车和有稳定职业的群体,以及已经与国际城市中产阶级高度相似的"中产阶级",其间的差别非常鲜明。

(二)城市与农村的平等互利的市场

笔者在这里要再次(另见黄宗智,2020b)提倡中国应借助最近

第八章 探寻没有金融股市霸权的市场经济发展道路:兼及中国乡村振兴问题

十年来形成的综合中西的超越性视野、具有远大目光的"一带一路"倡议,并用同样的思路来推进今后的乡村振兴。中国的城乡贸易可以同样以基础设施为主,借此来推进城市与农村间的平等互利贸易和市场经济的发展。我们可以将农村比拟为"一带一路"倡议中的东南亚、中亚、非洲等发展中国家,亦即将农村比拟为需要大规模投入基础设施建设的发展中国家,以此推动城乡和不同地区间的平等互利贸易。其目的是推进农业的进一步发展和现代化,也是打开城镇产品在农村的销路;建设更大、更蓬勃的市场,既是为了带动农村的经济发展,也是为城镇产业创建更庞大、更可持续的国内需求和市场。

笔者已经详细论证,从1980年以来中国农业已经经历了一个"隐性的农业革命",主要是从低值农产品(尤其是粮食)越来越多地转入高附加值农产品的生产——菜果、肉禽鱼、蛋奶,如今已经占到总耕地面积的约1/3,农业生产总值的2/3。其生产主体一直都是小农户,即经营一到五亩的拱棚蔬菜,一两亩的果园,十来亩的种养结合农场等。之前,中国农业通过使用良种和化肥而提高了产量(一如1960年代以后的发展中国家的"绿色革命"那样),但中国近四十年来(改革期间)的农业革命动力则十分不同,是由农业和人们的消费习惯的改变所导致的结构性变化——从8:1:1的粮食、肉食、菜果,转向类似城市及中国台湾、香港等地区中产阶级的4:3:3的消费比例,由此大规模提高了对高附加值农产品的市场需求。这个"隐性的""新农业"革命(由于其性质、动力、规模都迥异于之前的农业变化,还没有被许多观察者所认识到),已经导致了农村人民农业收入一定程度的提高。(黄宗智,2010、

2016)

但是,我们如果将中国的新农业与美国类似的高附加值农业进行对比,便可以看到其宽广的进一步发展的空间。如今美国的高附加值农业(主要是菜果—坚果—浆果和花卉)的耕地面积仅占总耕地面积的3.6%,但其产值则达到全美国农业总产值的36.8%(1980年才26.2%),即不止10倍(1022%)于其所使用的耕地面积所占比例。(黄宗智,2020a:331;Macdonald et al.,2013:表1)而中国2010年的菜果所占耕地面积是18.9%,其所占产值为26.7%,仅比其所使用的耕地面积比例高出不到半倍,仅141%(黄宗智,2016:表4,15),明显还具有巨大的发展空间。

此外,美国的高附加值农业还包括相当数量的有机农业,共1.4万户,占全国9亿英亩(54亿华亩)耕地面积的约1%(900万英亩,5400万华亩),即高附加值农地的四分之一强(27.8%),其产值从2011年到2016年已经增长了不止一倍,达到76亿美元。(Bialik and Walker,2019)中国的有机农业目前已经发展到占全球有机农业的6%,但相比美国的47%和欧盟的37%,还相差很远。伴随中国城市中产阶级健康意识的提升,当然也具有较大的发展空间。(刘石,2018)

同时,农村经济的蓬勃发展将意味着人数庞大的农民的收入提高及伴之而来的对城镇产品的需求。根据最新(2016年)的第三次全国农业普查数据,目前农民用智能手机上网的普及率是48%,用电脑上网的才32%,拥有小汽车的仅24.8%(相对美国的每100人拥有77辆汽车,中国同比仅拥有11辆)。这些商品在中国农村还有巨大的发展空间(第三次全国农业普查主要数据公报,2018:

第八章 探寻没有金融股市霸权的市场经济发展道路:兼及中国乡村振兴问题

表4-7)。由于中国农村人口数量巨大,其市场潜力远远超过中亚和东南亚的任何一国。另外,目前仍然只有不到一半(47.5%)的行政村具有超过50平方米的商店或超市(同上:表3-6),而且在所有的行政村中,仅25.1%具有电子商务配送站点(同上:表3-2)。电子商业当然也有很大的发展空间。

自然村,区别于行政村,则又是另一回事。根据2016年的较可靠的数据,中国有261.7万个自然村(村小组所在地),52.6万个行政村(村委会所在地),亦即平均4.8个自然村组成1个行政村。一般村委所在地的行政村已经通水泥路面(80.9%)或柏油路面(8.6%)或沙石路面(6.7%),但它们距离自然村则还有一定路程。最小的距离在5公里之内(90%),但也有远达6—10公里的(6.6%)和10—20公里的(2%)。目前仅25.1%行政村具有电子商务配送站点,显然还连接不上大部分的自然村。这方面当然也有较大的发展空间。也就是说,目前农村自然村的基础设施条件离一个真正具有现代化的交通和交易网络连接的社会仍然较远。一定程度上,大部分的自然村与全国市场的交通连接尚缺其"最后一公里"。

此中的部分原因是,中国政府过去对待农民的基本态度是由政府和资本来带动农村经济的发展,其关注点主要止于自然村之上的乡镇,最多达到政党—国家统治组织的最底层的行政村,基本是个由上而下的体系。实际上,国家一直没有将农户自身视作一个能动主体,没有能够动员自然社会的一般农民来参与发展,也因此没有能够真正渗透最基层的自然村。但我们可以想象,国家如果能够更大规模地投入基础设施建设,将自然村全都纳入现代化交通和贸易的网络(一村一路?),其将会赋予农村农户,尤其是新农业的农户更便利、更完全地参与城乡贸易的条件。在遇到类似新冠肺炎疫情冲击的情况之下,也更能够减少或解决由于距离过远而在全球化产业链和供应链中出现的"脱钩"问题。(黄宗智,2020b)

国家如果能够同时为农村建设新型现代化的物流网络,由农民自身组织合作社参与其中,尤其是生鲜产品的冷冻链和快速运输,并辅之以由国家建立的现代化的服务性批发市场(而不是目前的部门营利性批发市场),借以让农户获得其产品收入的更高比例(而不是像目前那样,要么让中间商,也包括千千万万的小商小贩攫取其大部分利益,要么依赖低效的供销社),将会相当程度提高农民的生活水平和购买力。那样的变化将既能推进农村与城市间的平等互利交易,也能推进农业和农村的进一步现代化和发展;既能为城市制造产业和信息产业拓展极其宽广和可持续的国内市场,也能为农村产品创建更多更高效率的物流体系。这是20世纪便进入发达国家和地区行列的"东亚"(指日本、韩国、中国台湾)模式。(黄宗智,2018)那是真正达到亚当·斯密所理想化的英国的平等互利城乡贸易市场经济,也是真正能够凭借城乡平等互利的贸易来推动经济发展的实例。

在当前无情的超巨型股票市场的霸权逻辑支配下,资金贫乏的多数发展中国家的发展前景无疑是不太乐观的:对劳动工人,当然肯定也是无情的;对社会和自然环境当然也一样;对农村和农民就更不用说了。同时,它是一个凭借美国军事霸权(在全球有约800个军事基地,军事开销远远超过其他国家)和通过美元、世界银行、国际货币组织来护卫的超巨型金融市场—股票市场霸权,它更是把英美古典和新自由主义建构及话语作为其霸权意识形态来护卫的体系。

我们下一步要问的是,有没有可能改变这个局面?要改变的话,需要通过什么样的不同远瞻性愿景来设想未来可能的世界?什么样的具体措施、什么样的操作方案?拆开了我们对资本主义、市场经济和国家角色的理解之后,我们能否得出一个不同于如今大资本股市霸权下的市场经济设想,包括其与不同的产权制度和不同类型的国家、社会和文化的结合?

三、新的远瞻性愿想

笔者已经在关于"一带一路"的另文中指出(黄宗智,2020b),中国在过去将近两个世纪之中,一直陷于近现代几乎所有发展中国家的基本困境:西方发达国家对中国来说,既是可恨的敌人也是令人羡慕的现代化典范。因此,中国一直陷于一种基本分裂的思想状态:要么过度拒绝西方,要么过度模仿西方;要么盲目信赖西方单一的理想化的古典自由主义和新自由主义,要么相反地只拥抱经典马克思主义,完全拒绝资本主义、私有产权及不"干预"市场的政府体系;要么拥抱新自由主义的资本股市霸权,要么完全拒绝那样的理念而拥抱推翻资本主义体系的社会主义。双方分别将其对手推向极端,用冷战式思维将其认识和理解为二元对立、非此即彼的抉择。

我们可以回想,清代政府和知识分子主要从维护传统的角度来应对西方,在迫不得已下方才做出让步,有限地接纳西方,先是武器,而后是"洋务"实业,而后是立宪政体,而后是"赛(赛因斯)先生"与"德(德谟克拉西)先生",逐步走到"全盘西化"的极端。其后,面对20世纪的西方帝国主义和日本军国主义,部分人士则走上完全拒绝西方资本主义模式、完全拥抱反资本主义的马克思主义立场,最终导致完全计划化的经济体系和完全排外的"文化大革命"的极端。此后,随之而来的是改革、与国际接轨、大规模引进国际资本,并带有一切要以模仿美国为最优抉择的又一极端的强烈倾向。譬如,在农村政策方面,试图建立不符合中国实际的美国式的资本至上的"专业合作社",以及美国式的主要依赖资本投入和扶持、补贴规模化大农场——"龙头企业""大户"及成规模的"家庭农场"等,忽视了小农的主体性参与。

但是,在近十来年中,伴随中国悖论的(别的不说,仅共产党领导下的市场经济改革,便足够悖论了)举世瞩目的经济发展,中国逐步开始形成一种更为自信的思路,朝向更为宽广的综合中西的视野,并初步形成一种具有超越中西对立、市场经济和私有化与计划经济和公有化对立的非此即彼的选择,开启了超越性、远瞻性的愿景,并试图提出符合中国自身实际需要的发展方向的愿景,具有目光远大的综合中西的优点。

笔者已经撰文另述,新近的"一带一路"倡议和"愿想"[1],正是具有那样的远见和宽广视野的初步尝试。它的愿想是超越目前超巨型(股市)资本霸权下的经济体系的设想,它提出的道路不同于

---

[1] "愿想"是笔者新造的用词,目的是要比之前使用的"远瞻(性)愿景"和"远见""设想"等更简白精准地表达英语用词 vision 这方面的含义。(较详细的讨论见黄宗智,2020b)

资本主义历史中的方向——不是以建立霸权为主要目标,也不是以私有产权和凭借逐利价值观来推动经济发展,而是在更为宽阔的国际之间,也包括民间企业之间进行平等互利的交易。伴随这个基本设想而来的是迥异于霸权资本所追逐的单一营利最大化、股值最大化,以及占据/拥有供资本逐利使用的自然资源的目标。它是一个具备更长远目光的视野:为发展中国家提供贷款和资助来建设平等互利的市场所需的基础设施——现代化交通、能源和电子网络的连接,为的是长远发展的平等互利交易和市场经济。当然,部分也是为中国自身的基础设施产业(所具备的剩余产能)提供出路,并展示了对其自身这方面的"价廉物美"的自信,认为完全可以在世贸组织设定的平等互利、自由交易的规则下和其他国家竞争,为目的国提供具有市场竞争力的优越条件。其综合性设想则是一个没有股票资本霸权的共同发展的愿想。(黄宗智,2020b)

固然,在实际操作中,难免会有偏差。譬如,被缅甸廉价劳动力和有利投资条件吸引的长三角棉纺织私营企业,难免会违反对方的客观环境所要求的劳动保护和工资条件,导致对方工会的抗议、罢工和示威,最终只能妥协。又如在马来西亚欠发达的东部的铁路建设中,遇到其总理人选的更替,只能与新任总理马哈蒂尔重新谈判,重订基础设施建设条件。再如在印度尼西亚高铁建设过程中,遇到的"征地"情况远比中国困难,其必须面对当地更稳固的私有产权,与当地政府合作妥协处理。事实是,在目前的(比之前要高度新自由主义法规化的)世界贸易条件下,只能通过交涉、谈判来适应当地客观情况,与帝国主义时期的西方凭强势支配发展中国家十分不同。(黄宗智,2020b)

即便是相对较为贫穷的非洲国家,一如李静君(Lee,2018)经过详细的实地调查,在关于中国对非洲投资的研究近作中所证实的,投资于赞比亚铜矿的中国国有企业,也展示了与西方私营资本主义企业不同的行为。它更多关注长期的发展和两国之间的关系,更多使用长期的和有劳动法保护的正规工人而不是临时工,更多地向所在国家的要求和当地劳动人民的诉求妥协,更展示了非单一霸权股市资本下的行动倾向。这里我们可以进一步指出,这是因为,在李静君说明的不同政策战略之外,我们还要认识到,相比去人性化的全球股票市场的资本霸权游戏规则下的私营企业,中国和其国有企业会更多考虑与所在地国家及人民的平等互利的长远目标。

如此,在"王道"的"仁"价值观(相对于霸道,或"理性"的无限"逐利"价值观)的主导下,中国对外发展贸易和经济关系的"一带一路"举措不可简单视作霸道权术的运作,更不能简单等同于西方自身历史中的帝国主义和殖民主义,或将其定义为如今受超巨型股票市场霸权支配的资本主义,而应当将其认识、理解为一个还在形成过程中的、有可能平衡甚或改组全球经济运作逻辑的远瞻性方针和政策。

参考文献:

第三次全国农业普查主要数据公报,2018,表4-7《农户主要耐用消费品拥有量》,http://www.stats.gov.cn/tjsj/zxfb/201807/t20180717_1610260.html(2019年查阅)。

黄宗智,2020a,《中国的新型小农经济:实践与理论》,桂林:广西师范大学出版社。

黄宗智,2020b,《中国的新综合性视野和远瞻性愿景:"一带一路"倡议与亚投行》,《学术月刊》第 7 期,第 93—104 页。

黄宗智,2019,《国家—市场—社会:中西国力现代化路径的不同》,《探索与争鸣》第 11 期,第 42—56 页。

黄宗智,2018,《怎样推进中国农产品纵向一体化物流的发展?——美国、中国和"东亚模式"的比较》,《开放时代》第 1 期,第 151—165 页。

黄宗智,2017,《中国的非正规经济再思考:一个来自社会经济史与法律史视角的导论》,《开放时代》第 2 期,第 153—163 页。

黄宗智,2016,《中国的隐性农业革命(1980—2010)——一个历史和比较的视野》,《开放时代》第 2 期,第 11—35 页。

黄宗智,2014,《明清以来的乡村社会经济变迁:历史、理论与现实》,第一卷《华北的小农经济与社会变迁》(1986),第二卷《长江三角洲的小农家庭与乡村发展》(1992),第三卷《超越左右:从实践历史探寻中国农村发展出路》(2009),北京:法律出版社。

黄宗智,2010,《中国的隐性农业革命》,北京:法律出版社。

黄宗智,2002,《发展还是内卷?十八世纪英国与中国——评彭慕兰〈大分岔:欧洲、中国及现代世界经济的发展〉》,《历史研究》第 4 期,第 149—176 页。

刘石,2018,《中国有机农业发展的纠结》,http://blog.sina.com.cn/s/blog_5a3c6ad90102zhxx.html。

徐涤新、吴承明主编,1985,《中国资本主义发展史》第一卷《中国资本主义的萌芽》,北京:人民出版社。

Bialik, Kristen and Kristi Walker, 2019, "Organic Farming is on the rise in the U.S.,"https://www.pewresearch.org/fact-tank/2019/01/10/organic-farming-is-on-the-rise-in-the-u-s/.

Barboza, David, 2016, "How China Built 'iPhone City' With Billions in Perks for Apple's Partner," *The New York Times*, Dec. 29, https://www.nytimes.com/2016/12/29/technology/apple-iphone-china-foxconn.html.

Business Roundtable, 2019, "Statement on the Purpose of a Corporation," https://opportunity.businessroundtable.org/ourcommitment.

Calabria, Mark, 2011, "Fanny, Freddie and the Sub-prime Mortgage Market," *Cato Institute Briefing Papers*, no. 120, 1–16. https://www.cato.org/sites/cato.org/files/pubs/pdf/bp120.pdf, accessed May 1, 2020.

Chang, Hsin-pao (张馨保), 1964, *Commissioner Lin and the Opium War*. Cambridge, Mass.: Harvard University Press.

Friedman, Milton, 1970, "The Social Responsibility of Business is to Increase Its Profits." *The New York Times*, Sept. 13. http://www.umich.edu/~thecore/doc/Friedman.pdf, accessed May 17, 2020.

Hsü, Immanuel C. Y. (徐中约), 1960, *China's Entrance into the Family of Nations: The Diplomatic Phase, 1858–1880*. Cambridge, Mass.: Harvard University Press.

Lee, Ching Kwan, 2018, *The Specter of Global China. Politics, Labor, and Foreign Investment in Africa*. Chicago: University of Chicago Press.

Macdonald, James M., Penni Korb and Robert A. Hoppe, 2013, "Farm Size and the Organization of U.S. Crop Farming," https://www.ers.usda.gov/webdocs/publications/45108/39359_err152.pdf?v=6445.7.

Marx, Karl, 1858, "Karl Marx in New York Daily Tribune, Articles on China, 1853–1860," Sept. 20, 1858. https://www.marxists.org/archive/marx/works/1858/09/20.htm.

Maverick, J. B., 2020, "How Big is the Derivatives Market?" https://www.investopedia.com/ask/answers/052715/how-big-derivatives-market.asp.

Piketty, Thomas C., 2014, *Capital in the Twenty-first Century*, translated by Arthur Goldhammer. Cambridge, Mass.: Harvard University Press.

Royal, James, 2019, "Call Options," https://www.bankrate.com/investing/what-are-call-options-learn-basics-buying-selling/ accessed May 19, 2020.

Smith, Adam, 1976 [1776], *An Inquiry in the Nature and Causes of the Wealth of Nations*. Chicago: University of Chicago Press.

Washington Post, 2019, "Group of top CEOs says maximizing shareholder profits no longer can be the primary goal of corporations," August 19. https://www.washingtonpost.com/business/2019/08/19/lobbying-group-powerful-ceos-is-rethinking-how-it-defines-corporations-purpose.

Weatherill, Lorna, 1993, "The Meaning of Consumer Behavior in late Seventeenth-and Early Eighteenth-Century England," *Consumption and the World of Goods*, edited by John Brewer and Roy Porter, New York and London: Routledge.

第九章　中国乡村振兴：历史回顾与前瞻愿想

回顾中国数百年来的农村社会经济史，将其与西方，特别是美国的经验对比，我们既可以看到许多根本性的不同，也可以看到诸多可以借鉴西方的先例之处，尤其是中国在近40多年来引进了西方全球化的市场经济和伴之而来的法律体系的方方面面。本文的目的在借助历史和比较视野来探寻一条既有中国特殊性的，也是高度现代化的中国乡村振兴的道路，试图提出一些符合中国实际的前瞻性愿想和对发展道路的思考。它无疑既非纯粹是传统中国式的道路，也非完全模仿西方的道路，而是一个综合两者的超越性道路。

2018年以来，乡村振兴已经成为国家的一个"战略规划"，要求在2050年达到全面更新中国乡村，彻底解决"三农问题"，并且中央明确指出，要"坚持农民主体地位，充分尊重农民意愿，切实发挥农民在乡村振兴中的主体作用，调动亿万农民的积极性、主动性、创造性"，给予了中国小农前所未见的关注。（中共中央、国务院，

2018,《乡村振兴战略规划(2018—2022年)》:第二篇、第二节)特别使人振奋的是,曾经的将农村主要视作廉价劳动力的来源、将农民和农民工视作招引全球资本的筹码等("非正规经济"——黄宗智,2020c),有可能将会逐步成为过去,国家有可能将迈向其长期以来一再明确申明的"共同致富"的目标。

本文既特别关注中国农村过去和现在与西方的不同,又关注应该借鉴西方的理论和实践的方方面面,以此来设想一个扎根于中国基本实际的道路和前瞻性愿想,重点在连接经验实际与新理论概括,探寻综合中西的超越性发展道路。毋庸说,也将针对一些学术界长期以来悬而未决的问题提出一些看法。

一、历史回顾

长期以来,在人多地少的基本国情之下,中国形成了稳定的以小规模家庭农场为主的农村经济,其也是以小农户紧密聚居的社区为主的农村社会体系。村庄多是亲族聚居的小社区,即便不是,也会借助拟亲族关系来组合其社区。那样的社会组织是与儒家道德理念紧密结合的,讲究的是人与人之间的和睦关系,以及"己所不欲,勿施于人"的"仁"的道德理念。两者的结合进而促成比较独特的社区调解惯习,形成一个庞大的"非正式"正义体系,与官方衙门执行的正规正义体系并存。而且经过两者间的互动,更形成了一个比较独特的非正规与正规两大体系互动组合的中间领域(笔者称作"第三领域")。[黄宗智,2014a(2001)]此体系仍然存在,可见于如今社会纠纷处理中的三分天下的局面:在每年总数约

2500万起的(有记录的)纠纷之中,有2/5(约1000万)的纠纷是调解结案的。其中,将近50%仍然是通过社区调解结案的,15%是经法院调解结案的,35%是由结合两者的第三领域体系(如基层司法服务单位、消费者协会和公安局)调解结案的。① (黄宗智,2016b:11,表1;亦见黄宗智,2020b)

"新大陆"的美国(以及大部分西方国家)则十分不同,在其相对地广人稀的基本国情之下,根本就没有类似中国这样小规模的农户农场,并且由于其农户农场间距离较远,也没有可能形成紧密聚居的村庄社区,更没有中国的主导性儒家道德理念。因此,也不可能形成像中国这样以社区为主的调解互让的非正式正义体系。西方的司法体系基本以官方的正式法庭和法律为主,谈不上类似中国这种程度的讲究人际亲和关系的调解制度,当然也更谈不上在其与正式法庭体系之间形成的半正式、半非正式的第三领域。[详细论证见黄宗智,2016b;亦见黄宗智2014b,第一卷(2001)、第三卷(2009):尤见第2章;黄宗智,2020b]

以上的基本差别更导致两国之间十分不同的农村土地所有制。中国固然长期以来一直都有相当稳定的土地(以家族为主的)"私有"产权(并且获得正式和非正式正义体系的认可和维护),但同时也具有相当稳定的社区所有财产,包括村庄的灌溉水道、水井、山地、山坡、林木、水面、(亲族或村庄的)坟地和祠堂、寺庙,以及20世纪初期以来的村办学校等。以上的传统可以视作中国建立革命根据地和建国初期所普遍确立的村庄合作与集体所有体系

---

① 2005—2009年的平均数据。

的部分历史根源。相对来说,中国农村会更容易接受社区共同所有的制度,此点与美国有一定的不同。

在改革时期大规模引进西方法律和法理之前,这样的产权制度也许可以被视作一种不成文的"普通规则",虽然未经逻辑化和法典化,但在民间仍然得到较普遍的认可和遵循。这里笔者有意避免英美传统"普通法"的表述和概括,因为后者多依据法庭判案的先例,不符合中国的历史实际。笔者也有意避免"习惯法"的表述,因为它混淆了被正规法律接纳的习惯(如诸子均分财产)与被其拒绝(如田面权)的习惯或不置可否的习惯(如亲邻优先购买权)。笔者还有意避免"乡规民约"的表述,因为它多未经成文或制订。笔者这里要表达的乃是人们认为是当然如此但又多未曾制订或成文的规则,但在民间实际上是得到广泛认可和遵循的,被认为当然应该如此。如此的普通规则可以视作中国农村社区的特点之一,即乃是源自其悠久的紧密聚居历史实际的一种未经成文表达的普通规则。那样的传统也是建立革命根据地和改革之前中国的合作化与集体化所依赖的部分历史根源。

二、革命时期边区的互助与合作

在革命时期,根据地的乡村相当普遍以村庄社区为单位来进行生产资料合作化的互助生产,用以解决村庄较大部分成员生产资料(土地、牲畜、肥料、劳力)不足的问题,并通过全村动员来进行一些村内外的水利和开荒等工程,而经过互助合作的工程,基本会被视作社区的共同所有。(李展硕,2021;高原,2018)虽然,当时并没有十分注意将其条文化为成文法规或乡规民约,但仍然应该被视作当代中国的互助组、合作社与集体化村庄的一个重要历史基础。

其来源、性质和中国传统法律中的"实用道德主义"精神及思维方式高度一致。"道德主义"是因为社区源自儒家思想中的道德理念,特别是"亲"与"和",强调家庭关系,进而包括亲族关系,更进而包括社区的亲族纽带与共同意识。[黄宗智,2014b,第 1 卷(2001)]"实用"则在于关注实际运作和可操作性的普通规则多于形式化逻辑或成文法规。而且,根据"和"的道德理念,更促成了长期以来以"和"为主导理念的社区调解纠纷的传统。从全球视野来看,它是中国正义体系至为关键的一大特点,也是受到"中华法系"深层影响的"东亚"国家(主要指日本、朝鲜、越南)正义体系传统中的一个主要特征。(黄宗智,2016b)它与中国传统正义体系思维高度一致,与现代西方法律(无论是大陆法还是普通法)都很不一样。

我们只有从这样的视角来认识,才能看到中国正义体系与西方之间的异同。中国的正式成文法律及其主要的正式基层司法机构——县衙门——与西方判案的法庭有一定的相似之处。虽然如此,它是由原则性/道德理念性的"律"和实用性的"例"共同组成的,在清代被非常系统清晰地表达为《大清律例》,与西方的形式逻辑化法典很不一样。其中的"例",一直都因相应司法实践/经验而被改动、添加,而"律"则基本长期不变,由此形成了"律"与"例"的不同和组合。同时,它又具有根据长期以来紧密聚居的村庄中的不成文普通规则,尤其是涉及纠纷调解和全社区的共同"产权"等的不成文普通规则而长期延续和运作的特点。那样的非正式正义体系与正规衙门/法庭共同组成正义体系整体的不可或缺的两大部分,并在两者的互动之下,形成了一系列由双方的互动所组成的正式与非正式之间的巨大第三领域。三者共同形成了与西方古代和现代法律都十分不同的一个正义体系整体,并贯彻了其独特的(实质主义的)"实用道德主义"基本思维,与西方长期以来逐步形成的(形式主义的)高度逻辑化和抽象化的法律思维及传统很不一样。

即便是在经过40多年的改革和引进西方法律的现代中国,中西法律在实际运作层面上仍然具有上述的鲜明不同。中国式的调解在西方的正义体系中,仅是近几十年来产生的"另类"体系,主要由于其完全对立性的诉讼制度费用过高,但其在西方正义体系整体中的占比仍然十分有限(2%—4%或更少),但在中国则仍然是其基本"特色"之一。(黄宗智,2016b;黄宗智,2014b,第一卷;黄宗智,2020b)

同时,中国对待产权的态度也和西方十分不同。不仅在其调解体系,也在其产权体系之中,特别是在社区产权的传统基础之上,通过20世纪50年代的互助、合作化和集体化而最终被纳入计划经济的大框架中,成为在全国被广泛采用的制度。它是之前不言自明的普通规则的扩大,被与计划经济搭配而使用,在个人化私有产权更加根深蒂固和全面覆盖的现代西方,十分不可思议。

这样的历史背景也是改革以来"家庭联产承包责任制"以及新法律法规下一家一户的"承包权"——即土地经营权——的部分历史起源。承包权的实施,虽然在理论上似乎模仿、迈向了西方式的个人私有产权制度,但实际上仍然是部分回归传统中被广泛认可的家族土地私有产权制度,而且在法律上,土地最终所有权(区别于经营权)仍然是社区"集体"所有。在实施中,则又同时继受另一传统——"普天之下,莫非王土",以及马克思主义关于生产资料社会主义公有的理论传统。这也就是说,土地仍然可以被国家按需要征用,而且没有国家的允许,村庄"集体"本身也不可以随便买卖土地。如此的产权制度可以表述为一种"混合"或"多元"产权体系,是和农户个体的部分土地产权("承包地权",即土地经营权)共存的。这便再次造成和西方十分不同的农用土地产权制度,迄今依然如此,不可被简单等同于现代西方那样的单一化私有产权制度,或被认作最终必须朝那个方向"发展"的制度。其社区组织及产权也如此。

三、美国农业合作社在矛盾法规下的演变

与此不同,美国的农业合作社是在根深蒂固的私有产权大环境中诞生的。其原先意图是组织小农场和农业的合作化,目的是为农耕者提供合作化的服务,包括合作购买生产资料,进行农产品加工、运输、销售,以及建立金融服务的信用社。其具有比较鲜明的服务小农场农民的目的,其精神直接体现于如今仍然存在的、名义上所有社员一人一票的规则。

但是,美国的合作社法规传统一直都没有完全接纳排除个人私有制的社区(或社团)所有制,一直坚持根本性的私有制不可或缺。因此,其合作社法理的极限乃是社员一人一票的规定(此点当然也与其政治制度相关),未能做到排除私有产权的合作或集体所

有制度。正是由于那样的模棱两可的基本产权观念和法律框架，美国的合作社法规一直都没有成为像中国革命以及计划经济时期那样的近乎绝对(虽然仍然有"自留地")的社区所有制的集体制。在美国的合作社传统中，一开始便采用了社员合作与资本主义个人营利两者并存的原则，同时容纳部分源自社区合作的一人一票制度和绝对的私有产权的按资本投入量算股的两种原则，因此也为后来的演变埋下了伏笔。

在美国经济整体的全盘资本化和大企业化的大潮流下，原先的两种所有权——社团所有和个人所有——兼顾和并存的传统及意图越来越让位于私有资本化，即从由私有资本来支配的运作规则，迈向了由占资本份额最高最大者来支配合作社的运作，由资本占有额来分配盈利，或由所占销售额——实质上多由其资本投入额而定——来决定分配。虽然它们仍然在表面上(部分根据美国的自由民主主义政治体系理念)保留了名义上一人一票的规定，但实质上，在实际运作中并不如此，已经逐步成为由有限的一家或数家大农场、大资本来控制合作社的运作和分配的制度。如今，在美国的"合作社"中，"合作"一定程度上已经成为一个虚名，实际上已经成为基本是在资本支配下的一个类似企业公司型的组织。在所有的合作社中，仅有少量的真正以社团共同所有的宗旨来主导分配的合作社，可谓是一种"另类"组织。总体来说，其不可避免的大趋势是越来越趋向一切以私有资本为主。(关于此演变在文化层面上的论析，尤见 Hogeland,2006。)

四、中国 2006 年农民专业合作社法律实施以来的虚拟合作

中国 2006 年的《农民专业合作社法》的逻辑、条文和运作模式都是模仿当时的美国。其实际操作层面上的不同主要在于，由更加强势的国家参与来推动，尤其是资金补助和税收减免，而美国则没有那样程度的国家参与。结果是出现了参差不齐的合作社，其中大部分主要是由私有资本支配的，对社员的所谓服务实际上乃是对资本的服务。因此，"合作"也常有名无实，和美国的一样。有的则混合资本主义和小农社区合作两种不同原则。

笔者和其他论者曾经估计，当前的合作社可能仅有 20% 是"好的"、真正服务于小农户的合作社，但规模多是较小的，而大的合作社则多是假冒合作社的企业性私人资本，借此谋取国家补贴和税收优惠，它们所占比例可能达到约 30%，剩下的 50% 是两者性质皆有的合作社。（黄宗智，2015:21 及其后；刘老石，2010）虽然国家在 2017 年对合作社法进行了修订，但仍然保留了原先基本不符合中国实际的总体设想和主导框架，其背后仍然是不符合中国实际的美国模式。[《中华人民共和国农民专业合作社法（2017 修订）》]

实际上，中国仍然具有不少集体化时期遗留下来的制度性资源，迄今尚未被充分利用。一旦国家政策转向，它们足可成为新型合作化所可能借助的制度资源，包括集体产权、传统社区及社区共同利益的"共有"财产、村庄政权组织、村社的亲族纽带和拟亲族纽带等。最新的国家《乡村振兴战略规划》便明确指出如此的共有财

产的实际(虽然,"规划"的部分设想的前景仍然仅是美国式的资金化和股金化,不是将其当作振兴农村社区和承继传统与革命时期的可用资源——《乡村振兴战略规划(2018—2022)》;第十三章,第三节)。其因为受到美国模式的深层影响,无视中国的历史背景与现实实际。

更有可论者是在法律实际运作层面上,原来的中华法系中的关键性实用道德主义的基本精神仍然存在,仍然可以广泛见于引进的西方法律在中国的实际运作之中。此点可见于今天的正义体系的诸多方面:一是上面已经说明的,社区的民间调解结案在所有约2500万起案件中仍然占到约20%的比例(530万);二是各种不同调解占到纠纷解决总数的约40%(1000万);三是正式与非正式之间的半正式司法机构(如基层法律服务所、消费者协会以及公安部门)所处理的纠纷,调解结案占到所有案件的约25%(247万)(以及所有纠纷中的约40%);四是即便在正规和相对高度形式化的法院处理的492万起案件中,也有约34%(168万)是调解结案的。(黄宗智,2016b:11,表1;黄宗智,2020b)可以看到,中国传统基于社区的非正式正义和半正式正义体系,在今天的正义体系整体中,仍然扮演着不可或缺的角色。我们绝对不可以用传统正义体系已经不复存在或必定将消失的绝对化视野来观察中国的正义体系,必须看到其中存在的仍然是关键性的中华法系传统因素,不可继续盲目试图模仿美国模式。

这里需要指出,最新的国家《乡村振兴战略规划》虽然明确地突出了长期被忽视的农民主体性,但却仍然没有关注村庄社区。其未经表达的基本观点仍然是村庄社区应该或只可能消失——显然再次是受到美国模式的深层影响。而且,在其关于"乡村文化"的规划中,显示了一定程度的城市中心主义,简单将城市等同于"科学文明",乡村等同于欠缺"公民道德""社会公德""个人品德"等的落后区域,将其仅仅当作需要现代文明改造的对象(不然则将其视作观光旅游与好奇的对象)。(中共中央、国务院,2018:尤见第二十三章)在法律层面上,"规划"同样将乡村视作落后地带,将重点放在教育和增强其法律意识上面,包括"加强乡村人民调解组织建设,建立健全乡村调解",完全没有对其长期以来的非正式调解正义体系传统的认识,表达的还是高高在上的城市"文明人士"对待"无知"的乡村人民的基本态度。(同上:第二十六章,第二节、第三节)虽然如此,上面我们已经看到,"规划"同时又前所未见地特别突出了农村人民的"主体地位"和"主动性、创造性"。显然,两种矛盾的态度和意见之间还存留一定的张力,还需要一个超越贯通的过程。

未来需要重新概括、设想合作社的基本性质,采用过去的合作历史经验,再次借助社区整合的历史和社会资源,再次借助社区中的人际人脉关系来建设共同体意识,培育公益化的道德理念来推动农村社区振兴的合作化运动。

一个重要的搭配措施可能将是,确立集体/社区产权也可以像建设用地、房产、基础设施那样成为国家金融机构所愿意接纳为贷款抵押的资产——譬如,作为村社信用社融资的抵押。那样的话,将赋予农村,特别是被忽视的最基层村庄小组,比目前的情况宽广得多的融资渠道。那样的话,应该能够赋予未来基于社区共同财产的合作社更为宽阔的发展道路,也可以激发更多由下而上的民众参与。

五、可资借鉴的东亚模式

与以上问题直接相关的是所谓的"东亚合作社模式"——一个由多个历史传统的偶然所促成的总体经验。表面看来,它似乎不符合逻辑,既非资本主义也非马克思主义,既非以资本为主也非以劳动为主,而是以村庄社区为主;既非以私有资本产权为主,也非以代表无产阶级的共产党政党—国家为主,而是以村庄社区为主;既非以资本主义+市场经济为主,也非以公有产权+计划经济为主,而是以社区+市场经济为主。这是它的特殊性,也是它的悖论性,更是它的成功秘诀。

对小农户来说,社区合作组织为其提供了基层合作化的多方面的服务:联同购买(有折扣的)农资,联同提供大市场经济环境中所需要的加工、运输、营销服务等。加上政府建设的大型现代化批发服务市场,包括冷冻服务、电子信息服务等一系列非营利性的新型"物流"服务性辅助,形成一个完整的高度现代化物流体系。借此,经合作社推进的农业发展成为整个经济体发展的至为关键性的第一步,进而促进相对较高程度的社会公平,避免了要么是高额的资本主义纯营利化的大商人+小商小贩所组成的收费物流体系,要么是低效的计划经济下的官僚化供销社的物流体系,进而推进了农村收入水平的提高,做到了远比中国今天要优越的社会公平度。(黄宗智,2015)国务院发展研究中心与美国著名智库兰德公司 2016 年发表的一份合作报告早已明确指出了此点。(Development Research Center, 2016)

从法律层面上来考察,东亚合作社在日本的出发点乃是美国占领军司令部所主导的关于农业和村庄的新法律,他们在1945、1946、1952年陆续制定了《农地法》,规定农户耕地不可超过45亩,地租不可超过25%,外来资本不可购买农村土地。也就是说,凭借国家法律来给予小自耕农在日本乡村中的中心地位,借此基本消灭了地主经济。(固然,美国占领军司令部的几位设定立法蓝图的官员,他们还有确立自由民主政治制度的意图,其中也有误以为美国自身农业的基本单位将永远是所谓的"家庭农场",没有预见到后来越来越强盛的高度资本主义化大农场。)(黄宗智,2015; Kurimoto,2004)

同时,这些人员也受到美国在经济大萧条后农业的复兴过程中小农场合作社所起的重要作用的历史经验的启发。此点可见于这组官员中的一位人物科恩(Theodore Cohen)的回忆和叙述,直接反映于该书的总标题:重新塑造日本:作为(美国罗斯福总统下的)"新政"的美国占领(*Remaking Japan:the American Occupation as New Deal*)。他们将美国的占领视作在日本树立进步的美国型"新政"的契机,试图在日本建立自己心目中的理想进步社会和经济体系。(Cohen,1987)

此外,他们在1947年颁布《农业协同组合法》,勒令之前的基层地方政府将其所掌控的农业资源转交给基层农民和其社区合作社(General Headquarters, 1945—1960),规定合作社必须为社员所有和管控,并为其利益服务,必须是农民完全自愿参与的组织,并且必须通过一人一票的方案来治理。之后,"农协"的理事长和理事成为民众广泛积极参与和激烈竞争的职位。其理事长身份在公众场合所具有的地位仅次于当地头号官员。其每年可以组织和领导合法的"米价运动",推动该年拟定米价的政府举措,为农户争取最大的利益。(Moore,1990;黄宗智,2020a:280—290、481—487;亦见黄宗智,2015)

在此基础上,日本建立了扎根于村庄的合作组织,企图在日本建立他们心目中的理想的"新政"——民主社会和经济体系,由此奠定了日本之后几十年的农业和政治社会发展的基本框架。

其制度核心的形成在于以下一系列的特殊条件:一、合作社乃是当时政府认可和大力支持的高度自主组织;二、它完全是一个以服务社区农民为主旨的社团组织,并具有高度的合法性;三、它还是一个可以为村社农民提供金融服务的机构,其所组织的信用社可以接受社员的资金,可以贷款给农民,包括让农民低息赊购物品;四、合作社本身也可以向国家或私营金融机构贷款,具有合法的社团和所有权身份,并且在这些基层服务社的基础上,成立了全国性的"农林中央金库"(简称"农林中金")银行,其后发展成为全国六大银行之一。在这方面,其与中国由国家极其严格控制的金融制度形成鲜明对照。(Kurimoto,2004;黄宗智,2015:21—22;亦见黄宗智,2020a:280—290,481—487)①

---

① 在1980年代初期,美国30期国债债券居然一度达到15%年利的高额回报率,促使人们大规模投资美国国债。即便是今天,中国国家虽然已经允许并建立了私营企业体系的融资渠道,但一直尚未完全确立公益性的社团组织的融资渠道,仍然不允许逾越服务性(公益)社团与营利性私营企业之间的壁垒——因此杜绝了诸如美国、新加坡以及众多其他国家的慈善或教育基金的金融渠道。后者都可以借助金融市场来维持公益/服务基金的保值和增值,仅将增值部分用于公益,凭此来长期维持其服务于社会的活动。目前在中国,即便是国家自身设立的医保基金,仍然受到严格的限制,无法保值增值,亟须改革。(见郑秉文,2020)

另一关键因素是国家设立的服务性规模化农产品批发市场，包括对生鲜产品提供冷冻储藏设备和服务。这与中国的营利性批发市场不同，其目的是要为小农户提供高效廉价的完整的"纵向一体化"供应和销售链服务，并在基层的民间合作社之上设立全国化的、凭借市场机制来确定农产品价格的大型批发交易市场，借此来达到市场资源配置功能的最佳实现。（黄宗智，2018）

结果确实是人们意想不到的，日本在军国主义的灰烬之上，建立了一个确实是比较成功和民主的，也是高度经济现代化和发达的日本，更是一个社会分配相对公平、不见巨大城乡差别的政治经济体系。

东亚模式应被视作一个非自由主义也非马克思主义的、比较贴近特别关注村庄社区的、实质主义理论的、悖论的历史现象和模式。它绝不排除私有产权，实际上是在以小自耕农为主的生产体系基础上建立的社区合作"纵向一体化"物流体系。它与土地承包制下的中国农村有一定的相似之处：限制了外来资本购买、垄断农村土地，树立稳定的以小农户为主体的农业经济体系。正因为如此，中国更特别需要协助小农场来应对大市场的合作体系，让社区综合性合作社（"农协"）成为小农户和大市场有效连接的关键性枢纽。那样的话，农村将不见萧条，农民不见贫穷（大家只需回想众多在全球各地常见的、由"农协"组织的日本农村大叔和大妈的热闹旅游团，便可以认识到日本"农协"对振兴农村所起的作用），农村社区仍然高度整合，从而真正振兴中国乡村。

六、法律和法理角度的思考

中国的家庭联产承包责任制，作为史无前例的农村土地所有权的一个法律和实际运作体系，只可能是和现有所有经济学理论与法律体系不相符的一个体系。显然，它不符合自由主义的资本主义企业理论，也不符合马克思主义的计划经济理论。相对来说，它最符合实质主义的小农经济和小农社区理论，虽然也与其有一定的不同。它之所以最符合实质主义理论，首先是因为它的主体仍然是历来的小农户而不是自由主义理论中的资本主义农场主或农场工人，也不是马克思主义理论中计划经济下的工厂化大型国有和集体农场。它当然也与基于资本主义体系的形式法理体系不同，也与马克思主义预期和反对的雇工资本主义农场不同。它的主体是比较独特的，是中国长期以来具有最顽强生命力的小农户和由其组成的农村社区。

中国近几十年以来"三农"问题的部分肇因正是来自对以上基本实际的一些关键性认识偏差：采用的法律和组织方案多是引进的、不符合中国实际的方案。最突出的例子乃是2003年之后连续16年特别突出的要国家大力扶持"龙头企业"、大户和成规模的所谓"家庭农场"的政策，以及2006年颁布的《中华人民共和国农民专业合作社法》(2017年修订)，其完全是模仿美国的企业化农场和以专业而非农村社区为主的合作社法。上面我们已经看到，在缺乏紧密组合的农村社区的美国，在一切以资本主义企业化组织为主的美国型合作社框架下，近几十年已经完全从原先的为小家庭农场服务的合作社理念，转化为主要是公司化、企业化的实体。其一切以资本为主，要么是投资份额，要么是以营业比例为盈利分配的标准，完全失去了原先为小农场提供合作化服务的宗旨，继而完全融进一切以私有资本和其营业额为基本组织宗旨的宏观经济体系。

试图将那种资本主义的、不符中国国情的模式当作典范，导致了众多源自理论不附实际的后果，包括众多"假"合作社的现象，基本无视小农农户的利益。其所采纳的典范一开始便被不符实际地设定为美国，而其实际运作则在中国被体现为尽可能谋得（如今已经成为乡村基层最主要的资金来源的）国家资助，用各种各样的名目来将自己虚拟为"合作"机构，为的是获得国家下拨的资金以及税收优惠（有的当然还附带着某些灰色收入）。因此，中国需要根本性地重新考虑这方面的政策，不是要完全撤回之前的进路和其所积累的一些有限成效，而是要采纳另一种基于农民和其社区主体性和合作性，可以带动村民广泛由下而上参与的、真正是中国式的合作社。

七、全球化市场经济视野中的中国乡村振兴

笔者过去已经详细论证，在之前的中国农村，城乡贸易实际上十分有限，主要是单向的，由农村输出优质农产品（最主要的是优质粮食和棉花—纱—布以及肉、禽、鱼）给城市，农村从城镇购买的仅是一些很有限但必需的小产品，如糖、盐、食油、酱油、火油等，在其购买产品的总价值中才占到10%—20%。而城市所购买的主要

物品乃是粮食和棉纱、棉布,在其所有购买品的大宗中约占80%。以上是满铁在1930年代后期对华北和江南地区村庄所进行的详细精准的实地调查所证明的情况。[黄宗智,2014b(1992):77—92,尤见表5.4、6.2、6.3、6.4、6.6;亦见黄宗智,2021;黄宗智2020a]这些事实所说明的是,农村商品经济的组成,最主要是余粮农户和余棉农户间的交换,一如中国一整代的优秀经济史大家们(特别是来自工商管理部门的吴承明)所详细论证的那样。(徐涤新、吴承明主编,1985)

这就和亚当·斯密观察到和总结的18世纪英国蓬勃发展的城乡双向贸易十分不同。斯密观察到的农村正处于18世纪农业革命后期——在一个世纪中,农业总产值在农业劳动力人数基本不变的条件下增加了约一倍;同时,现代型的制造业也已经兴起。经济史研究者已经根据大量的遗嘱记录而证明,当时的英国农村相当广泛地从城市购买产品,诸如镜子、油画、书籍、钟表、台布及银器等,(Weatherhill,1993:尤见219—220,表10.2及10.4)说明农村食品和城镇制造品间的双向交易已经达到一定的规模。那正是斯密概括的(不仅是地区和国家间的,也是城乡间的)平等互利双向贸易的经验基础。从已经进入资本主义经济发展的英国来看,中国同时期到人民共和国建立前夕的市场,乃是个"畸形"单向的市场。那主要是由于中国乡村的贫穷,未曾经历英国那样的农业革命。在中国所见的主要是相反的越来越显著的城乡差别(和单向贸易),后来成为中国革命所至为关心的经济社会问题之一。

因此,中国并没有进入斯密基于(国内)城乡贸易(和地区与国际间的贸易)所概括出的根本性演变和原理:如果甲地(由于其资源禀赋的比较优势)能以较低的成本生产产品 A,而乙地能同样以低成本生产 B 产品,两地交换无疑是对双方都有利的。多边的贸易当然更是如此。在这个基本洞见之上,斯密更概括出,如此的贸易将会推进社会分工,进而导致劳动生产率的大规模上升(其所开宗明义引用的乃是:由单一个人生产一枚针,可能一天都完不成一枚;但由十个人分工合作,一天足可生产 48000 枚针——那是他观察到的实际,当然也是新兴城镇制造业的至为原始的实例和概括)。[Smith,1976(1776)]但那样的变化完全没有在 18 世纪的中国出现,直到 20 世纪 30 年代仍然基本如此。[黄宗智,2014b(1992)、2020a;亦见黄宗智,2021]

如今,中国的小农经济当然不再简单是前工业化的经济体系,中国的农民也不再是其帝国晚期单向城乡贸易体系下生活于生存边界的小农,而是一个个越来越与城市商品/市场紧密相连的小农。现在不仅有相当部分的农产品进入城市的大市场,也有一定比例的城镇产品被农村人民消费。

笔者已经详细论证 1980 年代以来的"新农业"革命的兴起,导致许许多多小农户从相对低值的农业生产转入"资本和劳动双密集"的高附加值新农业——主要是肉、禽、鱼和高档高值菜果的生产,到 2010 年其已经占到农林牧渔总产值的 2/3(耕地的 1/3),一定程度上形成一个"隐性农业革命"。之所以说是"隐性"的,是因为它不像过去的农业革命主要来自某几种产品生产率的提高,而是来自全国(伴随经济发展而来的)范围内人们食品消费的转型以及伴之而来的农业生产结构的转变。(黄宗智,2016a;黄宗智,2010)伴随那样的演变而来的是农村人民收入一定幅度的提高(虽然仍然相去城镇水平较远)和一定程度的对更多城市产品的消费。

未来这些方面显然还有较大的发展空间。目前,中国高附加值农业中的菜果种植占到总耕地面积的18.9%和农产品总产值的26.7%,已经是不错的成绩。但是,相比美国的高值菜果农业则相形见绌,后者仅用总耕地面积的3.6%就使菜果生产占到农业总产值的36.8%。而中国的菜果产值对其所使用的耕地面积的比例才141%,美国则达到1022%,相比之下,中国的菜果农业所占经济地位显然还去之很远,还具有较大的发展空间。(黄宗智,2020a:331;Macdonald et al.,2013:表1)此外,中国的有机农业虽然已经占到全球市场总额的6%,但相比美国的47%和欧盟的37%,同样还去之很远,同样仍然具有较大的发展空间。(刘石,2018)

同时,农村也越来越多地消费城市的工业产品。根据最新的2016年第三次全国农业普查得出的数据,如今中国能用手机上网的农户占比为48%,用电脑上网的为32%,也显然还有较大的发展空间。目前,中国农村拥有私人小汽车的农户占比为24.8%,相比美国每100人便有77辆汽车,当然也有较大的发展空间。(第三次全国农业普查主要数据公报,2018:表4-7)此外,彩电、冰箱和各种各样的家电产品,也都还有一定的发展空间。这就和当代之前的农村十分不同:之前的商品化主要是单向的由城市从农村榨取优质消费品(高档棉花和蚕丝产品、高档肉禽鱼、细粮);但如今(改革以来)则不然,已经有了一定程度的城乡双向贸易。

此外,目前仍然仅有不到一半(47.5%)的行政村具有超过50平方米面积的商店或"小超市"(同上:表3-6),而且,在所有的行政村中,仅25.1%具有电子商务配送站点(同上:表3-2)。电子商业当然也有很大的发展空间。

往前看未来,一方面,小农户仍然将长期存在,另一方面,小农户将面对越来越多样的城市及全球制造业和信息产业产品。正因为如此,我们需要在实践和理论层面上不断地试图形成新的设想和概括,不能限于现有的理论,也不能局限于任何历史经验的先例,而是需要一方面是脚踏实地的历史视野,另一方面是关于未来的远大设想;一方面是中国具有悠久历史的农村社区传承,另一方面是可资借鉴的国际经验(包括与中国比较相似而又有一定不同的"东亚"经验);一方面是中国自身的独特经验和理论,另一方面是外国的经验和理论。

笔者已经论证,东亚模式中为农户提供现代化的纵向一体化服务的综合性合作社,能够帮助农村更好地连接大市场,保留更高比例的农产品价值,进而缩小农村与城市、农户与市民间的显著差别。它也会维护和振兴中国的农村社区。

中国应采用"一带一路"倡议中凭借基础设施建设来推动国际间的平等互利贸易,借以促进双方共同发展的方法;也应将那样的远大愿想用于中国自身,来推进城乡双向平等互利贸易。譬如,目前中国的道路体系基本仍然只通达行政村(村委所在地),未能渗透自然村(村小组在地)和各家各户,如果能做到(自然)村村户户通路的话,将会促进农村进一步的经济发展并缩小城乡差别,(亦见黄宗智,2021)使农民能够购买更多的城镇产品,同时又推进农村生产更多、更高值的农产品,包括出口产品。毋庸说,那样的乡村振兴也将会为中国的制造业和信息产业创建更大更宽广的国内市场和更可持续的经济发展。

八、超越性的愿想

西方资本主义经济,在经历了五个多世纪的演变后,已经与传统资本主义迥然不同。它从原来为了增强自身与别的新兴民族国家的竞争力和战争中的国力而兴起的重商资本主义,转化为后来的工业资本主义+帝国主义/殖民主义体系,但偏偏又将其虚构为意识形态化的自由主义理念中的无为国家和个人权利最大化。其中的悖论矛盾实际早已被马克思在 19 世纪中叶系统和细致地批评过,其洞见后来更成为俄国、中国和越南等国家革命的指导思想。同时,资本主义本身也在1929—1933 年的经济大萧条之后,被改革为一个相当高度福利化的体系。但是再其后,当资本主义体系于1970 年代再次出现经济危机(滞涨)之后,古典资本主义卷土重来,形成"新自由主义"意识形态进而推动了大规模的去福利化。并且,资本主义经济逐步转化为越来越由一个高度股市化和虚拟化的超巨型股票市场所支配的体系,并凭借全球化而渗透到世界每一个角落。在过去的半个多世纪中,在美国的超级军事和财政实力的护卫和推广之下,它已经成为一个在全球占到绝对霸权的体系。(黄宗智,2021)

如今,它的运行逻辑已经和过去的几个不同的资本主义演变阶段十分不同。支配全球的数百家巨型跨国公司已经不再是旧式的、由数百人的大资本家和公司掌控及支配的无限逐利公司,而是新的完全去人性化的超巨型股票市场。支配全球的已经不再是有名有姓的大资本家个人,而是一个高度数据化和半虚拟化的股票市场。企业管理者不再是个别的大资本家,而是金融工具,特别是股票。企业管理者真正的"老板"已经不再是一个个股东,而是股票/股值和从其衍生的金融产品,它已经成为一个没有面目的股票基金和指数基金,也包括由其衍生的凭借高杠杆作用营利的股票市场投机者所组成的、为广大对冲基金和股票期货等赌博型基金所摆布的体系。正因为如此,其运作逻辑要远比传统资本家更去人性化,与实际管理者和投资者都相去较远,成为一个无人性、人情可言的"客观""游戏规则"。正因为如此,它要比传统的、过去的资本主义体系更极端无情地无限逐利(譬如,尽可能垄断关乎生死药物的霸权,将其价格尽可能提高,借此来提高其利润率,最终目的是提高其公司股票市值)。伴之而来的是 1970 年代以来越来越明显和大规模的去福利化趋势,同时又返回到脱离实际的古典自由主义理论中的单一化、理想化的意识形态建构,即市场竞争必定会导致资源的最佳配置以及保证最大多数人的利益,因此不需要考虑到职工福利等无关要紧的措施。(黄宗智,2021)

面对那样的一个全球经济和法律体系,中国正在试图走出一条比较独特的道路,初步清晰地体现于其"一带一路"的倡议和愿想。它基本拒绝一个股市霸权下的全球化的资本主义体系。它要求仅采纳斯密原来的最基本洞见,即平等互利的贸易乃是经济发展的基本动力,能够推进贸易双方或多方的经济发展;同时也纳入斯密的第二大洞见,即如此的贸易会推进社会和地区分工以及生产率的提高,促进贸易双方的经济发展。该倡议进而借鉴中国自身的经验,认为基础设施建设乃是最佳的推进这样的市场经济发展的方法和道路。此外,去掉了其余的自由主义和新自由主义虚构的意识形态,诸如作为帝国主义说辞的其他方方面面,包括"无为的国家"和"造福全民"等虚构,也包括其越来越去人性化的股票市场的运作逻辑和游戏规则。(黄宗智,2021)

中国不接纳目前的股市霸权下的资本主义体系,当然也拒绝其前的剥削性帝国主义,以及更早以前的以国际战争为主要目的的重商主义。它不接纳资本主义的无限逐利逻辑,而要求源自儒家道德观念的"仁"的王道,区别于专横的"霸道"的理念,要求国际间迈向"平等互利"与"不争霸"的"和"价值理念的方向。(黄宗智,2020d)

如今,中国更明确提出了"乡村振兴"的"战略规划",要求在2050年完成其愿想。其目标是实现"仁"治,更是实现"最广大人民的根本利益"的共产党治理理念。也可以说,等于是将农民也纳入一个与其"一带一路"倡议及愿想类似的国际关系框架和道路之中。真正实现的话,应该会促使农村人民收入有一定规模的提升、中国的"国内市场"/"内需"的再次扩大,以及中国经济更可持续的发展。同时,也可能将为我们展示一条改组目前全球股市霸权下的市场经济秩序的道路。

至于对目前仍然掌控全球金融、经济、法律和军事霸权的美国来说,也许最理想的未来乃是重新思考其凶恶的无穷逐利帝国主义、霸权主义的一面,承继亚当·斯密的两大真正洞见,摆脱霸权追求,更完全地继受其优良的真正自由民主理念传统,探寻造福其自身和全球的大多数人民的道路。在最近四年,前者非常具体地体现于一位无限逐利和极其霸道的特朗普总统,这已经促使美国越来越多的明智和进步人士对国家的根本性质及走向进行深层反思,而且其大多数的人民,尤其是新一代的青年,都已经看到深层改革的紧迫必要。对全球的人类来说,最理想的未来愿景是中美双方都在较崇高的道德理念下,协同友好地发展,撇开其相互敌视的一面,真正造福全人类。

参考文献:

第三次全国农业普查主要数据公报,2018,表4-7《农户主要耐用消费品拥有量》。

高原,2018,《工业化与中国农业的发展,1949—1985》,《中国乡村研究》第14辑,第196—217页,福州:福建教育出版社。

黄宗智,2021,《探寻没有股市霸权的市场经济发展道路——兼及振兴中国乡村问题》,《中国乡村研究》第16辑,桂林:广西师范大学出版社。

黄宗智,2020a,《中国的新型小农经济:实践与理论》,桂林:广西师范大学出版社。

黄宗智,2020b,《中国的新型正义体系:实践与理论》,桂林:广西师范大学出版社。

黄宗智,2020c,《中国的新型非正规经济:实践与理论》,桂林:广西师范大学出版社。

黄宗智,2020d,《中国的新综合性视野和远瞻性愿景:"一带一路"倡议与亚投行》,《学术月刊》第7期,第93—104页。

黄宗智,2019,《国家—市场—社会:中西国力现代化路径的不同》,《探索与争鸣》第11期,第42—56页。

黄宗智,2018,《怎样推进中国农产品纵向一体化物流的发展?——美国、中国和"东亚模式"的比较》,《开放时代》第1期,第151—165页。

黄宗智,2016a,《中国的隐性农业革命(1980—2010)——一个历史和比较的视野》,《开放时代》第2期,第11—35页。

黄宗智,2016b,《中国古今的民、刑事正义体系——全球视野下的中华法系》,《法学家》第1期,第1—27页。

黄宗智,2015,《农业合作化路径选择的两大盲点:东亚农业合作化历史经验的启示》,《开放时代》第5期,第18—35页。

黄宗智,2014a,《明清以来的乡村社会经济变迁:历史、理论与现实》,第一卷《华北的小农经济与社会变迁》(1986),第二卷《长江三角洲的小农家庭与乡村发展》(1992),第三卷《超越左右:从实践历史探寻中国农村发展出路》,2009),北京:法律出版社。

黄宗智,2014b,《清代以来民事法律的表达与实践:历史、理论与现实》,第一卷《清代的法律、社会与文化:民法的表达与实践》(2001),第二卷《法典、习俗与司法实践:清代与民国的比较》(2003),第三卷《过去和现在:中国民事法律实践的探索》,北京:法律出版社。

黄宗智,2010,《中国的隐性农业革命》,北京:法律出版社。

李展硕,2021,《互助的运行机制和效果——陕甘宁边区互助实践的研究》,《中国乡村研究》第16辑,桂林:广西师范大学出版社。

刘老石,2010,《合作社实践与本土评价标准》,《开放时代》第12期,第53—67页。

刘石,2018,《中国有机农业发展的纠结》,http://blog.sina.com.cn/s/blog_5a3c6ad90102zhxx.ml。

徐涤新、吴承明主编,1985,《中国资本主义发展史》第一卷《中国资本主义的萌芽》,北京:人民出版社。

中共中央、国务院,2018,《乡村振兴战略规划(2018—2022)》,http://www.gov.cn/zhengce/2018-09/26/content_5325534.htm。

郑秉文,2020,《两万亿基本医保基金只获低收益,该如何保值增值》,https://finance.sina.com.cn/roll/2020-06-10/doc-iircuyvi7802782.shtml。

《中华人民共和国农民专业合作社法》(2017 修订),https://duxiaofa.baidu.com/detail? searchType=statute&from=aladdin_28231&originquery=%E5%86%9C%E6%B0%91%E4%B8%93%E4%B8%9A%E5%90%88%E4%BD%9C%E7%A4%BE%E6%B3%95&count=74&cid=c9fac513ba20cba51bd4e0354d8dc82c_law。

Bialik, Kristen and Kristi Walker, 2019, "Organic Farming is on the rise in the U.S." https://www.pewresearch.org/fact-tank/2019/01/10/organic-farming-is-on-the-rise-in-the-u-s/.

Cohen, Theodore, 1987, *Remaking Japan: The American Occupation as New Deal*, New York: Free Press.

Development Research Center of the State Council of the People's Republic of China, 2016, "Improving Logistics for Perishable Agricultural Products in the People's Republic of China," Manila, Philippines: Asian Development Bank.

General Headquarters, Supreme Commander of Allied Powers. *History of the Non-military Activities of the Occupation of Japan*, V. XI, Agricultural Cooperatives (1945 through December 1960) (available at the University of Virginia Library, in micofilm).

Hogeland, Julie A., 2006, "The Economic Culture of U.S. Agricultural Cooperatives," *Culture and Agriculture*, v. 28, no. 2: 67-79. http://web.missouri.edu/~cookml/AE4972/Hogeland.pdf.

Kurimoto, Akira, 2004, "Agricultural Cooperatives in Japan: An

Institutional Approach," *Journal of Rural Cooperation*, v. 32, no. 2: 111 -118.

Macdonald, James M., Penni Korb and Robert A. Hoppe, 2013, "Farm Size and the Organization of U.S. Crop Farming, " https://www.ers.usda.gov/webdocs/publications/45108/39359_err152.pdf?v=6445.7.

Marx, Karl, 1858, "Karl Marx in New York Daily Tribune, Articles on China, 1853 - 1860, " Sept. 20, 1858. https://www.marxists.org/archive/marx/works/1858/09/20.htm.

Maverick, J. B., 2020, "How Big is the Derivatives Market?" https://www.investopedia.com/ask/answers/052715/how-big-derivatives-market.asp.

Moore, Richard H., 1990, *Japanese Agriculture: Patterns of Rural Development*, Boulder, Colorado: Westview Press.

Royal, James, 2019, "Call Options." https://www.bankrate.com/investing/what-are-call-options-learn-basics-buying-selling/ accessed May 19, 2020.

Smith, Adam, 1976 [1776], *An Inquiry in the Nature and Causes of the Wealth of Nations*. Chicago: University of Chicago Press.

Weatherill, Lorna, 1993, "The Meaning of Consumer Behavior in late Seventeenth-and Early Eighteenth-Century England, " in *Consumption and the World of Goods*, edited by John Brewer and Roy Porter, New York and London: Routledge.

第十章　民主主义与群众主义之间：中国的人民与国家关系的历史回顾与前瞻愿想

在当前的学术理论话语中，人们多要么扎根于西方经典自由民主主义意识形态，要么扎根其对立面的经典马克思主义—社会主义意识形态。在治理理论层面上，有的论者更将其认作要么是西方的国家最小化的自由民主主义政治理念，要么是中国革命中的共产党+群众路线政治传统。同时，论者大多简单接纳自由主义和马克思主义关于小农经济的共识，即认为在"现代"发展过程中，小农经济和农村社区必将消失，被产业化农业和城市化所取代；这样的认识其实不符合中国实际，因为小农经济和农村社区无疑还将在较长时期继续存在。

本文试图指出一条不同的综合和超越过去两大经典意识形态的农业与农村发展道路，也是一条综合和超越两者的政治经济体系的发展道路。其关键不在西式的自由民主（liberal-democratic）+

"无为国家"(laissez-faire state),也不在中国革命传统中的共产党领导+群众路线体系,而在一条超越性的、介于(自由)"民主主义"和"群众路线"之间的、以"人民"和(可以称作)"人民主义"为核心的政治经济体系。

对于中国,由于西方既是其帝国主义敌人也是其现代化典范,过去长期受制于要么过度拒绝西方、要么过度模仿西方的困境,但如今则已经进入更自信的新型综合性视野和超越性愿想。在经济政策方面已经向全球提出新型的"一带一路"倡议(和亚投行)并引起全球的关注和众多西方国家的支持。在治理模式方面,今后也可以迈向类似的综合性视野和超越性愿想。

中国早已清晰地认识到现代西方的两面性——优良的自由民主理念和丑恶的帝国主义和霸权主义实际。认识到自由主义和新自由主义关于"无为"的国家一定程度上不过是个理想化的虚构,过去其实多成为帝国主义—殖民主义以及全球霸权主义的说辞和自我正当化。同时也明确,并不需要也不可能放弃面对帝国主义和霸权主义所必须形成的富强国力和国家机器。(黄宗智,2020a,2020b,2019b)

中国在实践之中更认识到,"市场经济"其实不一定要像新自由主义建构那样,与无穷逐利的资本主义和私有产权相伴合一,甚至成为相互通用之词。中国在实践中已经将三者拆开,拧出其中为至关键的真正洞见:平等互利的贸易会对双方都有利,协助推动双方的经济发展。中国还加上了来自中国自身经验的、将国家角色聚焦于贸易和发展不可或缺的基础设施建设,由此形成"一带一路"的倡议和推进没有资本霸权的、附有国家积极带动和参与的平

等互利贸易。由此得出强国家+市场经济、公有+私有经济体系的实践道路。(黄宗智,2020a,2020b)

2018年,中共中央、国务院更提出了"中国乡村振兴"的发展战略,其中包括推广更蓬勃的城乡贸易的设想。(中共中央、国务院,2018)倡导者也许并没有充分认识到中国当代之前的城乡贸易其实并非亚当·斯密所看到和概括的城乡(以及国际)间的平等互利贸易以及其所导致的螺旋似的发展,而是在严重农业内卷化以及巨大"城乡差别"下形成了"畸形"单向的、榨取远多于平等互利的贸易。正因为如此,中国更需要大力推进其"战略规划"所设想的贯穿城乡的基础设施建设和平等互利贸易,扩大国内市场和内需,建立更可持续的发展。

本文进而聚焦于中国治理模式的过去和未来,从历史回顾与前瞻愿想的双重角度来探索新的概括和道路。其中一个关键部分是将综合平等互利市场经济和国家领导和参与的战略,也用于城乡之间的关系,借此来推动中国乡村的振兴。(黄宗智,2020c)同时,探索一条以人民为中心的超越性发展道路。它既不同于西方的"自由民主"道路,也不同于中国革命经验中的"群众路线"道路,而是一条综合与超越两者的,正在形成中的新型政治经济体系。其核心在借助国家与人民二元互动结合的巨大能量来推进全国民经济和治理体系的更可持续的发展。

一、既非民主主义也非群众主义

首先,我们要将"人民"(主义)区别于民主主义。民主的概念一般是一个相对(君主)政府或国家、非此即彼的二元对立的理论和理念。它的设定是限制政府/国家的权力,建立被理想化为不干预市场经济"看不见的手"运作的"无为"国家,坚持最大的个人自由乃是最理想的国家政治经济制度。由此宗旨而衍生出行政、立法、司法三权分立的基本框架,要凭借民主代表制的立法机构和独立执法的司法机构来限制行政权力。

我们要明确,西方的民主主义所理想化的无为国家不仅不符合西方的历史实际,更不符合中国的历史实际和现当代需要。在帝国主义、霸权主义的侵略或支配下,一个后发展国家第一必要乃是富强的国家机器,那样才有可能独立自主。在被侵略、被压迫、被支配的客观实际之下,西方主流的无为国家理念只可能更进一步弱化发展中国家的政治机器。追随西方的这种自由民主意识形态的话,后发达国家只可能长期继续被置于受外国支配的实际之下,最多只能希望达到唯老大哥是从的次级国家的地位。这是中国在中华民国时期已经经历过的历史,也是如今的新自由民主主义意识形态对中国这样的发展中国家的实际含义。(黄宗智,2020b)

同时,我们也要将本文主题的"人民"(主义)与"群众主义"和"群众路线"区别开来。后者是中国在革命战争中成长的一个传统。其原先的设想无疑带有一定的传统民本和现代西方民主,乃至于本文所谓的人民主义成分,当然更是革命党的、动员民众来推翻旧专制政权而建立新的基于人民的政权的要求和方法。但是,在实际运作层面上,它是一个遵循领导远多于其自身主体性的群众。这是来自革命客观环境中,由少数的先觉、先进分子领导革命过程中所产生的思维传统和习惯。因此，导致诸多由上而下的概括和用词：譬如，"发动""动员"和"组织"群众，并在"群众"间区别其中的"积极分子""中间分子"和"落后分子"。那些在革命过程中普遍用词都源自由上而下的视野和态度。在革命与抗战的双重客观环境下，几乎必然如此。

更有进一步，"群众"一词与"人民"的不同是，群众容易演化为一个运动型的现象，可以成为一种过分积极、过分感情化的现象，就如当代前期的"大跃进"或"文化大革命"那样。它带有脱离实际的情绪化倾向。在革命或抗战时期，它固然可以激发可贵的自我牺牲的精神和完全的投入、发挥强大的能量，但同时，也可能成为过激的运动、无政府似的混乱，甚或被一小撮弄权者为自身的狭窄利益而掌控、摆布。即便是在中国的革命时期，在过左的群众运动化"整党"或"肃反"中便出现过一些那样的现象，更不用说在"大跃进"和"文化大革命"时期所展示的极端趋向和混乱。

以上两种倾向都是中国经历过的偏差，当然不适用于今天的中国。如今中国需要的是在西方自由民主主义和革命群众主义两者之间探寻更平稳的、可持续的能量和动力。它应该具有一定的民众主体性和参与性，但又配合而不是妨碍国家对国力、富强和稳定的追求，更要成为可持续的、不会成为偏激的混乱或暴动的能量。它需要的是，既能够发挥民众参与的能量又能够防范过分运动化的错误。这是本文对"人民"和"人民主义"愿想的第一层次的考量。它的目标在追求良性的、可持续的国家与人民二元互动与合一，而不是非此即彼的对立，或由上而下的"动员"和"组织"，当然也不是无政府的混乱、暴动或被摆布。

二、作为抑制中国政治体系长期以来的"官僚主义"弊端的方法

长期以来,中国政治体制的一个特别顽强的问题是"官僚主义"。它的起源之一是相对集权的政治体系。大家知道,如果中央(皇帝)权力或其分块的地方主要官员(县令)权力高度集中,很容易促使其手下的官员们较普遍的"媚上"和"欺下"的行为作风。这是难免的一种现象,也是中文语境中常用的"官僚主义"一词所批判的要点之一。

同时,在任何相当高度官僚化,乃至于韦伯型的现代"科层制"化(Weber,1978)的治理体系之中,常规性的运作和复杂烦琐的运作规则都难免会导致一种比较僵硬的,不讲实质,只讲形式化规则的运作。这也是中国的官僚体系长期以来直到今天都不可避免的一个常见问题,同样可见于官僚主义和形式主义两词在民间长期被广泛使用的实际。

即便是高度专业化分工和分层化的韦伯型"形式理性"科层制中的官员,也同样具有较强烈的脱离实质的偏向(中国语境中的)形式化官僚主义规则的弊端。即便是韦伯自己,尤其是在其晚期,已经观察到并提出这样的问题,甚至使用(英语翻译为)"铁笼"(iron cage)的隐喻来描述这个问题:即"理性化"的科层制怎样才能避免过度(近似中国语境中的)官僚主义化的实际运作?(赖骏楠,2016;Reed,2018)

在中国的群众路线运动传统中,不乏借助群众来抑制政党国

家内的官僚主义弊端的历史尝试。毛泽东便多次依赖动员民众来试图克服官僚主义:譬如,解放战争时期的"开门整党",或一段时期中近乎普遍地要求官员们不可"脱离民众",要求干部们参与劳动、深入调查,甚至"下放"到民间与其"三同"(同吃、同住、同劳动),来克服官僚主义倾向。毛泽东自身还采用与民众"座谈"的"调查研究"方式来了解实际情况,抑制"脱离群众""脱离实际"的弊端(尤见其《兴国调查》文,毛泽东,1931)。在"文化大革命"中,甚至全面动员群众来试图克服官僚主义。

当前新一代的改革时期的青中年没有亲身经历过这样一个群众运动或其所要求的"三同"传统,大多已经远离革命时期的群众运动。那些制度以及群众路线本身一定程度上已经成为过去,就连"三同"一词也已经多被赋予其他的含义来使用(如完全不同含义的"三同时"等),不再附有其革命和"文革"时期的威信。我们要探索的是,在中国过去的革命式群众主义和西方的(半虚构的)自由民主主义和国家最小化之间,一个比较均匀的、符合中国实际的、以人民为主的、可以称作"人民主义"的中间地带。

三、借助"第三领域"传统来建立新型的民众化政治体系

与西方传统不同,中国长期以来一直都比较突出地采用介于中国革命时期的群众路线和西方现代化民主主义治理两大传统之间的比较特殊的(笔者称作)"第三领域"传统。它是由官方正式体系和民间非正式体系的互动而组成的,在过去和现在都渗透于政

第十章　民主主义与群众主义之间:中国的人民与国家关系的历史回顾与前瞻愿想

府与人民之间的关系的实际运作,更渗透于政府自身内部上下层关系的运作。

(一) 半正式治理

与西方(古代和现代)不同,中国一直都没有接纳将国家与人民、政府与民众视为非此即彼的二元对立的形式主义逻辑思维,而是一直都更倾向将经国家和人民视作一个二元合一、二元互动的,类似于乾与坤、阳与阴的二元,与西方形式逻辑截然不同。这是一个深层的思维方式层面上的不同,部分源自中国文明在农耕期间便已形成的关于人与人之间和人与自然之间关系的深奥宇宙观传统。

同时,中国的半正式治理也是一个比较独特的、根植于中国长期以来的"集权的简约治理"传统而产生的一个现象。一方面是中央(皇帝)高度集权,而正因为是高度集权,它会尽可能避免中央和社会基层间过多的不同层级化。这是因为,在中央集权(和模仿中央的地方分块政治体系之下)每多隔离一层便会造成多一层的离心威胁,因此而尽可能试图将层级最小化,由此导致一个基层渗透度较浅的治理体系。我们从地方政府档案获知,迟至19世纪后期,正式官僚体系仅只达到县一级(平均25万人口),其下仅设半正式人员的简约基层治理体系。在19世纪后期,其最基层人员乃是县衙门之下一级的半正式"乡保"(平均每名乡保负责20个村庄),由其来协助县衙门征税、治安、传达官府谕令等职务。他是不带薪酬、不带文书记录的,由社会显要人士推荐、官府认可的半正

式人员。(黄宗智,2019a、2008)

简言之,中国乃是一个高度中央集权但低度基层渗透权力的治理体系,与西方现代民主传统中相对低度中央集权但是高度渗透基层的科层制体系十分不同(Mann,1984)。即便是与前现代的西方相比也如此。中国皇帝的专制威权远远大于西方的国王(更不用说西方现代三权分立的中央政府),但其渗透基层的权力要远低于西方。即便是前现代的西方,这个差别可以具体见于两者间税收的不同。在西方,即便是在非常低度中央集权的封建制度时期,其政府机构在基层的征收所占的总产出比例也远高于中国——约10%[具体体现于"什一税"(tithe)一词],而19世纪晚期的中国的则才约2%—4%。(Wang Yeh-chien,1973a、1973b)如今在信息时代和高度金融化的西方的巨大国家预算和专业化科层制下,其强大的渗透社会能力更不用说了。

这是笔者"集权的简约治理"概括的实际,与西方传统和现代都十分不同。在中国伴之而来的是西方体系中所少见的简约治理,并由其正式和非正式政府两者互动而产生的巨型半正式、半非正式的"第三领域"。上述的乡保便是一个实例,而且,不仅是治理和治安方面,也是正义体系方面,都呈现众多迥异于西方的半官方、半民间的第三领域机构和组织。它长期以来成为中国政经体系之与西方不同的一个基本"特色"。

即便在当前的中国,一个具体的第三领域实例是,行政村级的村委会和自然村级的村小组组织,它既不是纯粹的正式政府,也不是纯粹的民间组织,而是介于两者之间的,具有双重性质的半政府、半民间的制度。其成员大多来自本社区,但又受到党组织的领导和乡镇级的政府机构一定程度的管辖。它的领导层一般不会进入正规的"国家干部"或"官员"的体系,一定程度上延续了传统基层行政人员的模式,即由社区推荐,官方(县政府)认可的制度。在清代和民国时期一般不带有薪俸,在集体化时期则是以村庄社区集体的"工分"来计算,如今虽然有的带有薪俸,一定程度上已被正式化,但大多仍然没有。

我们如果不考虑行政村的村委(村委主任)和村党支部书记,而聚焦于更低一层的"自然村"或村"小组",就更加完全如此。他们与民国时期的"村长"比较相似,不带薪俸、没有正式化的官职或工资、全是本社区的人员。这是官府与民间二元合一的一个具体实例。

从这个角度来考虑,一个尚待充分挖掘的制度性资源是原有的集体产权和整合的社区传统,可以借之来推进扎根于自然村社区纽带的合作组织,包括自助性的产、加、销"纵向一体化"的新型物流体系,来协助小农户应对大市场(并辅之以国家建设的服务性批发市场),一如过去非常成功的"东亚模式"那样(黄宗智,2018),也可以借之来建设其他更有效的村社公共服务体系。那样,既可以协助国家完成其"乡村振兴战略规划"的关键性"最后一公里",也可以重新振兴乡村社区。(黄宗智,2020c)

(二)正义体系

另一具体例子是中国比较特殊的正义体系。长期以来,在县级的正式基层衙门/法院之下,首先是最底层的村庄级的非正式民间调解体系广泛存在,可见于二十世纪的实地调查资料,特别是"满铁"在1930年代后期和1940年代初期对众多村庄所做的扎实系统的实地调查。(黄宗智,2009:尤见第二章,20—61页)

今天仍然如此。如表1所示,在最基层的村庄社区中,非正式的民间调解仍然在正义体系整体中起着极其重要的作用,组成其最基层的首要部分,如今每年处理全国平均2500万起(有记录的)纠纷之中的约1000万起(40%)。其中,成功调解结案的占据不止一半(530万起)。而高一层的乡镇级的法律服务所则既为村民提供法律服务,又具有一定的半正式、半政府权威,每年平均处理约70万起纠纷,其中,调解结案的有63万起。我们如果将社区的民间调解定性为"非正式",县级的基层法院定性为"正式",那么,法律服务所的类型无疑乃是"半正式"的"第三领域"组织,既非纯粹的官方机构,也非纯粹的民间的服务性组织,而是两种性质皆有的、来自正式与非正式体系间的结合而产生的半正式体系。

表1:2005—2009年各种主要类型调解的总数(单位:万起)

	人民调解	行政调解		司法调解		
	村、居民调解委员会	基层司法服务[a]	消费者协会(工商管理部门)	公安部门	民事法院(一审结案)	总数
每年平均处理纠纷/案件数	1030	70	75	840	492	2507
调解结案数	530	63	67	247	168	1075
调解结案比例	52%	90%	89%	29%	34%	43%

数据来源:朱景文(编):《中国法律发展报告2011:走向多元化的法律实施》,北京:中国人民大学出版社,2011年,第303—304页,表4-2;第

334—335页,表4-4;第372—373页,表4-13;第374页,表4-15;第376页,表4-16。

(a)该项没有2006年数据。

无论是纯民间的调解体系还是半民间的服务所,都绝少见于西方的正义体系。西方最近几十年中兴起的"非诉讼纠纷解决运动"(alternative dispute resolution,简称ADR),不是一个具有像中国这样来自民间社区的长期以来的传统,而是一个在近几十年来,相应其必分胜负的正规法庭体系费用过高,而后产生的"另类"纠纷解决制度。它所处理的纠纷一般最多仅占到所有纠纷中才2%—4%的比例,并且是(正式与正式)两者截然分开(一般规定非正式调解过程中的证据和讨论都不可被用于正式法庭诉讼),与中国基层法院的调解不成,便即判决的制度完全不同。更不用说调解结案在所有纠纷中所占的(相比西方而言的)巨大比例(40%)。(黄宗智,2016)

(三)中国共产党作为第三领域半正式组织

如今,即便是中国共产党组织本身,显然也是一个类似的半官方、半民间的第三领域组织。它同时具有集中的领导和广泛的民间成员参与,其成员人数已经达到一个中型国家人口的幅度(不止9000万,仅次于排名第15的、9600万人口的越南);融合两者是它的一个重要特色。如今,它已经纳入了不同的社会基础,包括知识分子、职工、农民和企业家。而且,党内兼有左、右、中三方不同意见的成员。它不仅仅代表企业家或马克思主义,也不仅仅代表上层精英或基层工人,而是一个比较典型的"第三领域"组织,既非纯正式官员,也非纯社会民众,而是一个试图有机地综合两者的组织。相比西方,毋庸说乃是个非常罕见的组织。(黄宗智,2019b)

总而言之,无论在治理、正义或革命传统的共产党组织等领域中,我们都能看到中国与西方的鲜明不同:比较广泛依赖非正式体系,以及伴随其与正式体系互动所产生的第三领域的半官方、半民间的一系列组织,会发现它与西方现代极其高度正式化的、科层制化的,与民间社会截然分开的治理体系十分不同。它不是二元对立的正式国家 vs.非正式社会的、非此即彼的体系,而是一个二元合一的体系。

四、中国古今的发包与承包治理体系

中国长期以来的上下和官民互动、互补的治理方式和机制,也可见于其官场本身的运作中。它一直借助同一种运作机制来进行官方自身不同层次间的互动。发包与承包实际上不仅是政府与社会间的治理操作方式,也是国家机构内上层与下层间的治理运作方式和机制。

(一)传统的内包与外包制度

在传统中国分块的集权的简约治理基本体制框架下,长期以来其实一直都在使用如今被称作"发包"与"承包"的行政手段和机制。[与西方理论所称作"委托—代理"(principal-agent)关系的理论有一定的相似之处,虽然,也要看到其间的不同。]皇帝将某地的责任委托/发包给其紧密控制的官僚体系中的地方官员,特别是负责某块地方的主要官员,主要如(清代的)(二三省的)总督和(单一省)的巡抚(统称督抚)、州、县级的(知州和)知县。一方面,这些地方官员属于被皇帝(中央)紧密控制的正式行政体系,其委任、升降、罢免都取决于中央(皇帝),州县令基本同样。同时,地方政权高度块块化和集中,基本是复制中央的一个小块型体系,其最高官员具有较大的权力,包括一定的自主权力。

县令具有区别于其正规收入(薪俸)的半正规的"养廉银"和非正规的(惯常性)"陋规"收入。根据瞿同组的关于清代地方官员的权威性研究,清代一位知县的正规收入才白银 80 两/年,其半正规的养廉银则 500—2000 两/年;此外,还有多种非正式的、可多可少的"陋规"收入——时人甚至据此将高收入的和低收入的空缺知县职位称作"美缺",相对于"丑缺"。同时,每位县令上任都会带有自身的幕友(主要是司法的"刑名"和税收的"钱谷"两位)、书启/书禀、账房,以及长随等。他们的薪俸都由知县自身的收入而不是衙门的正规预算来承担。(Ch'ü, 22—32,、93—103)

如此治理体系下的中央和地方官员,显然不同于现代西方带有固定薪水和专职的科层制人员,而更符合我们这里说的半正式"第三领域"模式。一方面,承包职责者带有一般科层制专业化官员所没有的对其块块化的地方辖地的自主权;另一方面,他们当然也处于皇帝/中央政府权力的严密控制范围之内。这样的制度与西方现代的科层制的专业化领薪官员十分不同。一方面,知县的

383

职责带有更为宽阔的集权自主权力,但也带有体系内一定的管控和激励机制(主要是官场晋升机会),更包括半正规和非正规的收入;另一方面,中央具有绝对的严密控制其官员的权力,包括委任、晋升或降职、罢免,乃至于生死大权。正是如此的操作方式给予"集权的简约治理"体系比较具体的阐释。

以上是官场内部的发包与承包关系和机制,可以称作"内包",用以区别于正式的官府与官府之外的社会间的关系,后者可以称作"外包"。(周黎安,2018、2019)这里我们可以再次以清代的19世纪制度为例:相当丰富的档案资料已经证明,当时,连接官府与社会的关键性的最基层人员是位于县衙门和村庄间的"乡保"(原来的设计蓝图中的"乡约"和"地保"两个制度在实际运作中合二为一的职位)。在华北平原,平均每一名乡保负责约20个村庄。他们是由地方显要们推荐,县衙批准的人员,协助税收和治安,传达官府谕令、调解纠纷等职务。他们是非正式的、不带薪酬、不带书面记录文书的最基层半正式人员。而且,地方档案资料更说明,县衙一般不会介入乡保的惯常工作,要到(由于其执行职务而)出现纠纷或更替乡保时才会介入。由此,我们可以看到清政府的基层治理体系是多么"简约"的一个第三领域体系。(黄宗智,2007:11—13)

根据县政府档案资料,我们还可以看到,如此的运作方式还被广泛用于县衙门本身。县令和其下的各房(特别是管理司法的刑房和管理税务的户房)间的关系也高度依赖发包与承包的运作方式。各房都带有一定的收入,而县令委任负责各房的"典吏"所采用的方式基本还是发包的方式:将一房的责务发包给某人。由于各房都带有一定的(主要是)非正规的收入(特别是刑房所收纳的诉讼相关费用),"承包"该房职责的人士必须缴纳给县令一定的"参费"(从 100 两到 1000 两不等),由此而获得该房收入的支配权。之后,"承包"该房职责的典吏会采用同样的方式来"聘任"该房的其他常在书吏,同样要求后者交付一定的参费。此中的逻辑其实是和就任该县的知县与其与上级的关系基本一致的,不像一般的现代科层制的带薪官员。承包者在职期间同样具有相当程度的自主权,同样具有薪俸以上的财源,这不是韦伯型科层制理论所能认识和理解的。(Reed, 2000:尤见第 2 章;亦见黄宗智, 2019a: 45—46)

这种委托—代理关系在现代西方也可以看到,但一般都是作为一种正式常规治理以外的辅助性操作方式(譬如,为了某种特殊任务的需要而建立跨部门的临时委员会),但不是正式科层制中的常规运作方式或机制。一般的公务员都会带有较明确的正式工资和职责,而不是像中国发包—承包制这样运作。

这一切说明的是,在中国前现代的基层治理体系中,类似于发包与承包的关系是多么广泛地被采用的。它是如今的内包与外包运作关系的历史根源。(见黄宗智, 2019a、2007;亦见周黎安, 2018、2019)

(二) 当代的发包与承包体系

官场的发包与承包如今已是中国政府最常用的治理手段,包括至为关键的中央与地方政府之间的(官场内的)"内包"关系,也包括诸如"项目制"下各政府层级之间的关系,以及政府与社会(包括村庄)、私企和个人之间的(官场与社会间的)"外包"关系。

在迄今至为关键的中央和地方政府关系中,它所采纳的是几种不同的激励机制。一方面是中央紧密控制的人事权,对地方官员的评审权力以及对其晋升的竞争激励机制。至于政府和社会或企业和个人的外包关系之中,其激励机制则在政府发包的项目资金。另一方面,由于设定的目标主要是经济发展,这样的做法还会间接地受到市场竞争机制的检验和约束:最好的地方政府业绩是发展出市场经济中最成功的国有和私营企业。那样的竞争对滥用政府资源形成一定的约束:亏本的地方政府设立的企业在这个体系的运作中是缺乏竞争力的。周黎安教授已经详细论析和证明(周黎安,2018、2019),这些是政府运作中至为关键的机制。它是一个具有明确针对性的发包与承包的体系和机制的运作方式。它成功地推进了中国近几十年的快速经济发展,激发了众多好的计划与项目,包括政府、企业和个人的项目,当然也有一定比例的走形式的"形象工程"或官员腐败的私人逐利等"异化"现象。但总体来说,发包与承包无疑乃是目前的治理体系中至为关键和相对成功的一个制度和机制。

西方的委托—代理关系则很少被用于其官僚体制之内,而是更多被用于其外的市场化的私营企业或个人之间。作为一个治理体系和机制,它仅是一个协助高度科层制化的政府运作中的一个辅助性"临时"(ad hoc)方法和机制,远远没有像在中国这样将发包与承包、内包与外包,建立成为渗透全治理体系的至为重要的运作方法和机制。

其中原委来自中国与西方现代治理模式的根本性不同。一个是高度中央集权而又低度渗透基层的治理体系,一个是其相反的低度中央集权但高度基层渗透、但又是高度私有化的社会经济和企业制度。正是前者的特殊组织方式促使更多、更广泛的发包与承包机制渗透治理体系内部层次间的关系和其外部与社会间的关系。西方依赖的则主要是韦伯型科层制,绝对没有像中国治理体系中这样广泛依赖发包—承包关系来贯穿、主导整个治理体系。

中国的治理体系既非一个高度科层制化的、政府与社会截然划分乃至对立的体系,也非西方据其"自由民主"意识形态而建构和想象的无为国家,更不是其据此而建构和投射于中国的、设定为与其自身自由民主制度逻辑上截然对立的"极权控制体系"(totalitarianism)。实际上,中国的治理体系绝非那么简单的一个体系,而是一个高度由上而下和由下而上互动的体系。它是一个(从西方视角来看的话)独特的、政府与社会之间的、由上层和下层、政府和民众间互动所组成的第三领域体系。它依赖的不是西方设想的由社会来限制政府专制权力的自由民主体系,也不是一个完完全全由政府控制的体系,而是一个上下层及政府与社会互动组成的二元合一体系。

固然,在过去它也显示了不容忽视的异化现象,会导致有没有实力和没有市场竞争力的"形象工程"以及不少的个别官员腐败行为,也会由于地方竞争激烈而出现一些过分的、不经济的补贴现象(Tjia,2020),更会出现不顾民众意愿和仅是追求政府业绩和收入的行为——譬如,在部分地方征地过程中,借助黑社会势力来打击"钉子户"等行为(耿羽,2015)。

虽然如此,从整体大局来看,中国迄今的第三领域和发包(包括内包与外包)方法,应该可以说基本还是一个比较成功的经验和机制,推动了中国几十年来的举世瞩目的发展,实在无可厚非。如今,它已经成为中国政经体系中至为突出的,与西方截然不同的中国"特色"的现代政经体系运作方式和机制。

至于笔者多次提出的基于社区合作的自助性合作组织设想(黄宗智,2018、2020c),它当然也会是一个第三领域性质的组织,仅可能在国家领导+社区自助、自主的动力下才可能成功建立。它无疑也必须来自国家与社会良性互动的机制,不仅可以协助推进、落实"乡村振兴战略规划",也可以协助抑制、化解长期以来的"官僚主义"弊端。

五、迈向"人民主义"化的政治经济体系

以上所举的一些具体例子的主要特色乃是结合由上而下的领导和由下而上的参与。那样一个体系的运作是好是坏的关键其实在人民的意愿。总体来说,获得民众积极支持或持久参与的国家战略、计划、工程、措施一般都会是好的,是真正受人民欢迎的;受民众抵制或导致异化的措施的一般都是需要重新考虑的政策或措施。这也是历代谚语"得民心者得天下"的部分含义。

中国的第三领域化、人民化治理模式与西方的自由民主理念十分不同。后者固然有其自由、民主选举和三权分立等较良好的理念的一面,但它同时又将其虚构为一个政府对市场干预最小化的体系,凭借"自由贸易"、"理性"、"科学"等虚词而将其建构为一

个自我美化的意识形态,实际上则同时也是帝国主义侵略和殖民化他国的说辞和自我辩护,如今则是在全球占到支配性霸权的体系的说辞和意识形态。对中国和其他发展中国家来说,不干预经济的国家或最小化的政府等理念,根本就不可能领导中国这样的反帝国主义革命,或建立中国这样的独立自主国家,或推进近几十年那么快速的经济发展。(黄宗智,2019b、2020b)

但是,我们也要考虑到中国这个治理模式所包含的弊端,特别是在国家权力过分压倒社会的情况下,很容易导致完全是由上而下脱离实际的"瞎指挥"、权力滥用、官员贪污、欺下媚上(或骗上)、偏重形式化规定多于实质等中国政体长期以来的官僚主义弊端。如今,中国应该有意识地更多借助社会的由下而上的力量来抑制和预防那样的偏颇,不是凭借之前曾经借助过的带有过分反对政权的、过分运动化,乃至于暴力化倾向的"群众路线",或无目标、无政府的混乱。

由下而上的均匀持续的积极参与乃是国家政策和措施最好的测验器;受到民众欢迎和积极参与贯彻的国家政策才是真正符合共产党和国家宪法设定的追求"最广大人民的根本利益"的核心治理理念和宗旨。国家如今应该有意识地更进一步放权予人民和社会,包括各级的人民代表大会、商界、学术界、专业界等,有意识地借助那样的放权来克服自身由于集权而可能产生的官僚主义倾向,不仅依赖党内纪律而更依赖民意和人民的权力,有意识地追求真正的国家与人民的二元合一理想状态。改革以来国家实际上已经一直朝着这个方向在做,譬如,广泛使用联产承包责任制,将土地经营权出让给小农,废弃之前主要是由上而下的计划经济。又如,积极推进私营企业的发展,将计划经济中的国家决策权力大规模出让给市场经济中的私营企业。再如,将发包制度广泛用于内包和外包,赋权和赋能予下层以及官僚体系之外的社会,由此释放了极大的能量。当然,在其他诸如媒体、商界、专业界、学术界、网络信息和讨论等方面,也都展示类似的倾向和现象,即便也有"放"与"收"的摆动。这些是大家有目共睹的实际经验。这些措施并不来自西方理论所设想的与国家对立的"市民社会",而是来自国家积极扶持或赋权的人民的能量。它不是一个相互对立的虚构所能认识和理解的。我们要实事求是地认识和追求中国国家自身的,符合其基本实际中的最好的决策和最有效的实施。

早在中国延安时期的陕甘宁革命根据地,我们便已经看到过生气蓬勃的、将领导和民众差异最小化的比较理想状态。我们看到其惯常性的上下互动,政党—国家与民众的互动合一,由此形成其特别突出的、少有官僚主义弊端的氛围。我们也在国内抗战和革命战争中看到过民众支持共产党及解放军军队的巨大能量和效应,更在朝鲜战争中看到通过全民投入来克服科技相对落后的弱点的巨大能量。(黄宗智,2019b)

迄今的改革所展示的生气的相当部分正是来自将人民从唯令是从的计划经济时期,改革、解放为农村人民积极自我经营,以及放任的市场经济激励所发挥出的民间自我创业和建业能量(当然也包括众多其他方面的类似现象),而且,并不与国有企业相矛盾,而是建立了两者并存,既结伴、结合、互动,又在市场经济中竞争的体系,借此做到显著的经济发展。

六、中国乡村振兴

虽然如此,国家在已经过去的几十年中,确实一定程度上对农村人民的利益关注不足,长期主要偏重由上而下的资本化、产业化了的农业和农业组织——龙头企业、大户和所谓的(成规模的)"家庭农场"以及同样性质的大型"专业合作社",较少关注小农户,基本忽视1980年以来真正促进农村的"隐性农业革命"的"新农业"小农户。(黄宗智,2016b、2014、2010)但是,自从2018年以来,国家的策略已经有一定的转向,已经拟定(长达37章、78页的)"乡村振兴战略规划",要求2050年做到一个现代化的、旺盛的乡村。这是非常重要的转向,也是具有巨大潜能的战略。(中共中央、国务院2018;黄宗智,2020c)

笔者长期以来一直提倡,要瞄准推荐小农经济的发展,因为它是中国农业、农村和文化传统的根本,也仍然是大多数人民所在或紧密关联之地。特别需要的是,更积极地支持新农业的小农户,为其建立新型的服务型物流体系。同时,像"振兴"规划所提倡的,要积极创建现代化的基础设施,创建纳入所有农户的交通(即"加快推进通村组道路、入户道路建设"——中共中央、国务院,2018:第二十章、第二节)和信息化网络与物流体系,借此来更大规模地推进城乡的双向贸易和平等互利发展,借此做到巨大的国内市场和更可持续的发展。这样的举措能够获得农村人民广泛积极的支持和参与,其所能释放的巨大能量可以预期。(黄宗智,2020c)

国家还可以借此机会来推进迄今被忽视的农村社区的振兴，进一步强化承继中华传统文化和其优良的社区纽带与社区正义体系，并将其进一步发扬光大。那无疑将是至为具体和深入的、能够激发农村全民众积极性的举措和方向，更进一步发挥"人民主义"化和社区化的新型上下互动、携手合一的政治经济体系的真正能量。(同上)

我们可以据此预见到一些历史性的正面后果：促进城乡的平等发展，真正解决目前的城乡差别问题；建立克服之前几十年以来中国政体中对待农村的脱离实际的官僚主义政策弊端的问题；借助城乡平等互利的双向贸易来推进更宽大更可持续的全国民经济发展；发扬光大长期以来的社区组织与合作传统；同时，推进政经体系整体的"人民化"，不是西式的、与共产党权力相悖的自由民主化和国家最小化，也不是由上而下的群众动员或运动，而是由共产党领导的国家与社会的长期良性互动，真正做到党章和宪法所一再申明的"最广大人民的根本利益"的优良治理理念，迈向综合与超越自由民主主义和群众主义两大对立传统的"人民主义"治理体系。

参考文献：

耿羽，2015，《当前"半正式行政"的异化与改进——一征地拆迁为例》，载《中国乡村研究》第 12 辑：79—95 页，福州：福建教育出版社。

黄宗智，2020a，《新综合性视野和远瞻性愿景：中国的"一带一路"倡议和亚投行》，载《学术月刊》，第 7 期：93—104 页。

黄宗智,2020b,《探寻没有股市霸权的市场经济发展道路——兼及振兴中国农村问题》,载《中国乡村研究》,第16辑:1—29,桂林:广西师范大学出版社。

黄宗智,2020c,《中国乡村振兴:历史回顾与前瞻愿想》,载《中国乡村研究》,第16辑:30—53,桂林:广西师范大学出版社。

黄宗智,2019a,《重新思考"第三领域":中国古今国家与社会的二元合一》,载《开放时代》,第3期:12—36页。

黄宗智,2019b,《国家—市场—社会:中西国力现代化路径的不同》,载《探索与争鸣》,第11期:42—56页。

黄宗智,2018,《怎样推进中国农产品纵向一体化物流的发展?——美国、中国和"东亚模式"的比较》,载《开放时代》,第1期:151—165页。

黄宗智,2016a,《中国古今的民、刑事正义体系——全球视野下的中华法系》,载《法学家》,第1期:1—27页。

黄宗智,2016b,《中国的隐性农业革命(1980—2010)——一个历史和比较的视野》,载《开放时代》,第2期:11—35页。

黄宗智,2014,《"家庭农场"是中国农业的发展出路吗?》,载《开放时代》2014年第2期,第176—194页;亦见《中国乡村研究》,第11辑,100—126页,桂林:广西师范大学出版社。

黄宗智,2010,《中国的隐性农业革命》,北京:法律出版社。

黄宗智,2009,《过去和现在:中国民事法律实践的探索》,北京:法律出版社。

黄宗智,2007,《集权的简约治理》,载《中国乡村研究》,第5辑,福州:福建教育出版社:1—23页;亦可见《开放时代》,2008,第2期:10—29页。

赖骏楠,2016,《马克斯·韦伯"领袖民主制"宪法设计的思想根源》,载《人民大学法律评论》,第一辑:151—178页.

毛泽东,1931,《兴国调查》,https://baike.baidu.com/item/%E5%85%B4%E5%9B%BD%E8%B0%83%E6%9F%A5/142151? fr=aladdin。

中共中央、国务院印发《乡村振兴战略规划(2018—2022年)》,http://www.xinhuanet.com/politics/2018-09/26/c_1123487123.htm。

周黎安,2019,《如何认识中国?——对话黄宗智先生》,载《开放时代》,第3期:37—63。

周黎安,2018,《"官场+市场"与中国增长故事》,载《社会》第2期:1—45页。

朱景文编,2011,《中国法律发展报告2011:走向多元化的法律实施》。北京:中国人民大学出版社。

Ch'ü T'ung-Tsu(瞿同组), 1962, *Local Government in China under the Ch'ing*, Cambridge, Mass.: Harvard University Press.

Mann, Michael, 1984, "The Autonomous Power of the State: Its Origins, Mechanisms and Results," *Archives europeennes de sociologie*, 25: 185-213.

Reed, Bradly W., 2000, Talons and Teeth: *County Clerks and Runners in the Qing Dynasty*, Stanford, Calif.: Stanford University Press.

Reed, Bradly W., 2018, "Bureaucracy and Judicial Truth in Qing Homicide Cases," *Late Imperial China*, 39, 1 (June): 67-105.

Tjia, Yin-nor Linda (2020) "The unintended consequences of the Belt and Road's China-Europe freight train initiative," *China Journal* (Jan.): 58-78.

Wang, Yeh-chien, 1973a, *Land Taxation in Imperial China, 1750 - 1911*, Cambridge, Mass.: Harvard University Press.

Wang, Yeh-chien, 1973b, *An Estimate of the Land Tax Collection in China, 1753 and 1908*. Cambridge, Mass: East Asian Research Center, Harvard University.

Weber, Max, 1978, *Economy and Society*, 2 Vols., edited by Guenther Roth and Claus Wittich, Berke-ley: University of California Press.

代后记　再论内卷化与去内卷化

"内卷化"最近在学术界和公共网站上成为一个特别"热门"的关键词,跨越众多不同的研究领域,包括乡村、经济、社会、治理、教育,乃至于心理、文化、人生观等,触发了笔者一些进一步的思考。本文是一篇简化的综合讨论,既来自不少笔者已有的研究,也来自一些尚待深入探索的初步论析。①

本文聚焦于两大领域。首先是中国农业经济的内卷化和去内卷化的特征和机制,以及其与中国现代工业演变的共通性。而后是治理体系中的官僚主义内卷化及去内卷化。文章进而论析这两大领域间的关联、共通和相互强化。文章指出,要更完全地去内卷

---

① 本文既依据笔者新出版的(两年前完成的)关于小农经济、正义体系和非正规经济的三卷本研究(黄宗智2020a、b、c),也介绍和总结了笔者最近三年中所形成的两本待刊新书《实践社会科学:方法、理论与前瞻》与《中国的国家与社会二元合一:历史回顾与前瞻愿想》(桂林:广西师范大学出版社)相当部分的内容。当然,也依据笔者之前在1986年到2009年发表的关于小农经济的三卷本专著(黄宗智2014a),以及2001年到2014年发表的关于正义体系的三卷本专著(2014b)。

化,中国的出路尤其在更大范围的"创新"和质变。为此,中国的强势的政党国家区别于英美新自由主义虚构的"无为"国家,所起的领导作用乃是一种历史必然,不可或缺。以上,中国可以借助传统和革命经验中的"简约治理"和"第三领域"传统,以及改革期间的大规模赋权、赋能予人民,继续走向处于英美新自由主义虚构的"无为"国家和中国革命传统中的"群众路线"之间的人民参与"主义",借此来释放更多更大的创新能量,借此形成一个真正符合中国实际需要的长远去内卷化发展道路。

一、人多地少的农业内卷化

迄今关于内卷化的论述主要聚焦于两大领域。首先是笔者论述的在人多地少的客观情况下,很容易导致越来越高的单位土地劳动投入和越来越低的边际回报,从而形成一个比较顽固难变的封闭体系。由于其"内卷"(或"过密")状态,甚至能够抵御、排除质变。明清时期长江三角洲高度依赖辅助性、副业性的劳动投入的棉花—纱—布经济便是最好的例子:棉农们以 18 倍的按亩劳动投入来获取仅数倍于水稻的每亩收益的回报,形成一个农业与手工副业紧密结合的顽固生产体系,完全消灭了之前还可以看到的一些较大规模、依赖雇工经营的(资本主义生产关系)的农场。其中的关键机制在,一个小农户家庭相对一块小耕地而言,凭借自身的(仅具低机会成本的)廉价辅助性家庭劳动力,能够承担比雇工的营利型经营式农场更高的地租,亦即地价,借此完全排除了后者。这样的农业甚至能够顽强抵制机械化的进入。

内卷化农业生产所导致的不是亚当·斯密所概括的不同地区、国家以及城乡之间的双向平等互利贸易的市场经济,而仅是本书所论证的"内卷型商品化",即单向的、主要由贫穷的农村向城镇输出细粮、高附加值农产品如肉禽鱼、优质棉花、纱、蚕丝等,较少有由城镇反向农村输入的产品——基本限于一些日常用品,如糖、盐、酱油、食油等[黄宗智,2014a,第2卷(1992):77—92页,尤见表5.4、6.2、6.3、6.4、6.6],远远不像处于农业革命和初始工业革命的18世纪英国那样的、由斯密所描述和概括的城乡双向贸易(包括城镇向农村销售的诸如镜子、油画、书籍、钟表、台布及银器等)(Weatherhill,1993:尤见219—220页,表10.2及10.4)。正是这样的双向市场经济导致产业化生产中的分工,推动了劳均生产率的大规模上升,和其后的资本主义型发展。[Smith,1976(1776)]

与其不同,内卷型商品化所导致的不是18、19世纪英国那样的农业与手工业分离的变化,而是两者长期紧紧地卷在一起的局面。在18世纪英国农业出现的先是传统范围内(限于有机能源)的"农业革命"——主要源自伴随圈地而来的更多的牲畜(特别是马)养育和使用。随后则是,伴随资本主义和现代农业[以及使用矿石(煤炭)能源]的兴起,农业与手工业的分离,以及机械的投入。但中国则长期仍然是原来高度内卷化的、农业与手工业紧紧结合的(笔者称作)"两柄拐杖"型的内卷化"糊口"农业,没有进入现代型的质性变化。

在一个今天仍然是(相对可用资源而言)极高人口密度的中国来说,在众多领域中都会呈现类似的改(量)而不变(质)的现象。一个比较广泛的实例是,改革以来借助超过之前的劳动法律规定的工时来用工,最终形成通过用中介性的劳务派遣公司来聘请没有或少有劳动法律保护和福利的"合同工",借此来达到比使用正规职工的企业更高的利润率,迫使它们要么使用同样的"内卷"策略,要么无法与其竞争。如今那样的"非正规"劳动力已经达到城镇职工总数的75%。(黄宗智,2020c)对处于类似的(996)用工状态下的职工们来说,"内卷化"概括当然会引起其感同身受的共鸣。

同一机制也可见于以应试为主的教育界。面对快速递增的竞争人数和伴之而来的递减机会,学校大多逼迫学生投入越来越高的"劳动"来应试,为的是提高本校的平均考分以及对其自身的质量评估,促使本来就缺乏创新性的应试教育体系更加高度内卷化,基本排除了更多关注创新(而不是死记)的教育改革。对来自那样的高压下的学生们来说,其对内卷化概括的感受无疑也会和上述的职工们同样有如身受。

以上说明的机制也许是如今"内卷化"所以成为一个引起众多人共鸣的关键词的原因。

二、官僚主义体系的内卷化

另一普遍呈现"内卷化"现象的是官僚体系领域。首先,中国长期以来的国家一直相对高度集权化。这不仅是源自传统的皇帝治理体系,更是来自现代以来面对西方的侵略而迫使中国革命采纳高度集权的革命党来应付远比中国强大的敌人的军力和财力。伴之而来的是一个不可避免地由上而下的相对高度集权化的治理体系,包括惯常使用由上而下的"组织"和"动员"民众,将其划分为积极、中间和落后的分子,来应对革命的需要。那样的"群众路线"传统乃是中国革命的一个关键要点,也是一种历史必然。

在革命根据地时期,面对党内官僚主义化倾向问题的处理方法,除了党内的纪律之外,主要是借助群众运动的配合来整党,试图克服过度官僚主义化的倾向。在胜利和掌权全国后,官僚主义倾向当然难免更加严重。其后,伴随计划经济的设定,官僚体系所管辖的范围更大规模扩张,也更加精细化。那样的庞然大物,不可避免地更附带一系列人们普遍认作"官僚主义"的常见弊端:如媚上欺下、蔑视民众、脱离实际、重形式过于实质、一刀切、僵硬化和墨守成规等,当然也包括一定程度的腐败(进而导致党内非常严肃的反腐纪律,最终形成严厉的"双规"制度)。官僚主义问题甚至成为"文化大革命"那样的极端群众运动的一个重要原因和初衷。

在改革期间,国家已经转向依赖规范化、法制化和科层制专业化来应对官僚主义内卷化的倾向。但即便如此,其由上而下的集权化治理态度根深蒂固,所管控的范围虽然伴随去计划经济的改革而有一定的压缩,但也加上了众多伴随现代化而来的新专业性管辖领域。长期以来的一些官僚主义弊端难免依然存续。"官僚主义"仍然是人们惯常使用的一个贬义词。

在现代化过程中,无论中国还是西方,无论旧式的官僚制度还是新式科层制化的体系都带有官僚主义的倾向。即便是创建现代理性科层制理想类型理论的韦伯本人,在其晚期也特别突出了其科层制所附带的"铁笼"型官僚主义倾向弊端,因此而探索、创建了"领导型民主"(leadership democracy)的新设想来应对该问题,提倡借助明智领导人的权力来抑制现代科层制所附带的铁笼倾向和问

题。(黄宗智、尤陈俊、赵珊编,待刊;尤见导论和白德瑞、赖骏楠两文)

说到底,官僚体系是一个强烈倾向内卷化的体系。它倾向维持现有规则和做法,将自身视作处于民众之上的掌权/统治者,特别不容易进入质性的改革。它具有顽固的自我维护倾向,在这方面与内卷化的农业体系比较相似,会自然抵制质性的变革。这应该可以说是所有官僚体系,无论中西还是古今,所不可避免的倾向。

现今中西之间的不同首先是,中国作为一个后发达国家,其治理财力和资源相对稀缺,但其官僚体系需要应对的民众则多得多,其所管辖的范围也相对仍然要大得多。同时,对民众来说,能够借助来抵御官僚主义的个人权利又较薄弱、模糊。结果是,弊端也相对更加严峻,内卷化倾向因此也更强烈。毋庸说,在中国的客观大环境中,官僚主义管理的弊端也可以较广泛地见于模仿其模式的众多政府之外的私营企业和学校管理等领域。

以笔者比较熟悉的高校管理体系为例:中美的一个关键不同是,美国的高校管理重心主要在最基层的系一级,无论是教员的学术成绩的审核评估,还是新教员的聘请,还是学生的分数和学位,主要权力都在本系的教授们。其体系的一个关键信念是,这样才会达到真正专业化的执行,才是应对官僚主义的有效方法。它是美国教育体系的一个重要优点。中国则不同,主要权力不在教员们而在教育管理机关。正是在后者那里,由负担沉重又多有不懂学术也不懂专业的官员们来制定越来越多的一刀切规定和要求。譬如,采纳自以为乃是"科学的"量化管理,设定研究生们(和讲师们)的论文发表量化指标,包括对各种不同刊物的量化等级划分,实质上是一种计划经济做法。结果是,研究生和青年学者们被迫花费越来越多的时间和精力来满足官僚们设定的要求,而且,有意无意中仅能遵照本领域的"主流"倾向来做研究,不然便更难在核心刊物发表。许多学生/青年学者会取巧地采用某种时髦的引进的"理论"与/或技术来写不用花太多功夫的论文,结果是排除了真正创新性的和需要投入大量时间的真正有分量的学术探索。学术研究也因此越来越内卷化,只见量的膨胀,罕见实质性的提高和创新。

更有进者,在国家有意识地借助个人利益激励为润滑剂来尽可能破除管理体系的僵硬化倾向下,还会冒出远比西方科层制下要常见得多的地方官僚和与基层社会中的逐利势力结合的现象。尤其是在不符实际的政策实施中,两者一旦拼合,会逐渐成为越来越多的政府政策和行政实施的常态,逐步排除其他的可能。这种现象在农村政策和治理中特别明显:国家投入越来越多,但成效越来越低。它是农村调查人员常见、常讨论的问题。那也是可以用"内卷化"官僚主义来概括的一种腐化症状。

三、去内卷化的小农农业

面对以上讨论的巨大内卷化现实,人们较难看到、体会到"去内卷化"的正面现象。但对中国今天和未来的走向来说,对后者的认识也许比对内卷化的认识更为重要。我们需要认识去内卷化的机制才可能真正认识内卷化的含义。

在农业方面,以下因素的交汇已经促成一定程度的去内卷化。其中至为关键的是,国家使用联产承包责任制来赋权(经营权)、赋能予小农户。在城市快速发展所导致对高档蔬果、肉禽鱼的市场需求的大规模扩张下,越来越多的小农户转入了相应的经营,特别是一、三、五亩的小、中、大拱棚高附加值蔬菜种植,几亩地的果园,和一二十亩地的"种养结合"的小农户生产。国家则在提供肥料、塑料、优质品种和技术等投入方面起到重大的作用。结果是(笔者称作)"劳动与资本双密集化"的"新农业"的大规模兴起。如今,那样的农业已经占到农业总产值的2/3,总耕地面积的1/3,推进了新型的"隐性农业革命"——之所以说是"隐性",是因为它来自农产品结构的转型,而不是传统的某几种农产品的亩产量的提高,因此较难洞察。这种新农业相当规模地提高了小农户的收入。虽然在该过程中,也显示了一定程度的一窝蜂转种某种新农产品,从而导致价格下跌和收益下跌的一种侧面现象。但总体来说,无疑堪称一个新中级型的劳动与资本双密集的"去内卷化""新农业革命"。(黄宗智,2016a;黄宗智,2020a)

更有进者,在越来越多的农民家庭部分成员进入城镇工作[由此形成今天普遍的(笔者称作)"半工半耕"农户]和伴之而来的务工收入,以及农业劳动机会成本的上升,如今已经形成了另一种比较普遍的"去内卷化",主要可见于种植粮食(原称"大田"农业)的小农户。其动力一方面来自国家大力推动、扶持、补贴机械化;另一方面是伴随非农打工而来的农业劳动机会成本上升,和对节省劳动力的机械化的需求。两者合起来推动了农村机耕(和播、收)的私营服务业的较广泛兴起。结果是,如今在种粮小农户中,农业已经越来越成为一种仅投入部分时间的兼职型"副业"活动,借助机械化而投入越来越少的亩均工作日。这种种粮小农户的"去内卷化"和农业的"兼职化"和"副业化"是伴随上述"劳动与资本双密集化"的(主业、全职)高值新小农业而兴起的。正是上述两种小农户农业的并存,解释了如今(根据最权威的第三次全国农业普查所发现的)农业户均 10 亩,劳均(以原来第一、二次普查的工作 6 个月以上的劳动投入来计算的话)也 10 亩的状似矛盾实际。(黄宗智,2014a,第 3 卷;黄宗智,2020a:尤见第 16 章)

但这样的发展较少会被人们认识到。即便是国家政策(可以见于历年的"中央一号文件"),也一直到最近的两三年方才真正关注到小农户的成绩和贡献,初步展示了从过去一贯优先关注规模化农业(大农场)的偏颇,转向重视小农户的创新和发展潜力。这实际上是个与"内卷化"相反的动向,尚未被大多数的人所认识到。它是国家新采纳的"中国乡村振兴"的战略决策的部分内容——虽然,我们也可以看到,其中仍然有一定成分的偏重"规模经济效益"的旧政策,将"小农经济"视作落后的、没有前途的实体的长期以来的错误认识。(黄宗智,待刊 b:尤见第 9 章)

我们还要认识到,"资本和劳动双密集化"的几亩到一二十亩的农业农场,乃至于几十亩的机械化种粮小农场,当然和美国的户均 2700 亩农场的"去内卷化"程度仍然很不一样。后者的主要动向是越来越高度的资本化(特别是机械化),而中国的"新农业"模式则是与其不同的、中级型的"劳动与资本双密集化"生产。在中国人多地少的"基本国情"下,将长期如此,"内卷型"和"半内卷型"农业将长期存在。这是其与新大陆的美国的一个基本不同。

而且,同样的机制和原理不仅可见于农业,也可见于众多其他产业领域。这再次说明,试图照抄新大陆美国的规模化的、高度资本密集的"美国模式"是多么的无稽。

四、新型的国家与社会互动关系

在小农业之外,治理体系方面的去官僚主义内卷化的动向也容易被人们忽视。不少人将中国的"改革"简单视作向西方式的普适"市场经济"的转型,有的更简单将其视作向"市场经济=资本主义经济=现代科层制"的转向。殊不知,从中国自身的演变历程来看,它实际上是一个从高度内卷化的计划经济和官僚主义体系基线出发,有意识地让权、赋权予社会的改革:先是将土地经营权赋权赋能予小农户,而后是将市场创业权力和权利赋予不仅是小农户,更是城镇市民。同时,还由中央赋权赋能予地方政府,在行政体系中广泛采用了(中央)"发包"予地方政府,也包括政府通过"项目制"发包予社会人员(包括学术界人员)的管理模式来激发由下而上的积极性。(黄宗智,2019b;亦见黄宗智,待刊b:第5章)

当然,这些更新部分来自中国的共产党领导国家的特殊机制——一个具有崇高理念和远见的国家政党,可以起到超越官僚/科层制体制的内卷化弊病的作用。但是,我们也要看到,在中国的党史中,也多次呈现过党的错误路线问题。在集权的组织体系中,这些错误能够成为比韦伯论析的科层制的"铁笼"更难克服的问题。这是因为,脱离实际的政策只可能依赖官僚强权/命令主义来推行,并且容易陷入腐败,依赖腐败官僚结合其他逐利分子来推动。

应该可以说,以上转述的改革期间的"转型"和赋权、赋能予社会和地方政府,释放了巨大的社会和经济能量,推动了相当规模和深层的农业和治理体系上的"去内卷化",是个有效的去政党国家体制下可能出现的官僚主义弊端的措施。笔者长期以来特别突出了中国的(笔者概括为)由政府和社会互动而产生的"第三领域"治理传统,与西方的国家 vs.社会二元对立的传统十分不同。国内不少学者从西方的理论前提出发,借此来论析改革时期中国所呈现的一些变化,以为中国"也"已经呈现了西方的一系列"现代化""市民社会"特征。殊不知,这是一种结论先行的普世"现代化"模式所导致的误识,无视中国与西方的基本不同。

首先是中国传统中可见的高度中央集权但低度社会渗透的(笔者称作)"集权的简约治理"传统,十分不同于西方过去和现在的低度中央集权但(相对)高度基层渗透的治理传统。前者导致在西方看不到的正式政府和非正式社会二元互动的(笔者称作)"第三领域"组织的兴起。此点可以广泛见于中国现代之前的基层治理,不仅可见于由社区推荐官府认可的不带薪、不带文书的半正式、半非正式的最底层的关键治理人员"乡保",以及县政府之中的运作机制,也可见于由中国("中华法系")独特的调解制度和正式的官府审判所组成的第三领域正义体系。(黄宗智,2020b;黄宗智,待刊 b)

同时,更可见于中国改革时期中非常广泛呈现的上层发包给下层的承包治理模式,包括项目治理,以及政府发包、社会承包(包括社区和个人)的治理体系。这是不能从西方的科层制制度 vs.市民社会自治视野对立来认识和理解的治理现象;它的理念和理论出发点不在国家与社会的二元对立,而在国家与社会的二元合一。(黄宗智,2019a、b;亦见黄宗智,待刊b)

在西方,委托—代理理论的关系和机制主要被用于社会私企和私人的合同关系之中,较少用于正规行政体系之中,基本仅见于临时性(ad hoc)的跨部门委员会似的组织之中。那就和中国的发包和承包机制被极其广泛用于行政体系的上下级"内包"的运作模式十分不同,也和政府与社会之间的"外包"(尤其多见于"项目制"的运作)十分不同。("内包"与"外包"的区别见周黎安,2018、2014;亦见与其对话的黄宗智,2019b)

使用西方的委托—代理理论来认识如今中国行政体系中的"发包"与"承包"关系固然可以协助西方学者借助其比较习惯的概念和用词来思考中国的行政体系,但也是一个可能带有一定误导性的思路。它容易促使读者下意识地使用西方的双方对等权力和权利的合同关系来认识中国的由上而下的不对等发包—承包关系。农村土地的承包制度便是一个实例;中央和地方政府间的关系也是;政府与社会组织或个人当然也是。实际上,我们更需要从中国比较独特的集权的简约治理和第三领域治理传统,而不是合同传统和机制来认识如今中国的治理体系中的发包与承包关系。(黄宗智,2019b、c;亦见黄宗智,待刊b:第11章)

在中国自身的现代治理传统的演变过程中,国家如今已经基本抛弃了过去革命传统中的、由上而下的群众运动,不再借助可能趋向高度感情化、甚或群众暴力化的"文化大革命"那样的极端群众运动。代之而来的是上述有序的逐步赋权和赋能。

其背后的动力不是西方的、与国家权力对立的"公共领域"或"市民社会",更不是其古典和新自由主义意识形态所虚构的"无为"国家,而是一个强力、强势的政党国家。在理论层面上,相对"社会"来说,国家不是一个被设想为与其对立的实体,而是一个将社会/人民视作与政党国家二元合一的设想。如今,国家已经朝着放权赋能予社会的方向迈出了巨大的步伐,成功地释放了强大的能量(虽然,也有放有收)。今后,应该会继续迈出更多类似的步伐。我们可以预期,那样的方向将包括赋权赋能予诸如农村社区(尤其可见于最近的"集体产权改革"和"中国乡村振兴"的战略决策)(黄宗智,待刊b;尤见第9、第10章)、其他社会团体——包括媒体、专业团体、高等院校及其教员们、农村社区合作社,城镇社区居民委员会、商会、各级的人民代表大会,乃至于(真正代表劳动者利益)工会等。

一个实例是,在正义体系方面,中国的第三领域的基层"法律服务所",既起到协助政府治理的功能,也起到为人民提供法律服务的作用,更起到为人民调解纠纷的第三领域型、半政府半民间的正式与非正式的二元合一的作用。它更可以见于诸如工商部门下的消费者协会的调解,也可见于公安部门的调解。以上三种(法院外的)半正式调解处理了全社会有记录的2507万纠纷之中的985万起(将近40%)。① (黄宗智,2016;亦见黄宗智,2020b:第5章)这些是在西方看不到的现象。西方的正义体系则更符合西方国家与社会二元对立、非此即彼的基本思维——要么是科层制的正式

---

① 2005年到2009年的五年平均数据。

治理或正式法庭的审判,要么是私人社会的自我组织,非常罕见结合两者、由两者互动所产生的半正式、半非正式的第三领域。黄宗智,2016;黄宗智,2020b 章)同样的体系和机制也可见于基层治安领域,国家不仅借助非正式社会(譬如,家庭)的力量,更借助国家与社会互动组成的半正式组织的功能。(例见 Jiang, Zhang and Irwin, 2020,及其引用的江山河教授的著作)

如今,那样的模式还可见于不少其他的基层现象。譬如,新兴的政府+社会参与的老年人"居家养老管理体系"的兴起(吕津,2010),由政府和城市社区共同参与和组织。也可见于农村的同样性质的养老安排,包括由本社区具能老年人来辅助缺能老年人的生活,它是一种政府(建设养老院)和社区参与的低成本、可循环持续的做法,非常符合中国今天规模极快扩增的养老问题的需要。(贺雪峰,2020)在西方,这样的问题一般都是由社会的私营企业型的营利性公司(或慈善、教会机构)来提供的,但中国,一方面由于其国家功能更为宽广的实际,一方面由于其社区和第三领域的传统,非常顺理成章地形成如此的半正式、半非正式制度,所借助的正是可以用(西方所罕见的)第三领域来概括的传统和现实。这当然也是个可以扩延到更多其他公共服务领域的做法。

在改革之前,这样的性质的组织可以见于农村村庄集体和城市的单位组织,但伴随改革的转向,国家已经大规模抛弃"集体"而依赖私企和私人的做法。基层社区的,尤其是农村的村庄公共服务因此已经成为一种政府顾不到,原子化社区自身又不理的真空地带。而由逐利机制驱动的项目管理模式下的工程,则大多仅导致营利性的追求,不见社区、合作、服务性的追求和组织。

面对那样的基层公共服务真空状态,如今已经呈现了不少出于合作理念和动机的自发性现象。上述的养老组织便是一个例子,新近的"集体产权改革"(黄宗智,待刊 b:第 10 章),和新型社区合作社的实验和呼声也是。① 新兴的扎根于中国实际的农村社区的合作社(亦称"集体经济组织"),不是过去模仿美国的、脱离中国实际和多是企业型的"专业合作社",才是真正符合中国农村实际需要的做法。之前的专业合作社在中国所导致的是众多虚、假、伪的和为争得政府补贴和税收优惠的营利型合作社,对农村社区公共服务所起作用比较有限。(黄宗智,2015;亦见黄宗智,2020a:第 10 章)应该说明,上述的新兴实验绝对不是一种"回归"到计划经济时期的集体经济,而是新型的、基于改革中的实践经验而得出的综合计划经济与市场经济两者的优点、克服眼前弱点的动向。

这里还要特别提到符合中国国情的"东亚"基于农村社区的合作社来为农产品提供"纵向一体化"的加工、运输、销售服务,由国家来设立全国规模的现代化批发服务市场,配合农村社区合作社来建设完整的加工、运输和销售服务(物流体系),使得农民能够占到比现今要高比例的农产品中的收益——而不是依赖目前的高成本低收益部门营利性批发市场,和昂贵的千千万万小商小贩+大商业资本所组成的纵向一体化服务,或同样是高成本低效的旧供销社服务体系。中国可以借此来推进"中国乡村振兴",协助国家建设(自然)村村户户通路的基础设施,大规模发展农村和城镇的相互商品流通,建立一个可以更完全依赖中国自身的"内循环"经济

---

① 例见基于山东烟台市 1000 多个村庄的实验的报告(于涛,2020)。

体系。服务于农产品的加工、运输、销售的纵向一体化的合作社,才是真正能够协助新型小农户应对"大市场"的办法。(黄宗智,2015;黄宗智,2020a:第15章;黄宗智,待刊b:第9章)

国家需要将这些已经在社会相当广泛兴起的半自发性现象,更积极地使用国家资源来引导和推进。这不是一个西方的"无为"国家建构,或国家 vs.社会二元对立建构所能认识和理解的做法;它是个源自中国传统和中国现代社会的实际和运作机制的动向。本文提倡的是更广泛地借助如此的历史和社会资源来应对今天的治理需求。它能够成为克服官僚主义内卷化弊端的一种重要方法和模式。

五、农业与工业发展型式的共通性

一如以上论析的从内卷化进入"劳动与资本双密集化"的中级型去内卷化农业那样,中国改革期间的工业发展无疑同样也是劳动和资本双密集的半"去内卷化"的发展。在其初期阶段,借助的主要是中国的丰富廉价劳动力。之后,在国家积极扶持之下,进入了一定的"产业升级",逐渐越来越多地进入相对科技与资金密集型的生产,虽然,仍然带有之前的劳动密集型特色。

一个能阐明这个问题的实例是中国手机产业中,依赖美国苹果公司的高度资本密集创新技术和设计+(中国台湾地区的)富士康的资本、技术和管理+中国大陆的廉价劳动力的生产链模式。苹果公司掌控的是苹果手机的高端技术、总体设计和品牌,富士康提供的是一定程度的资本和零部件生产的技术和生产以及手机的

411

(涉及五六十道不同工序的)装配。为了节省成本,富士康采用的管理模式是一种极其高度威权化(乃至于军营化)的、使人联想到极端的命令型"官僚主义"的管理方法,迫使其工人接纳(基本是996型的)的高度内卷化工作节奏。

在这种苹果+富士康+中国工人结合的产业链运作模式中,苹果公司占据的是全链条中最高回报的(研发和)设计和销售的利润,两头都达到不止30%,富士康所占据的则是其较低收益的中间环节(一般不超过7%),而中国提供的则是大量的廉价劳动力。即便如此,中国的地方政府还要通过与国内众多其他地方的竞争来为其提供廉价土地、贷款和税收优惠,包括就地过关等特权,才能将富士康和苹果吸引到郑州和深圳等地来建立超巨型的工厂。其中,中国所占据的利润比例仅是全链条中的最低部分。(黄宗智,待刊b;尤见第8章)

正是这样的组织和机制,促使苹果公司能够凭借生产全球的仅约10%的手机,但获取全球所有手机利润的高达90%的份额。(Barboza,2016)正是这些高利润率,促使苹果公司成为全球股值最大的公司,成为所有上市公司中最被羡慕的成功模式。(同上)当然,这不仅是苹果,也是谷歌和微软等众多美国信息、电子产业公司所采用的基本相似的营业模式,将低收入的环节外包来节省劳动费用,借此来提高自身的利润率。它不仅是中国,也是其前的后发展东亚国家和地区(日本、韩国、中国台湾地区)等地发展经历的一个重要共同点。(陈帅,2020)

我们可以将这样的产业发展模式比拟于中国的"劳动与资本双密集"的新农业。两者是同一类型的既借助原来的廉价劳动力,又借助新型的资金和技术,由两者结合所形成的半新半旧的中级去内卷化发展模式。它和依赖更高度资本化和尖端技术和设计的美国模式是不同的。对后发达的人口相对高密度的国家来说,如此的部分去内卷化、部分仍然内卷化的生产模式是个几乎不可避免的演变过程。

六、展望未来

展望未来,中国无疑应该争取进入产业链条中不仅是资本密集度和回报更高的"升级",更是迈向占据更多相关产业中的发明和设计的高端。

那是个与创新密不可分的关键领域。回顾历史,我们首先可以再次返回到农业。在人多地少的"基本国情"下,农业的更新主要可见于现有框架中的进一步优化、细化,乃至于内卷化。它是一种前现代的、不带质变的量变;与农业转现代工业化的质变相比,它是一种逐步进入"内卷化"的演变。这是个与中国农耕社会较早发达(譬如,在汉代便使用的抛物线形翻泥板铁犁,欧洲要到18世纪才有),较早成熟直接相关的历史[黄宗智,2014a,第二卷(1992):280及其后]。

这就和"后发"的前现代英国和美国的农业历史经验截然不同。后者在现代化过程中占据特别有利地位的部分原因是其(前工业化社会经济)较晚发展而又较早进入现代工业化。其土地资源相对丰盛当然也是个关键因素;18世纪英国的人均耕地面积乃是中国的100倍。作为新大陆的美国,当然更加如此——今天,美国农户户均耕地面积约2700亩,乃是中国的270倍。

在那样的地多人少情况下,其进入现代化所呈现的主要是提高单位劳动力的生产率,不是单位土地的生产率。它很自然地会更多聚焦于机械化来提高劳动生产率,而不是化肥来提高土地生产率。在这方面,我们可以非常鲜明地看到中国(和东亚)相对美国来说,在农业现代化过程中的不同。1970年,中国每公顷使用的化肥量已经达到157公斤,日本则是更高的386公斤,偏重的是提高相对稀缺的土地的单位生产率,而美国的才89公斤。但在拖拉机使用方面,情况则正好相反:1970年,中国每960个男劳动力才1台,日本每45个男劳动力1台,美国则已经是每1个男劳动力1台。我们可以说,中国的主要是(笔者称作)"小而精"的农业,美国的则主要是"大而粗"的模式。(黄宗智,2014c:表1;亦见黄宗智,2020a:第11章,表1)

正是那样的客观背景,造成了美国(农业)机械产业不断创新的主要动力。美国1970年所使用的耕地和播种机,一天可以耕种240亩地(40英亩),到2005年,其所广泛使用的机械一天可以种2520亩(420英亩),到2010年,更达到5670亩(945英亩),是1970年机械的24倍。其最新、最大的农业机械价格高达50万美元一台。同年,收割机的效率/功能也达到1970年的12倍。(USDA,2013:23;亦见黄宗智,2020d:130)我们由此可见,美国农业的特色是在农业机械方面不断地更新,而其背后的主要动力,正是其地多人少的基本国情/资源禀赋,推动了其在这方面的不断创新。①

同一机制可以见于美国的产业。在全球之中,它是投资于基础研究最多、最高比例的国家。(陈帅,2020)在非农产业方面,关键的投入当然不是土地,而是类似的(金融)资本。后者在非农产业中所扮演的角色可以说相当于农业中土地(加机械)所扮演的角色。正是这样的投资,包括其较早进入工业化的历史条件,促使它能够在全球科技产业中占据至为资本密集的技术和设计创新的前沿,也是收益率最高的顶端。这不是要说美国远优于中国,而是说,它的"基本国情"(资源禀赋)十分不同于中国。其新大陆的历史背景与中国的人多地少国情形成极其鲜明的对照。其高度发达的金融资本体系当然也如此。

这里需要指出,这种不同的国情当然也是美国教育体系特别强调创新和个性的一个重要动因。它的高等教育制度之特别强调创新,也和上面提到的自治、自由基本管理模式相关,而中国则迄今仍然比较偏重"应试"(和死背)多于创新,官僚主义化治理多于院校和专业教员们的自治。这是和其内卷化农业和内卷化官僚主义传统相关联的实际,一定程度上当然也和其新近的半"去内卷化"的"劳动与资本双密集"农业和工业相关。

过去的学术在"内卷化"(involution)的概括中,多将其与"演化"(evolution)、"革命"(revolution)三大"-volution"词并列或相对

---

① 以上讨论的主要是美国的"大田"农业,占据其总耕地面积的96.4%。至于美国的高附加值农业,它仅使用了3.6%的耕地,但生产了36.8%的农业产值。它虽然也是一种劳动与资本双密集的农业,但是,与中国相比,其机械和资本化程度要高得多,收益也高得多。(黄宗智,待刊b;尤见第9章)

立。但与内卷化真正相对立的其实更是"创新"（innovation）。那才是中国和美国这方面的主要不同。在展望中国今后的发展中，加大对创新的关注应该可以说是一个必要条件。而那样的发展，除了国家的投入和引导之外，无疑还需要更多依赖人民的创新能力，更大范围地赋权、赋能予人民。它需要更多采纳培养创新人才的教育制度、尤其是高等教育，来激发更多的创新。而且，不仅在理工领域如此，在社科和文史哲领域也如此。那样才有可能创建具有中国主体性的研究和学术。

当然，在那样的过程中，党的扶持和引导显然也不可或缺。如今，中国在"十四五"规划中，已经鲜明地突出了此点，特别强调对诸如半导体、5G、人工智能等尖端技术的国家投入。那是明智的、由政党国家来引领的计划，所需要添加的是在高等院校教育和研究机构中的配套更新和改革措施。

这一切绝对不是要说美国是多么优越于中国，而是要说，中国绝对不可试图简单模仿美国模式。中国需要的是创建符合其自身历史和基本国情（资源禀赋）的发展道路。这将是一个长时期的去内卷化演变过程，不是一个简单模仿任何现有模式的事，而是要脚踏实地地摸索出、逐步形成适合中国国情的长时段发展道路的问题。

国家近几十年来确实有一些政策过度简单地试图模仿西方，尤其是美国的模式和理论。上面提到的"专业合作社"便是一个实例，强调规模化农业、忽视小农农业也是，忽视农村社区所可能起的作用也是。

有的研究者更简单地接纳了英美新自由主义"无为"国家的自我理想化，和其对实际的单一面化的虚构。那样的虚构背后的历史,实际上先是重商主义时期的为了民族国家之间的竞争和战争而高度干预经济的国家,而后是凭侵略和攫取资源的(殖民主义和)帝国主义国家,更是后来系统占据全球霸权——特别是金融霸权——的国家。(黄宗智,待刊 b:第 8 章)一定程度上,新自由主义意识形态的想象和虚构,促使人们忽视更贴近中国实际的内卷化和去内卷化以及简约治理、第三领域等传统和现实,乃至于中国革命传统中的一些重要优点,因此而出现了一些无视中国实际的错误。

要试图模仿"自由民主主义"的"无为"国家,实际上等于是抛弃任何可能追上西方的可能。即便是在日本和韩国的资本主义型的所谓"东亚发展模式"中,国家也显然起到了不可或缺的作用[即所谓的"发展型国家"(developmental state)]。在以上论述的引进国际资本,采纳劳动和资本双密集型的发展模式中,一个基本实际是,如果没有强有力的国家支持,中国的新兴产业根本就没有可能在全球巨型跨国公司主宰的客观环境中站住脚,更毋庸说"升级"或"赶超"了。(黄宗智 2019a;黄宗智,待刊 b:第 6 章)

但同时,我们也要看到集权治理体系中可能更加高度官僚主义化的弊端。在未来的发展中,需要有意识地凭借更大范围地赋权赋能予社会,来激发更大的由下而上的能量,借此来克服内卷化官僚主义弊端的弱点,也是为了建设更多的创新。

笔者倡议是:尤其是在决策方面,今后应将人民积极参与设定为国家涉及民生的重大政策的不可或缺的标准和条件,包括上述的去内卷化的种种新动向,为的是避免被官僚主义化的脱离实际理论/意识形态想象所主导的错误政策。

上述的方向和以上给出的实例是具有中国特色的设想。它不同于西方的社会 vs. 国家二元对立建构,更符合中国式的国家与社会二元合一简约治理和第三领域传统,以及其"得民心者得天下"的传统治理理念,也更符合今天宪法和党章所申明的谋求"最广大人民的根本利益"的治理方针和理念。它的走向既不是西式与政府对立的自由"民主主义",也不是革命时期的由上而下的"群众运动",而是一种(也许可以称作)更为中允、有序、更可持续的新型"人民参与主义"。政府积极纳入人民的参与和能量,借助人民的主体性来和参与来克服长期以来的经济和政治内卷化,扩大创新范围和去内卷化的动力,才是真正的现代中国治理模式和发展的应有走向。

参考文献:

陈帅,2020,《内卷与血酬:中日韩电子产业搏命史》,《财经头条》,10月30日。https://cj.sina.com.cn/articles/view/1708922835/65dc17d301900s4vq(2020年11月查阅)。

贺雪峰,2020,《互助养老:中国农村养老的出路》,http://www.snzg.cn/article/2020/0928/article_42498.html,2020年10月检阅。

黄宗智、尤陈俊、赵珊编,待刊,《实践法史与法理:综合中西的研究》,桂林:广西师范大学出版社。

黄宗智,待刊a,《实践社会科学:方法、理论与前瞻》,桂林:广西师范大学出版社。

黄宗智,待刊b,《中国国家与社会的二元合一:历史回顾与前瞻原想》,桂林:广西师范大学出版社。

黄宗智,2020a,《中国的新型小农经济:实践与理论》,桂林:广西师范大学出版社。

黄宗智,2020b,《中国的新型正义体系:实践与理论》,桂林:广西师范大学出版社。

黄宗智,2020c,《中国的新型非正规经济:实践与理论》,桂林:广西师范大学出版社。

黄宗智,2020d,《小农经济理论与"内卷化"和"去内卷化"》,载《开放时代》,第4期:126—139页。

黄宗智,2019a,《国家—市场—社会:中西国力现代化路径的不同》,载《探索与争鸣》第11期,42—56页。

黄宗智,2019b,《重新思考"第三领域":中国古今国家与社会的二元合一》,载《开放时代》,第3期:12—36页。

黄宗智,2019c,《探寻中国长远的发展道路:从承包与合同的区别谈起》,载《东南学术》,第6期:29—42页。

黄宗智,2016a,《中国的隐性农业革命(1980—2010)——一个历史和比较的视野》,载《开放时代》第2期:第11—35页。

黄宗智,2016b,《中国古今的民、刑事正义体系——全球视野下的中华法系》,载《法学家》,2月,第1期:1—27页。

黄宗智,2015,《农业合作化路径选择的两大盲点:东亚农业合作化历史经验的启示》,载《开放时代》2015年第5期:第18—35页。

黄宗智,2014a,《明清以来的乡村社会经济变迁:历史、理论与现实》,第一卷《华北的小农经济与社会变迁》(1986),第二卷《长江三角洲的小农家庭与乡村发展》(1992),第三卷《超越左右:从实践历史探寻中国农村发展出路》(2009),北京:法律出版社。

黄宗智,2014b,《清代以来民事法律的表达与实践:历史、理论与现实》,第一卷《清代的法律、社会与文化:民法的表达与实践》(2001),第二卷《法典、习俗与司法实践:清代与民国的比较》(2003),第三卷《过去和现在:中国民事法律实践的探索》,北京:法律出版社。

黄宗智,2014c,《"家庭农场"是中国农业的发展出路吗?》,载《中国乡村研究》,第11辑:100—125页,福州:福建教育出版社。

吕津,2010,《中国城市老年人口居家养老服务管理体系的研究》,吉林大学博伦管理学院博士论文。

于涛,2020,《于涛发言组织起来,推动乡村振兴》,http://www.zgzcyj.com/index/detailsx.html?id=110.html,2020年10月查阅。

周黎安,2018,《"官场+市场"与中国增长故事》,载《社会》第2期,第1—45页。

周黎安,2014,《行政发包制》,载《社会》第6期,第1—38页。

Barboza, David, 2016, "How China Built 'iPhone City' With Billions in Perks for Apple's Partner," *The New York Times*, Dec. 29, https://www.nytimes.com/2016/12/29/technology/apple-iphone-china-foxconn.html, accessed June 2020.

Jiang Shanhe, Dawei Zhang and Darrell D. Irwin, 2020, "Semiformal Organizations and Control during the Covid-19 Crisis in China," *Asian Journal of Criminology*, Oct. 2020 (Springer journal; no page numbers). https://www.ncbi.nlm.nih.gov/pmc/articles/PMC7595876/, accessed Oct. 2020.

Smith, Adam. 1976 (1776). *An Inquiry in the Nature and Causes of the Wealth of Nations*. Chicago: University of Chicago Press.

Weatherhill, Lorna, 1993, "The Meaning of Consumer Behavior in late Seventeenth-and Early Eighteenth-Century England," in *Consumption and the World of Goods*, edited by John Brewer and Roy Porter, New York and London: Routledge.

人名索引

阿玛蒂亚·森(Amartya Sen)133,206
艾丽丝·阿姆斯登(Alice Amsden)212
安东尼·吉登斯(Anthony Giddens)269
白德瑞(Bradly Reed)15,90,91,192,204,216,401
白凯(Kathryn Bernhardt)15,77,145,192
波兰尼(Karl Polanyi)26,53
波普金(Samuel Popkin)26
卜凯(John Lossing Buck)25
布迪厄(Pierre Bourdieu)5
查默斯·约翰森(Chalmers Johnson)212
戴慕珍(Jean Oi)154,163,211
德弗里斯(Jan de Vries)45
德里达(Jacques Derrida)33
蒂利(Charles Tilly)25,53,201
樊德雯(Elizabeth VanderVen)88-90,204
费维恺(Albert Feuerwerker)23
费正清(John Fairbank)19,22,23,28,35,53,54,314
弗兰克(Andre Gunder Frank)25,36-38,40-43,55,56
弗里德曼(Milton Friedman)32,316-318,324,325

福柯(Michel Foucault)33
傅高义(Ezra Vogel)28
哈贝马斯(Jürgen Habermas)94,203,225,226
哈耶克(Friedrich August Hayek)30-32,35,43,55,150,153,162
何炳棣(Ping-ti Ho)25,33,202
赫什(Adam S. Hersh)148,153,156
黑格尔(Georg Wilhelm Friedrich Hegel)49,50,55
黄斌欢 131
吉尔茨(Clifford Geertz)34
凯尔(Cole Kyle)148,153,156
康德(Immanuel Kant)5,54
柯文(Paul Cohen)35,36,55
科尔奈(János Kornai)153,164-167,211
科斯(Ronald Coase)32,43,149,150,153,162
孔飞力(Philip Kuhn)93
兰德尔(Christopher Columbus Langdell)51
勒华拉杜里(Emmanuel Le Roy Ladurie)25
李伯重 47,55,56
李怀印 77,87,90

李中清(James Lee)46-48,55,56
列文森(Joseph Levenson)21,22
林毅夫 161,162,210
刘易斯(W. Arthur Lewis)24,63,170,182
罗伯特·维德(Robert Wade)212
马克·塞尔登(Mark Selden)15,26
迈克尔·曼(Michael Mann)94,95,98,107,
　　111,122,144,200,235,245,274,378,394
麦迪森(Angus Maddison)39,41
麦克尔(Franz Michael)18,53
穆尔(Barrington Moore)53
诺思(Douglass North)32,43,149,153,162
佩里·安德森(Perry Anderson)15,192
佩奇(Jeffery Paige)53
彭慕兰(Kenneth Pomeranz)41-48,55,56
珀金斯(Dwight Perkins)25,33,41,42,206
恰亚诺夫(A. V. Chayanov)26,53
钱颖一 154,163,211
瞿同祖 90,94,98,204,214
芮玛丽(Mary Clalaugh Wright)23
萨摩塞吉(Andrew Szamosszegi)148,153,156
萨义德(Edward Said)34,50
杉原薰 45
盛洪 161,162
史华慈((Benjamin Schwartz)19-22,58
舒尔茨(Theodore Schultz)24,33,42,62,
　　128,129
舒尔曼(Franz Schurmann)53,59,113
斯考切波(Theda Skocpol)53

斯科特(James Scott)25,53
苏成捷(Matthew H.Sommer)47
速水融 45
泰勒(George Taylor) 18,53
汤普森(E. P. Thompson)25
韦伯(Max Weber)6,8,9,50,51,55,92,93,
　　94,95,98,101,105,107,114,122,193,
　　194,200,213,214,216,218,224,227,246,
　　249,251,262,271,375,385,387,400,405
魏昂德(Andrew Walder)154,163,210,211
魏特夫(Karl August Wittfogel)19,20
沃勒斯坦(Immanuel Wallerstein)38
萧公权(Kung-ch'uan Hsiao)19,99
谢诺(Jean Chesneaux)28
徐中约(Chung-Yueh Hsü)23,277,314
亚当·斯密(Adam Smith)10,11,62,114,
　　239,240,242,277,283,297,301,312-
　　314,320,326,327-330,334,359,360,
　　364,365,372,398
约翰·斯图尔特·密尔(John Stuart Mill)
　　114
张馨保(Hsin-Pao Chang)23,277,314
张仲礼 19
周黎安 8,207-216,218,250,252,256,285,
　　384-386,407
周锡瑞(Joseph Esherick)27
周雪光 213-215
滋贺秀三 82
邹谠(Tang Tsou)104